PETER SEIDEL

Die Zustimmung der Bundesregierung zu Verträgen der Bundesländer mit auswärtigen Staaten gemäß Art. 32 III GG

Schriften zum Öffentlichen Recht

Band 268

Die Zustimmung der Bundesregierung zu Verträgen der Bundesländer mit auswärtigen Staaten gemäß Art. 32 III GG

Von

Dr. Peter Seidel

DUNCKER & HUMBLOT / BERLIN

Gedruckt 1975 bei Buchdruckerei Bruno Luck, Berlin 65
Printed in Germany
ISBN 3 428 03414 7

Meinen Eltern

Vorwort

Die vorliegende Arbeit ist von der Juristischen Fakultät der Ruprecht-Karl-Universität Heidelberg im Wintersemester 1974/75 als Dissertation angenommen worden. Referent war Herr Professor Dr. *Karl Doehring*, Korreferent Herr Professor Dr. *Rudolf Bernhardt*. Die mündliche Prüfung fand am 30. November 1974 statt.

Meinem verehrten Doktorvater, Herrn Professor Dr. *Karl Doehring*, möchte ich für die Anregung zu dieser Untersuchung, seinen Rat und seine stete wissenschaftliche und menschliche Unterstützung bei meiner Arbeit sehr herzlich danken.

Dankbar hervorheben möchte ich die freundliche Hilfe, die mir von den Staatskanzleien aller Deutschen Bundesländer, insbesondere von der Bayerischen Staatskanzlei in München, bei der Sichtung der vorliegenden Verträge gewährt wurde. Nur so war es mir möglich, einen Einblick in die Praxis zu gewinnen.

Mein Dank gilt auch dem Inhaber des Verlages Duncker & Humblot, Herrn Ministerialrat a. D. Dr. *J. Broermann*, für die Aufnahme der Arbeit in die vorliegende Schriftenreihe.

Der Verfasser

Inhaltsverzeichnis

Abkürzungen

AÖR	=	Archiv des Öffentlichen Rechts
ARG	=	Archiv für Rechtsgeschichte
ASS	=	Archiv für Sozialwissenschaft und Sozialpolitik
AVR	=	Archiv des Völkerrechts
AWD	=	Außenwirtschaftsdienst des Betriebsberaters
BaöRVR	=	Beiträge zum ausländischen öffentlichen Recht und Völkerrecht
BayVBl.	=	Bayerische Verwaltungsblätter
BGB	=	Bürgerliches Gesetzbuch
BK	=	Bonner Kommentar zum Grundgesetz
BVerfG	=	Bundesverfassungsgericht
BVerfGE	=	Entscheidungssammlung des Bundesverfassungsgerichts
BVerfGG	=	Bundesverfassungsgerichtsgesetz
Diss.	=	Dissertation
DÖV	=	Die Öffentliche Verwaltung
DVBl.	=	Deutsche Verwaltungsblätter
FN	=	Fußnote
GG	=	Grundgesetz
GOBR	=	Geschäftsordnung der Bundesregierung
HdbDStR	=	Handbuch des Deutschen Staatsrechts
HdbVR	=	Handbuch des Völkerrechts
JÖR	=	Jahrbuch des Öffentlichen Rechts
LV	=	Landesverfassung
MDH	=	*Maunz/Dürig/Herzog*, Kommentar zum Grundgesetz
NJW	=	Neue Juristische Wochenschrift
PrV	=	Preußische Verfassungsurkunde
RN	=	Randnummer
RV	=	Reichsverfassung von 1871
SÖR	=	Schriften zum Öffentlichen Recht
VVDStRL	=	Veröffentlichungen der Vereinigung der Deutschen Staatsrechtslehrer
VwGO	=	Verwaltungsgerichtsordnung
WRV	=	Weimarer Verfassung
ZaöRVR	=	Zeitschrift für ausländisches öffentliches Recht und Völkerrecht
ZÖR	=	Zeitschrift für Öffentliches Recht
ZRP	=	Zeitschrift für Rechtspolitik

Einleitung

Mit der Frage der völkerrechtlichen Stellung der Gliedstaaten eines Bundesstaates, insbesondere der völkerrechtlichen Handlungsfähigkeit und dem Vertragsschließungsrecht mit auswärtigen Staaten, hat sich die Staatsrechtslehre weitläufig befaßt. Im deutschen Staatsrecht ist ein breites Schrifttum zur auswärtigen Gewalt, zur Stellung von Reich und Ländern, Bund und Ländern und zum Vertragsschließungsrecht vorhanden. Zu den nach der Entstehung des Grundgesetzes in diesem Zusammenhang am meisten erörterten Fragen gehören die Abschluß- und Transformationskompetenz des Bundes und der Länder gem. Art. 32 III GG. Eine Durchsicht der zahlreichen Stellungnahmen zu diesem Themenkreis zeigt, daß in entscheidenden Fragen bis heute keine „herrschende Meinung“ gewonnen werden konnte.

Die im ersten Teil der Arbeit unter dem Stichwort „Allgemeines“ behandelten Fragen sollen und können daher nicht durch eine Patentlösung beantwortet werden. Hier wird nur der Versuch unternommen, den Meinungsstand zu analysieren und den für die weitere Erörterung maßgebenden Standpunkt des Verfassers zu klären. Es konnte aber auch auf eine Darstellung der allgemeinen Problematik des Art. 32 III GG nicht verzichtet werden, denn hier stellen sich bereits die Weichen für die Beantwortung der Einzelfragen.

Hauptthema der Arbeit ist ein Detailproblem, dem bisher in der Literatur wenig oder gar keine Aufmerksamkeit geschenkt wurde. Nach dem Grundgesetz ist, wie in der Weimarer Verfassung, zum Abschluß völkerrechtlicher Verträge durch die Länder die Zustimmung der Bundesregierung erforderlich. Wesen und Modalitäten dieser Zustimmung sollen Gegenstand der Untersuchung sein, die damit einem „Randproblem“ des Art. 32 III GG gewidmet ist.

Dem Verfasser kommt es darauf an aufzuzeigen, welchen in der Verfassungspraxis entscheidenden Rang die Zustimmung der Bundesregierung zu den Länderverträgen einnimmt, welche politischen Möglichkeiten sich bei der Handhabung dieses Instruments ergeben und wie sie zu kontrollieren sind, welche verfassungsrechtlichen Fragen im Zusammenhang mit der Zustimmungserteilung oder -versagung auftauchen können, und letztlich auch eine richterliche Kontrolle der Zustimmung als rechtsstaatliche Notwendigkeit zu beweisen. Noch ist der

Gedanke des „act of state“ und die Verbindung zum gerichtsfreien Hoheitsakt im Hinblick auf die rechtliche Würdigung der Zustimmung offensichtlich naheliegend, und ihre Nachprüfbarkeit durch ein Gericht erscheint angesichts der verschiedenen Literaturmeinungen durchaus nicht selbstverständlich. Dringt man weiter in den Komplex ein und beleuchtet die Zustimmung unter den Aspekten der Richtlinienkompetenz des Bundeskanzlers, der Bedeutung „politischer“ Länderverträge oder einer Umgehung von Art. 59 GG, so kann man unschwer feststellen, daß die Begriffe der Bundestreue, des bundes- bzw. länderfreundlichen Verhaltens oder ähnlicher Grundprinzipien einer bundesstaatlichen Ordnung für eine juristische Beurteilung der Zustimmung zwar Anhaltspunkte liefern, aber bei weitem nicht erschöpfend sind. Es soll demnach versucht werden, hier eine konkretere Beantwortung der Fragen anhand rechtlicher Prüfung — nicht zuletzt des Rechtscharakters der Zustimmung — herbeizuführen. Den Abschluß bildet eine übersichtsartige Aufstellung der seit Inkrafttreten des Grundgesetzes von den Bundesländern mit auswärtigen Staaten abgeschlossenen Verträge und Abkommen.

I. Allgemeines zum Vertragsschließungsrecht der Bundesländer gemäß Art. 32 III GG

In diesem ersten Kapitel sollen die für Art. 32 III GG wesentlichen Probleme in ihren Grundzügen vorgestellt und knapp erörtert werden. Eine in Einzelheiten gehende Darstellung der in der Literatur[1] bereits weitläufig behandelten Fragen ist nicht beabsichtigt. Bezweckt wird lediglich eine Fixierung des Meinungsstandes und die Schaffung einer Ausgangsposition für die Einordnung der Zentralfrage der Zustimmung der Bundesregierung. Dieser Abschnitt soll also seine Rechtfertigung in der Notwendigkeit finden, den Zusammenhang zwischen den bei der Anwendung des Art. 32 III GG auftauchenden Problemen allgemeiner Art und dem im folgenden eingehend erörterten Fragenkreis der erforderlichen Zustimmung herzustellen.

Die Einteilung in die beiden großen Komplexe der Abschlußkompetenz und der Transformationskompetenz erscheint zweckmäßig, weil sie der Betrachtung des rechtlichen Könnens der Gliedstaaten einerseits und des rechtlichen Dürfens des Bundes andererseits am besten gerecht werden dürfte. Auch lassen sich die Einzelfragen in diesem Schema recht übersichtlich behandeln[2].

---

[1] Grundlegend hierzu vor allem *Berber*, Zu den föderalistischen Aspekten der auswärtigen Gewalt, Festschrift f. H. Nawiasky, 1956, S. 245 ff.; *Bernhardt*, Der Abschluß völkerrechtlicher Verträge im Bundesstaat, 1957; *Böning*, Abschlußkompetenz und Transformationskompetenz, DÖV 57, S. 817 ff.; *Grewe*, Die auswärtige Gewalt der Bundesrepublik, VVDStRL 12, S. 129 ff.; *Hallmayer*, Die völkerrechtliche Stellung der deutschen Länder nach dem Bonner Grundgesetz, Tübinger Diss. 1954; *Kraus*, Die Zuständigkeit der Länder der Bundesrepublik Deutschland zum Abschluß von Kulturabkommen mit auswärtigen Staaten nach dem Bonner Grundgesetz, AVR 3 (1951/2), S. 414 ff.; *Mosler*, Die auswärtige Gewalt im Verfassungssystem der Bundesrepublik Deutschland, Festschrift f. Bilfinger 1954, S. 243 ff.; *Ders.*, Kulturabkommen des Bundesstaates. Zur Frage der Beschränkung der Bundesgewalt in auswärtigen Angelegenheiten, ZaöRVR 16 (1955/6), S. 1 ff.; *Reichel*, Die auswärtige Gewalt nach dem Grundgesetz für die Bundesrepublik Deutschland vom 23. Mai 1949, 1967; *Rudolf*, Völkerrecht und deutsches Recht, 1967. Vgl. weitere Zitate im Text und Literaturverzeichnis.

[2] Zum Begriff der Transformation siehe die knappe aber übersichtliche Darstellung der Entstehung und Entwicklungsgeschichte bei *Rudolf*, Völkerrecht, S. 1 ff. m. w. N. Die grobe Gliederung in Abschluß und Transformation ist, soweit ersichtlich, im Schrifttum gang und gebe. Vgl. dazu auch *Rill*, Gliedstaatsverträge, und dort die eingehende Behandlung des Transformationsbegriffs, S. 433—444. Wenn nicht ausdrücklich schon gliederungsmäßig, so wird doch stets gedanklich die Trennung der beiden Komplexe „Abschluß“ und „Transformation“ vollzogen. Vgl. auch *Partsch*, Transformationslehre, S. 13 ff.

1. Die Abschlußkompetenz

Unter diesem Oberbegriff wird hier nicht allein die Verfassungskompetenz zum Vertragsschluß — die Abschlußkompetenz im engeren Sinne — verstanden, sondern der Ausdruck soll als Stichwort für alle Fragen dienen, die mit dem Abschluß völkerrechtlicher Verträge durch die Bundesländer in Zusammenhang stehen. Ausgeklammert und dem Abschnitt der Transformationskompetenz zugewiesen sind die Fragen, die die Durchführung der Vertragsverpflichtungen betreffen und den Bereich der innerstaatlichen Inkraftsetzung der Verträge berühren.

a) Die völkerrechtliche Stellung der Bundesländer

Voraussetzung für jegliche Beteiligung der Bundesländer am völkerrechtlichen Verkehr, insbesondere für die Völkerrechtspraxis, ist eine völkerrechtliche Relevanz[3]. Unter dieser völkerrechtlichen Relevanz soll die von der Völkerrechtsgemeinschaft anerkannte rechtliche Bedeutung im Völkerrecht verstanden werden. Damit ist noch keine Aussage über die Reichweite der völkerrechtlichen Relevanz gemacht, die verschiedene Stufen kennt.

Die Vollstufe der völkerrechtlichen Relevanz ist die uneingeschränkte Völkerrechtssubjektivität, entsprechend der Rechtsfähigkeit des Bürgerlichen Rechts[4]. Nur Völkerrechtssubjekte können Träger völkerrechtlicher Rechte und Pflichten sein. In der Völkerrechtslehre kommt diese uneingeschränkte Völkerrechtssubjektivität zunächst ausschließlich den souveränen Staaten zu[5].

In der Weiterentwicklung und Komplizierung der internationalen Beziehungen traten neben die souveränen Staaten als einzige Subjekte des Völkerrechts noch andere Gebilde. Zu nennen sind vor allem die

---

[3] Der Begriff entspricht eigentlich dem Terminus „Rechtsfähigkeit", verdeutlicht aber nach Ansicht des Verfassers besser, daß „Rechtsfähigkeit" immer nur ein Relativum, nämlich Bezogenheit auf eine bestimmte Rechtsordnung, bedeuten kann. Vgl. dazu auch *Thoma*, HdBDStR II, S. 611, Fußnote 14.

[4] Der Begriff Rechtsfähigkeit ist also doppeldeutig. Er charakterisiert zunächst die rechtliche Relevanz innerhalb einer Rechtsordnung, dient zugleich aber auch als Bezeichnung für die Vollstufe dieser Relevanz. Auch aus diesem Grunde erscheint eine Differenzierung zwischen „rechtlicher Relevanz" und „Rechtsfähigkeit" angebracht. Ein weiterer Grund liegt darin, daß die Parallele zur bürgerlich-rechtlichen Terminologie insoweit hinkt, als das deutsche Privatrecht eine beschränkte Rechtsfähigkeit nicht kennt (umstritten allerdings die Rechtsfähigkeit des „nasciturus", vgl. *Soergel/Siebert*, Anm. 26 Vor § 21, Anm. 16 Vor § 1; aA *Enneccerus/Nipperdey*, S. 480 ff.). Die völkerrechtliche Relevanz hingegen kann in unterschiedlichen Intensitätsstufen vorliegen.

[5] Gemeint ist immer das auf euro-amerikanischer Tradition entwickelte „westliche" Völkerrecht, das heute weltweit Geltung beansprucht.

Internationalen Organisationen, deren Anzahl die der Staaten heute bereits um ein Vielfaches übertrifft[6]. Weiter können auch Supranationale Organisationen Völkerrechtssubjekte sein, ja sogar bestimmten Gruppierungen, zum Beispiel in einem von Aufständischen kontrollierten und repräsentierten Gebiet, wird man zum Zweck von Vertragsschlüssen Völkerrechtssubjektivität zuerkennen können[7]. Über die Völkerrechtssubjektivität des Individuums sei hier nur gesagt, daß eine teilweise Anerkennung im Vordringen begriffen ist[8], wenn auch nur unter engen Voraussetzungen. Geht man also davon aus, daß Völkerrechtssubjektivität die Grundbedingung für die Teilnahme am völkerrechtlichen Rechtsverkehr ist, so bedarf es keiner weiteren Begründung dafür, daß insbesondere für den völkerrechtlichen Vertragsschluß, sowohl den bilateralen als auch den multilateralen, die daran beteiligten Parteien Träger der Völkerrechtssubjektivität sein müssen. Inwieweit das auf die Gliedstaaten der Bundesrepublik zutrifft, soll im Folgenden dargestellt werden.

aa) Die Völkerrechtssubjektivität der Bundesländer

In der Völkerrechtslehre ist die Frage der Völkerrechtssubjektivität von *Bundesstaaten* Gegenstand der Diskussion gewesen, weil man eine Unterscheidung zwischen dem völkerrechtlichen Status des „normalen" Einheitsstaates und dem von Bundesstaaten machen zu müssen glaubte. Beruht doch der Bundesstaat rechtlich gesehen auf einem Vertrag zwischen ehemals souveränen Einzelstaaten, die sich zwar durch eine bundesstaatliche Verfassung unter ein gemeinsames Dach begeben haben, jedoch gerade wegen der häufig in bundesstaatlichen Verfassungen enthaltenen „Reservatsrechte" der einzelnen Gliedstaaten ein Weniger gegenüber dem unitarischen Einheitsstaat darstellen[9]. Diese völkerrechtlichen Ressentiments gegenüber den Bundesstaaten haben

---

[6] Die Völkerrechtssubjektivität ist bei diesen, durch völkerrechtliche Verträge zustandegekommenen Verbänden nicht originär, sondern derivativ. Man kann daher also auch von Völkerrechtssubjekten im engeren Sinne (den Staaten) und im weiteren Sinne (Internationalen und Supranationalen Organisationen) sprechen. Ebenso ist die Unterscheidung in „notwendige" und „abgeleitete" Völkerrechtssubjekte vorgenommen worden; vgl. *Mosler*, Die völkerrechtliche Wirkung bundesstaatlicher Verfassungen, Festschrift f. Thoma 1950, S. 135 ff.

[7] Zu diesen Fragen, die den Rahmen der Arbeit übersteigen, sei auf die völkerrechtliche Literatur verwiesen. Insb. *Mosler*, in: Strupp/Schlochauer, Wörterbuch, III, S. 665 ff. (Rechtsfähigkeit) m. w. N. Für die Supranationalen Organisationen vgl. *Seidl-Hohenveldern*, Internationale Organisationen, S. 6 ff.; *Mosler*, Völkerrechtssubjekte, ZaöRVR 22, S. 1 ff.

[8] Vgl. *Doehring*, Fremdenrecht, S. 9 ff. m. w. N.

[9] Vgl. dazu *Hesse*, Der unitarische Bundesstaat, S. 12 ff.; *Wolff*, Udo, Diss. 1955 m. w. N.

in vielfach verwendeten Bundesstaatsklauseln in völkerrechtlichen Verträgen Ausdruck gefunden. Heute jedoch kann wohl behauptet werden, daß sich das Gewicht der Betrachtungsweise auf den „Staat“ als Gesamtstaat verlagert hat, dessen innerstaatlicher Aufbau völkerrechtlich als irrelevant betrachtet werden kann, womit eine Einschränkung hinsichtlich der Völkerrechtsfähigkeit von Bundesstaaten nicht mehr gemacht wird[10].

Über die Völkerrechtssubjektivität der Gliedstaaten eines Bundesstaates werden unterschiedliche Auffassungen vertreten. Grundsätzlich ist jedoch festzustellen, daß das Völkerrecht nicht Ausgangspunkt der Betrachtung sein kann. Völkerrechtlich gesehen existiert zunächst nur der Gesamtstaat als *ein* Völkerrechtssubjekt, die Gliedstaaten sind lediglich aufgrund ihrer Existenz allein noch keine Völkerrechtssubjekte.

Auch die Annahme, durch die Anerkennung des *Bundesstaates* würden automatisch die Gliedstaaten als Völkerrechtssubjekte mitanerkannt, ist zumindest in dieser Formulierung abwegig[11]. Vielmehr ist

---

[10] *Mallmann*, in: Strupp/Schlochauer, Wörterbuch III, S. 640 ff. (Völkerrecht und Bundesstaat).

[11] Es ist hier zu unterscheiden: *Mosler*, Die völkerrechtliche Wirkung bundesstaatlicher Verfassungen, Festschrift f. Thoma 1950, S. 129 ff., meint, die Anerkennung der Gliedverbände als abgeleitete Völkerrechtssubjekte sei „in der Regel implicite in der Anerkennung des Gesamtstaates enthalten“ (S. 163). Dieser Ansicht ist dann zuzustimmen, wenn man die Anerkennung des Gesamtstaates als Anerkennung seiner gesamtstaatlichen Ordnung insgesamt betrachtet: Indem der auswärtige Staat den Gesamtstaat völkerrechtlich anerkennt, bezieht er dessen innerstaatliche Struktur einschließlich der Ausgestaltung der Bundesverfassung in völkerrechtlichen Fragen in diese Anerkennung mit ein. Dies bringt *Mosler* auch deutlich zum Ausdruck, indem er ausführt: „In der Anerkennung des Gesamtstaates ist das Versprechen zur Achtung der verfassungsmäßigen Kompetenzverteilung enthalten.“ Wenn also hier davon gesprochen wird, daß die Anerkennung des Gesamtstaates nicht automatisch auch für die Gliedstaaten gelte, so in dem Sinne, daß die Gliedstaaten ihre wie immer geartete Völkerrechtssubjektivität jedenfalls nicht durch diese Mit-Anerkennung begründen, sondern sie ausschließlich aus der anerkannten Bundesverfassung ableiten können.

Es darf dabei allerdings nicht verkannt werden, daß ohne die völkerrechtliche Anerkennung einer Rechtsfähigkeit oder völkerrechtlichen Relevanz eines Gliedstaates die Einräumung einer solchen innerhalb der Bundesverfassung nicht zur Völkerrechtssubjektivität führen kann. Im Grundsatz bestimmt allein das Völkerrecht qua Rechtsordnung über den Kreis der ihm zugeordneten Rechtssubjekte. (Vgl. dazu *Triepel*, Völkerrecht und Landesrecht, S. 236 f.). Beim Bundesstaat ist lediglich zusätzliche Voraussetzung, daß die entsprechende Bundesverfassung eine völkerrechtliche Relevanz des Gliedstaates zuläßt.

Diese Konstellation macht aber auch deutlich, daß die völkerrechtliche Anerkennung durch Drittstaaten keine entscheidende Rolle für die Völkerrechtssubjektivität der Gliedstaaten spielen kann. Denn Prämisse ist allein das allgemeine Völkerrecht, das Gliedstaaten als völkerrechtsfähige Rechtssubjekte betrachten muß. Zu dieser Prämisse tritt als conditio sine qua non die Bestimmung in der Bundesverfassung hinzu. Damit sind dann alle

die staatsrechtliche Quelle der Völkerrechtssubjektivität der Gliedstaaten in den Bundesverfassungen zu suchen. Ist dem Gliedstaat in der Bundesverfassung eine Position eingeräumt, vermöge derer er in Beziehungen zu auswärtigen Staaten treten kann, so ist diese Position der Ausgangspunkt für seine Stellung im Völkerrecht. Die völkerrechtliche und im Bereich der Allgemeinen Staatslehre vorgenommene Konstruktion des verfassungsmäßigen „Anspruchs" des Gliedstaates kann dabei verschieden vorgenommen werden[12]. Zum einen ist die Auffassung vertretbar, die Gliedstaaten hätten von ihrer Souveränität an den Bund nur weite Teile abgegeben, ein gewisses Maß jedoch behalten. Es wird also gemäß der Entstehung von Bundesstaaten aus souveränen Einzelstaaten eine Entwicklung von unten nach oben gesehen, wobei die Gliedstaaten ihre Stellung als „Staaten" im völkerrechtlichen Sinne eigentlich nicht aufgeben, sondern sich lediglich einer Zentralgewalt unterordnen, so daß ihre Völkerrechtssubjektivität nicht auf einer Verleihung durch den gemeinsam gegründeten Bund beruht, sondern direkt aus ihrer ehemals souveränen Staatsqualität entspringt.

Die Gegenmeinung geht davon aus, daß der Bund allein Inhaber aller völkerrechtlichen Rechte sei und in der Verfassung seinen Gliedstaaten lediglich gewisse Bereiche außenpolitischer Betätigung delegiere. Als Argument wird vor allem angeführt, daß ein Bundesstaat praktisch wohl niemals durch Zersplitterung eines Einheitsstaates entstehe, sondern eben stets durch Zusammenschluß ehemals souveräner Einzelstaaten.

Welcher Ansicht man auch den Vorzug geben mag, so bleibt doch als Ergebnis festzuhalten, daß die Gliedstaaten als Voraussetzung für die

---

objektiven Voraussetzungen für eine Teilnahme des Gliedstaates am völkerrechtlichen Verkehr erfüllt. Die Anerkennung des Gesamtstaates durch Drittstaaten bewirkt weiter nichts, als daß der Gesamtstaat mit seiner innerstaatlichen Kompetenzaufteilung nunmehr am völkerrechtlichen Verkehr in praxi teilnimmt, hat aber auf die völkerrechtliche Stellung seiner Gliedstaaten keinen Einfluß mehr (vgl. auch die Staatsqualität, die zwar erst durch die völkerrechtliche Anerkennung in praxi relevant wird, jedoch nach den Grundsätzen der Allgemeinen Staatslehre bereits vorher ohne Einschränkung gegeben sein kann). Auf die Besonderheiten der mißbräuchlichen Anwendung dieser Grundsätze (z. B. Stimmengewinn in Internationalen Organisationen durch selbständige Beteiligung von Gliedstaaten, vgl. Ukraine und Weißrußland) weist *Mosler* hin. Am Grundsatz kann dies jedoch nichts ändern.

[12] Es besteht dabei durchaus ein Unterschied, ob man die Völkerrechtssubjektivität von Gliedstaaten aus der Sicht des Völkerrechts oder des Staatsrechts betrachtet. Die Frage ist nur dann zu lösen, wenn man das Zusammenwirken und Ineinandergreifen der beiden Rechtsordnungen anerkennt, wobei das Staatsrecht als Innenrecht der souveränen Völkerrechtssubjekte nicht unwesentlich auf deren völkerrechtlichen Rechtscharakter Einfluß nimmt.

Erlangung von Völkerrechtssubjektivität stets der Einräumung einer Außenbeziehung in ihren Bundesverfassungen bedürfen. Ist eine solche nicht vorhanden, wie bei einigen wichtigen Bundesstaaten, so kommt ihnen schon aufgrund dieser Tatsache völkerrechtlich keine Eigenständigkeit — auch nur in beschränktem Maße — zu[13].

Kann man also aufgrund der bundesstaatlichen Verfassungen feststellen, ob der Bund seinen Gliedstaaten die Teilnahme am völkerrechtlichen Verkehr gestatten will, so ist damit doch über den Umfang der Völkerrechtssubjektivität des Gliedstaates im einzelnen noch nichts ausgesagt. Es leuchtet indes ohne weiteres ein, daß die völkerrechtliche Stellung eines Gliedstaates nicht der des souveränen Einheitsstaates gleichgestellt werden kann[14]. Hiermit ergibt sich der Satz, daß für den Umfang der Völkerrechtssubjektivtät der Gliedstaaten der Rahmen ihrer innerstaatlichen Befugnisse, die ihnen durch ihre Bundesverfassung eingeräumt werden, maßgeblich sein muß. Daraus folgt eine durch die Bundesverfassung beschränkte Völkerrechtssubjektivität der Gliedstaaten, die heute in der Völkerrechtslehre anerkannt ist[15]. Mit anderen Worten besitzt also der Gliedstaat nur insoweit Völkerrechts-

---

[13] Eine Zusammenstellung der Bundesstaaten mit „abgeriegelten“ und völkerrechtlich relevanten Gliedstaaten findet sich bei *Mallmann*, Völkerrecht und Bundesstaat, S. 640 ff. Zu den wichtigsten Bundesstaaten, deren Gliedstaaten in den Bundesverfassungen keine Völkerrechtssubjektivität eingeräumt ist, gehören u. a.: Die südamerikanischen Bundesstaaten, außerdem Kanada, Mexico, Indien, Jugoslawien und Österreich. Faktisch können auch die USA dazugerechnet werden, denn Art. 1 Section 10 der Bundesverfassung erlaubt den amerikanischen Bundesstaaten zwar den Abschluß von „agreements“ und „compacts“ (Abs. 3), ist aber in der Praxis ohne jede Bedeutung und verblaßt angesichts der auch vom Supreme Court hervorgehobenen „external sovereignity“ des Bundes und seiner „treaty-making-power“. Bundesstaaten, die ihren Gliedstaaten völkerrechtliche Bewegungsfreiheit zugestanden haben, sind vor allem die Bundesrepublik Deutschland, die Schweiz und — zumindest theoretisch — die Sowjetunion. Es ist aber äußerst zweifelhaft, ob die Sowjetrepubliken einer Überprüfung ihrer Völkerrechtssubjektivität standhalten würden. Die in der Verfassung der DDR von 1949 in Art. 117 II noch vorgesehene gewisse Selbständigkeit der Länder ist mittlerweile revidiert. Vgl. auch *Herzog*, Bundes- u. Landesstaatsgewalt, DÖV 62, S. 81 ff.

[14] Dieses Problem kann hier nicht vertieft werden, verdient aber große Beachtung. Für den Bundesstaat ist die Feststellung ohne Zweifel folgerichtig, da sich die Völkerrechtssubjektivität des Gliedstaates nicht mit der des Dachstaates decken kann. Lockert sich aber der staatliche Verbund, wie beim Staatenbund, so ist die Frage bereits wesentlich schwieriger zu beurteilen. Besonders gilt dies für die Supranationale Organisation, wo sich ja ebenfalls souveräne Staaten unter ein gemeinsames Dach begeben. Hier kann wohl, je nach der Souveränitätseinbuße und im Rahmen des verbindenden Vertrages, auch schon von Einschränkung der Völkerrechtssubjektivität gesprochen werden. *Seidl-Hohenveldern*, Internationale Organisationen, lehnt solche Erwägungen ab, argumentiert aber auch von der anderen Seite her, nämlich vom Standpunkt der Organisation (S. 34).

[15] Vgl. *Bernhardt*, Verträge, S. 18 ff.

subjektivität, als sie ihm in seiner Bundesverfassung eingeräumt ist. Jenseits dieser Begrenzung existiert diese „beschränkte“ Völkerrechtssubjektivität nicht. In solchen Fällen ist der Gliedstaat kein Völkerrechtssubjekt, er handelt „ultra vires“ und damit völkerrechtlich unbeachtlich.

Welche rechtlichen Konsequenzen sich aus einem solchen Handeln ergeben können, besonders im Bereich der Haftung, soll an anderer Stelle noch aufgezeigt werden. Hier ist lediglich festzustellen, daß die Gliedstaaten eines Bundesstaates Völkerrechtssubjektivität nur in jenem beschränkten Rahmen besitzen können, der ihnen in ihrer Bundesverfassung zugestanden wird. Für die Länder der Bundesrepublik Deutschland bedeutet dies, daß der Rahmen in der Vorschrift des Art. 32 III GG zu finden ist. Über den Umfang dieses Rahmens ist damit noch nichts ausgesagt, jedenfalls aber räumt das Grundgesetz den Bundesländern unter gewissen Voraussetzungen Völkerrechtssubjektivtät ein[16].

bb) Die völkerrechtliche Handlungsfähigkeit der Bundesländer

Von der Völkerrechtssubjektivität begrifflich zu unterscheiden ist die völkerrechtliche Handlungsfähigkeit, entsprechend der Geschäftsfähigkeit des Bürgerlichen Rechts[17]. Erst die völkerrechtliche Handlungsfähigkeit ermöglicht es den Völkerrechtssubjekten, am völkerrechtlichen Verkehr in rechtlich relevanter Weise teilzunehmen, also z. B. Verträge abzuschließen. Zunächst liegt diese beim souveränen Einheitsstaat, entsprechend beim Bundesstaat der Zentralgewalt des Gesamtstaates, beim Bund. Wieder besteht jedoch die Möglichkeit, in den Bundesverfassungen den Gliedstaaten in gewissem Umfang völkerrechtliche Handlungsfähigkeit zuzugestehen. Das ist im Grundgesetz in Art. 32 III GG in der Form geschehen, daß die deutschen Bundesländer mit auswärtigen Staaten Verträge abschließen können, soweit sie für die Gesetzgebung zuständig sind, und die Bundesregierung zustimmt. Die völkerrechtliche Handlungsfähigkeit der Bundesländer beschränkt sich also auf den Abschluß von Verträgen mit auswärtigen Staaten über Materien, für welche die Länder kraft der verfassungsmäßigen Kompetenzverteilung das Gesetzgebungsrecht haben. Die Wirkung der Zustimmung der Bundesregierung in diesem Zusammenhang ist später

---

[16] Von der Völkerrechtsordnung her gesehen sind die Länder also abgeleitete und beschränkte Völkerrechtssubjekte. Vgl. *Mosler*, Verfassungen, S. 145; *Bernhardt*, Verträge, S. 18 ff.; *Hallmayer*, S. 27 ff.; *v. Mangoldt/Klein*, Art. 32, Anm. IV, 2 m. w. N. Diese Qualifizierung hat sich gefestigt und kann als „herrschende Meinung“ angenommen werden.

[17] Hier ist der Vergleich mit dem Privatrecht eher am Platze als bei der Rechtsfähigkeit. Entsprechend den Stufen der Geschäftsfähigkeit kann sich auch die völkerrechtliche Handlungsfähigkeit staffeln.

noch genauer zu untersuchen. Insbesondere gilt das für die Frage, ob die Zustimmung die Handlungsfähigkeit erst hervorruft (konstitutive Wirkung) oder sie nur bestätigt (deklaratorische Wirkung). Für die Existenz einer völkerrechtlichen Handlungsfähigkeit schlechthin ist das jedoch zunächst ohne Bedeutung, solange feststeht, daß die Bundesländer nach dem Grundgesetz völkerrechtliche Handlungsfähigkeit mindestens potentiell besitzen[18]. Somit können die Bundesländer als beschränkt handlungsfähige Völkerrechtssubjekte am völkerrechtlichen Verkehr teilnehmen.

b) Verträge i. S. d. Art. 32 III GG

Die Vorschrift des Art. 32 III GG gibt den Bundesländern das Recht, mit Zustimmung der Bundesregierung *Verträge* mit auswärtigen Staaten abzuschließen. Im Folgenden geht es um eine Klärung des Begriffes „Verträge". Dabei wird die juristisch-technische Seite der Definition des Vertrages vorausgesetzt und allein auf die möglichen Arten von Verträgen abgestellt[19].

aa) Staatsverträge

Mit Staatsverträgen sind solche Verträge gemeint, die entweder die Bundesländer untereinander oder ein Bundesland — oder mehrere — mit dem Bund abschließen. Es handelt sich also um rein innerstaatliche öffentlich-rechtliche Verträge auf höchster Ebene[20]. Das Grundgesetz enthält keine Vorschrift, worin etwas über solche Staatsverträge ausgesagt wäre[21]. Jedoch beweist die rege Vertragspraxis[22], daß Staatsverträge als eine Selbstverständlichkeit im Bundesstaat betrachtet werden, so daß es einer ausdrücklichen Zulassung solcher Verträge in der Verfassung offenbar nicht bedurfte. Mit Art. 32 III GG haben die Staatsverträge insoweit etwas zu tun, als man argumentieren kann, wenn es den Bundesländern gemäß Art. 32 III GG erlaubt ist, mit aus-

---

[18] Zur völkerrechtlichen Handlungsfähigkeit vgl. *Hallmayer*, S. 33 ff.; *Pfeffer v. Salomon*, S. 80 ff., in Verbindung mit Kompetenzüberschreitungen; *v. Mangoldt/Klein*, Art. 32, Anm. IV, 2. Im Zusammenhang mit der Anerkennung auch *Knubben*, Handbuch, S. 239 ff. Für das Reich 1871: *Korselt*, S. 78.

[19] Vgl. *Maunz/Dürig/Herzog*, Art. 32, RN 64—77; *Beer*, S. 156 ff.; *Giese*, S. 76 ff.; *Hallmayer*, S. 37 ff.; *Bernhardt*, Verträge, S. 168—174, 181—197; *v. Mangoldt/Klein*, Art. 32, Anm. VI, 5.

[20] Teilweise wird in der Literatur unter „Staatsverträgen" auch der völkerrechtliche Vertrag verstanden (so etwa *Triepel, Laband, Meier*). Zu der hier verwendeten Terminologie vgl. *Giese* und mit einleuchtender Begründung *Schiffmann*, S. 30 ff. *Rill* sagt „Gliedstaatsverträge".

[21] *Rill*, Gliedstaatsverträge, S. 74 ff. m. w. N.; *Schneider*, Staatsverträge, S. 2 ff.

[22] VVDStRL 19, S. 34 ff.; *Giese*, S. 174 ff.

wärtigen Staaten Verträge abzuschließen, dann müsse es ihnen erst recht gestattet sein, dasselbe mit anderen Bundesländern oder mit dem Bund selbst vorzunehmen.

Der Vorteil einer solchen Betrachtungsweise liegt darin, daß man durch ein *argumentum a maiore ad minus* die Zulässigkeit von Staatsverträgen aus einer Vorschrift der Verfassung direkt ableiten kann, ohne verfassungsrechtliches Gewohnheitsrecht bemühen zu müssen[23]. Es dürfte aber wohl der Wirklichkeit näher kommen, wenn man die Zulässigkeit von Staatsverträgen zwischen den Bundesländern untereinander oder Bund und Ländern doch als Gewohnheitsrecht ansieht, über das sich die Verfassung tatsächlich ausschweigt und sich nur den Verträgen mit auswärtigen Staaten in Art. 32 III GG widmen wollte[24]. An der Zulässigkeit von Staatsverträgen besteht jedenfalls kein Zweifel. Probleme können allenfalls bei der Frage auftauchen, über welche Materien Staatsverträge abgeschlossen werden dürfen[25]. Im Zusammenhang mit dem *Lindauer Abkommen* wird darauf noch einzugehen sein. Es soll hier nur bemerkt werden, daß eine Verschiebung der im Grundgesetz abschließend geregelten Kompetenzen zur Gesetzgebung sicher nicht Gegenstand von Staatsverträgen sein kann[26].

bb) Politische Verträge

Der Begriff des „politischen Vertrages" bedarf einer Klärung[27]. Natürlich kann man jeden Vertrag, den Staaten oder Gliedstaaten miteinander schließen, in irgendeiner Beziehung als „politisch" bezeichnen. Macht aber schon die Definition des Begriffs „politisch" fast unüberwindliche Schwierigkeiten, so wäre es besser, dergleichen schillernde und nie genau eingrenzbare Begriffe aus dem juristischen Sprachgebrauch zu verbannen. Andererseits ist das Wort „politisch" heute in aller Munde, und selbstverständlich glaubt jedermann, genau

---

[23] *Rill*, Gliedstaatsverträge, S. 75, „arg. a fortiore".

[24] Dafür spricht jedenfalls die historische Entwicklung. Noch die Verfassung von 1871 läßt den deutschen Ländern weitgehende Freiheit sogar beim Abschluß von Verträgen mit auswärtigen Staaten, und dies als Auswirkung der — jedenfalls noch gedachten — Restsouveränität. Vgl. *Anschütz*, Kommentar, Anm. 1 zu Art. 78 RV. Auch *Giese*, S. 58 ff.

[25] *Rill*, Gliedstaatsverträge, S. 100; besonders zur Frage der analogen Anwendung des Art. 32 III GG hinsichtlich der Gesetzgebungskompetenz der Länder. Vgl. auch *Beer*, S. 156 ff.; *Giese*, S. 76 ff.; *Maunz/Dürig/Herzog*, Art. 32 RN 64—77.

[26] Wohl aber kommt eine Ermächtigung durch Bundesgesetz (gem. Art. 71 GG) in Betracht, dazu vgl. unten, II. 4. a) ff).

[27] Übersichtsartig vgl. *Maunz/Dürig/Herzog*, Art. 59, RN 13 ff. m. w. N. Zum Begriff des „politischen Vertrages" auch *Beer*, S. 16 ff.; über Verträge i. S. d. Art. 59 II 1 GG vgl. *Meyer-Lindenberg*, Festschrift f. Jahreiss 1964, S. 269 ff.

zu wissen, wann etwas „politisch" ist. So ergibt sich die Gefahr, mit einem Begriff zu operieren, der einerseits zu banal ist, um überhaupt irgendeine greifbare Aussage zu enthalten, andererseits aber als Kriterium einer — wohl zwangsweise deshalb auch „gefühlsmäßigen" — juristischen Prüfung herhalten soll[28]. Man wäre aus dem Dilemma heraus, könnte man den Ausdruck „politische Verträge" vermeiden. Da jedoch das Grundgesetz in Art. 59 II GG von „Verträgen, die die politischen Beziehungen des Bundes" regeln, spricht, ergibt sich eine Auseinandersetzung mit dem Begriff zwangsläufig.

Es geht über den Rahmen dieser Arbeit hinaus, einen neuen Beitrag zur Diskussion um den Begriff der „politischen Verträge" und die Problematik des Art. 59 II GG zu liefern. Für das zu behandelnde Thema ist es aber unumgänglich, zumindest eine Antwort auf die Frage zu suchen, wann Verträge der *Bundesländer* als „politische Verträge" i. S. d. Art. 59 II GG angesehen werden müssen[29]. Damit ist ein in Lehre und Rechtsprechung äußerst heikler Punkt berührt. Die einfachste Lösung, die für dieses Problem angeboten wird, geht von der schlichten Behauptung aus, „politische Länderverträge" im Sinne des Art. 59 II GG könne es gar nicht geben, weil eben die dort angesprochenen Verträge stets solche des Bundes seien[30]. Eine solche Auffassung geht jedoch an den realen Möglichkeiten vorbei. Theoretisch — und auch praktisch geschehen[31] — ist es durchaus möglich, daß ein Land mit einem auswärtigen Staat einen für die Bundesrepublik in höchstem Maße „politischen" Vertrag abschließen möchte — man denke etwa an ein Kulturabkommen des Landes Hessen mit der Sowjetunion vor Be-

---

[28] Eine befriedigende Lösung der Definition des „politischen" ist bisher, soweit ersichtlich, nicht gelungen und wohl auch schwerlich durchführbar. Hervorgehoben seien hier vor allem die „Freund/Feind-Theorie" *Schmitt's*, Der Begriff des Politischen, ASS 1927, S. 1 ff., sowie *Wengler*, Das Politische im Internationalen Recht, S. 10 ff. Zur Frage der „politischen Verträge" insbes. BVerfGE 1, 372 (380 ff.) über das Deutsch-Französische Wirtschaftsabkommen v. 10. 2. 1950. Berührt sein muß danach „die Existenz des Staates, seine territoriale Integrität, seine Unabhängigkeit oder seine Stellung oder maßgebliches Gewicht in der Staatengemeinschaft". Aber auch dies sind bestenfalls Auslegungsregeln für den Einzelfall.

[29] Die Frage stellt sich hier also etwas anders, als sie etwa bei *Beer*, S. 16 ff. behandelt wird: der Begriff der „politischen Verträge" soll hier nicht nach Kompetenzen getrennt, sondern als Phänomen der Außenpolitik beurteilt werden.

[30] So *Beer*, S. 152 ff. mit der Begründung, daß sich Verträge gem. Art. 32 III GG immer auf Gegenstände der Gesetzgebung beziehen, daher also qua definitione keine „politischen Verträge" sein können. *Beer* räumt aber (S. 154) ein, daß auch bei Länderverträgen ein „außenpolitisches Moment" eine Rolle spielen könne, das aber nicht zur grundsätzlichen Ablehnung so gearteter Verträge führen dürfe. Damit aber ist die systematische Scheidung, die *Beer* zwischen „politischen" und „Verträgen, welche sich auf die Gesetzgebung beziehen" vornimmt, hinfällig.

[31] Vgl. das Kehler Hafenabkommen vom 22. 9. 1951.

ginn der sog. Ostpolitik[32] — ohne daß es nach dieser Meinung mangels eines „politischen Vertrages“ einer Mitwirkung des Parlaments bedürfte.

Erteilt die Bundesregierung ihre Zustimmung, könnte das Parlament dabei also ohne weiteres ausgeschaltet werden. Ob diese Zustimmung zulässig ist, wird an späterer Stelle ausführlich erörtert werden. Es ist aber nicht zu leugnen, daß ein solcher Weg in der Praxis gangbar wäre. Der „politische“ Vertrag könnte in Kraft treten. Im einzig möglichen Gegenzug müßte sich ein Kläger finden, und das Bundesverfassungsgericht durch eine einstweilige Anordnung das Inkrafttreten verhindern oder noch vor Inkrafttreten die Verfassungswidrigkeit eines solchen Vorgehens feststellen. An dem Beispiel läßt sich erkennen, was hier unter einem „politischen Vertrag“ verstanden sein soll: Es handelt sich dabei um Verträge, bei denen entweder die geregelte Materie oder der bzw. die Vertragspartner, obwohl auf deutscher Seite nur ein Bundesland beteiligt ist, für die Bundesrepublik Deutschland im ganzen besondere Außenwirkungen entstehen lassen oder zumindest entstehen lassen können[33]. Es muß nicht gesagt sein, daß solche Verträge von vornherein im Widerspruch zu Art. 32 Abs. I GG stehen müssen. Denn das Kriterium des Art. 32 I GG, die „Regelung“ der auswärtigen Beziehungen, muß keinesfalls notwendiger Inhalt der beschriebenen „politischen Länderverträge“ sein. Und selbst wenn eine „Regelung“ vorliegt, kann sie sich zwar ausschließlich auf Angelegenheiten des betreffenden Landes beziehen, und nur die Wahl des Vertragspartners macht den Vertrag zu einem „politischen“. Die Tatsache allein, daß ein völkerrechtlicher Vertrag mit einem bestimmten auswärtigen Partnerstaat abgeschlossen wird, kann eine außerordentliche außenpolitische Strahlkraft erzeugen, die auf die gesamte Bundesrepublik reflektiert wird.

Man kann also sehr wohl behaupten, daß es Verträge von Bundesländern geben kann, die als „politische“ i. S. d. Art. 59 II GG anzusehen sind. In diesem Fall aber ist die konsequente Folge, daß ein solcher Vertrag nicht mehr durch das Land, sondern durch den Bund

---

[32] Zum Begriff vgl. *Brockhaus*, Enzyklopädie, Bd. 14, S. 59.

[33] Das Bundesverfassungsgericht hat in seiner Entscheidung zum Deutsch-Französischen-Wirtschaftsabkommen vom 10. 2. 1950 (BVerfGE 1, 372 ff.) ausgeführt, ein „Staatsvertrag“ werde „noch nicht dadurch zu einem politischen i. S. d. Art. 59 II GG, daß er sich ganz allgemein mit öffentlichen Angelegenheiten, dem Gemeinwohl oder den Staatsgeschäften“ befasse. „Hinzukommen muß vielmehr, daß die Existenz des Staates, seine territoriale Integrität, seine Unabhängigkeit, seine Stellung oder sein maßgebliches Gewicht in der Staatengemeinschaft durch den Vertrag selbst berührt werden“ (S. 381). Wenn auch diese Ausführungen sich auf Bundesverträge beziehen, so ist doch daraus wenigstens zu folgern, daß „politische“ Länderverträge jedenfalls auch konkret mögliche und nicht nur allgemeine Auswirkungen für den Bund haben müssen.

abgeschlossen werden muß, und zwar nunmehr unter Einbeziehung der gesetzgebenden Körperschaften. Diese Konsequenz erweist sich umso deutlicher, wenn man noch einen Schritt weiter geht und annimmt, daß die Bundesregierung einem derartigen Vertrag nicht nur zustimmt, sondern eine ihr politisch nahestehende Landesregierung erst zum Abschluß des Vertrages animiert, also praktisch das Land vorschiebt, um in Wirklichkeit durch dieses Vehikel konkrete Außenpolitik zu betreiben, allerdings eben ohne das Parlament und den Bundespräsidenten, wobei der Akzent eindeutig auf „Parlament" liegt. Der Fall des *Kehler Hafenabkommens* hat gezeigt, daß ein solches Vorgehen nicht nur denkbar, sondern auch praktikabel und — folgt man den Ausführungen des Bundesverfassungsgerichts — sogar rechtlich haltbar ist. Das Gericht hat damals die Umgehung von Art. 59 II GG verneint mit der im Kern aus dem Satz bestehenden Begründung, daß nicht sein kann was nicht sein darf[34]. Es kann aber eben doch sein, und hier liegt ein wesentlicher Gesichtspunkt in der Frage der Zulässigkeit der Zustimmung der Bundesregierung[35]. Darauf wird im zweiten Kapitel genauer einzugehen sein.

Trotz allem wird man jedoch nicht soweit gehen können, „politische Verträge" der Länder, die sie im Rahmen ihrer Gesetzgebungskompetenz gemäß Art. 32 III GG abschließen wollen, einfach als unzulässig zu bezeichnen. Das Problem liegt, wie so oft, bei einer vernünftigen Grenzziehung. Als Maßstab bietet sich Art. 59 II GG an. Zwar bezieht sich Art. 59 II GG nur auf Verträge des Bundes — und zielt eigentlich nur auf die Erforderlichkeit der Zustimmung des Parlaments ab —, es ist aber immerhin möglich, aus dieser Vorschrift im Zusammenhang mit der Auslegung des „politischen Vertrages" Kriterien dafür zu gewinnen, wann ein Ländervertrag als solcher nicht mehr zulässig sein kann, wollte man nicht die Außenpolitik des Bundes durch die Länder abwickeln lassen. Mit anderen Worten heißt das, treffen alle Merkmale des in Frage stehenden Ländervertrages bei einer Prüfung anhand des Art. 59 II GG zu, und sind lediglich „Bund" und „Land" vertauscht, kann nur noch der Bund den Vertrag schließen, und zwar mit Zustimmung des Parlaments. Daß diese Prüfung eben wegen der zentralen Bedeutung des Begriffes „politisch" mit seinem breiten Spektrum von Deutungsmöglichkeiten erhebliche Schwierigkeiten bereiten kann,

---

[34] Vgl. BVerfGE 2, 374 ff. Hier S. 369 f., wo es heißt: „Da das Grundgesetz eine Mitwirkung des Bundestages beim Abschluß von Landesverträgen mit auswärtigen Staaten nicht vorsieht, ist auch dann (gemeint ist, wenn es sich im Rahmen seiner Kompetenzen gehalten hat) eine Verletzung der Rechte des Bundestages durch die Zustimmung der Bundesregierung *nicht denkbar*". Dazu *Forsthoff*, Gutachten, S. 28 ff. mit gegenteiliger Auffassung.

[35] Im Falle des Kehler Hafenabkommens hat *Forsthoff*, Gutachten, S. 29 die Zustimmung der Bundesregierung für unzulässig gehalten.

steht außer Zweifel. Das darf aber nicht dazu führen, daß das Problem einfach als nicht existent betrachtet wird. Letztlich hat nämlich die Bandbreite des „Politischen" auch insofern ihr Gutes, als zumindest eklatante Fälle klar abgegrenzt werden können. Die Länder können also im Rahmen des Art. 32 III GG auch „politische" Verträge abschließen, solange nicht die Grenze des Art. 59 II GG überschritten wird.

Die Frage, inwieweit Art. 59 II GG in die Kompetenzverteilung zwischen Bund und Ländern eingreife, ist in der Literatur breit diskutiert worden. Es dürfte aber wenigstens insofern Übereinstimmung bestehen, als klar ist, daß die Bundesländer — auch nicht auf kaltem Wege — nicht Akteure der „Hohen Politik" sein können. Dies gilt unbestritten für eine unmittelbare Außenpolitik und muß auch auf „mittelbar" betriebene Außenpolitik anwendbar sein. Soweit sich also aus Art. 32 III GG eine Beschränkung der Landeszuständigkeit nicht herleiten läßt, kann Art. 59 II GG, wenn nicht als Kompetenznorm, so doch wenigstens als Auslegungsregel hier klärend herangezogen werden[36].

---

[36] Vgl. zu diesen Fragen vor allem *Bernhardt*, Verträge, S. 190 ff. „Aus dem Verfassungsgrundsatz der harmonischen Ergänzung der Teilordnungen und der Pflicht der Gliedstaaten zu bundesfreundlichem Verhalten ergibt sich, daß das ihnen an sich nach Art. 32 Abs. 3 GG zustehende Vertragsrecht dann ausgeschaltet wird, wenn eine vertragliche Vereinbarung von besonders gravierender Bedeutung für die Bundesbelange ist" (S. 192). *Bernhardt* wirft dann die Frage nach der Grenze zwischen den zulässigen und den wegen ihres politischen Gewichts unzulässigen Länderverträgen auf und zieht dabei zunächst die Aufgabenverteilung zwischen den Bundesorganen heran. Die Argumentation beruht letztlich auf dem Gedanken, daß die Bundesregierung auch im Wege der Zustimmung zu einem Ländervertrag nicht mehr selbständige außenpolitische Entscheidungen treffen darf, als sie in Bundesangelegenheiten — ohne das Parlament — kann. Die dort gegebene Beschränkung, nämlich Art. 59 II GG, ist dann auch im Lichte des Art. 32 III GG zu sehen und umgekehrt. „Daß an sich in die Länderzuständigkeit fallende Verträge wegen ihrer besonderen politischen Bedeutung unzulässig sein können, ergibt sich aus Art. 32 GG und dem bundesstaatlichen Grundsatz der Unterordnung aller auswärtigen Betätigung der Länder; *welche* Verträge das sind, ist nach ihrem politischen Gewicht zu bestimmen, und *Maßstab* hierfür ist Art. 59 Abs. 2 GG" (S. 193). Ebenso *Angerer*, S. 107 ff. Vgl. auch *Mosler*, Kulturabkommen, S. 18—20; Gegen eine Heranziehung des Art. 59 GG zur Auslegung des Art. 32 GG vor allem *Grewe*, VVDStRL 12, S. 162 f., der von einem „Versuch am untauglichen Objekt" spricht, ebenso *Menzel*, VVDStRL 12, S. 202. Vgl. ferner *v. Stralenheim*, BayVBl. 55, S. 6 ff.; *Kraus*, AVR 3 (55), S. 414; *Kölble*, DÖV 65, S. 145 ff., DÖV 66, S. 25 ff., dazu *Beck*, DÖV 66, S. 20 ff. Auch *Forsthoff*, Gutachten, S. 14, meint: „Art. 32 III GG darf nicht für sich allein gelesen, er muß vielmehr im Zusammenhang mit Art. 59 II GG betrachtet und ausgelegt werden. Art. 32 III GG wird durch Art. 59 II GG dahin modifiziert, . . . daß Verträge in die Bundeszuständigkeit fallen, wenn sie zugleich die politischen Beziehungen des Bundes zu auswärtigen Mächten betreffen".

cc) Verwaltungsabkommen

Dem Wortlaut des Art. 32 III GG entsprechend, können die Bundesländer lediglich „Verträge“ mit auswärtigen Staaten abschließen. Es sprechen jedoch gewichtige Gründe dafür, auch Verwaltungsabkommen, soweit die Länder zuständig sind, in diesen Vertragsbegriff mit einzubeziehen[37]. In der Praxis spielen die Verwaltungsabkommen ohnehin eine weitaus größere Rolle, als die „echten“ Verträge. Es würde auch abgesehen davon, daß Art. 32 III GG sich nur auf die Kompetenzverteilung von *Bund* und *Ländern* bezieht, jeder praktikablen Regelung widersprechen, wollte man zwar Verträge zwischen Bundesländern und auswärtigen Staaten zulassen, Verwaltungsabkommen aber ausschließen. Die Frage, inwieweit für Verwaltungsabkommen hinsichtlich der Zustimmung der Bundesregierung dasselbe gilt wie für Verträge, wird im zweiten Kapitel der Arbeit zu behandeln sein[38]. Grundsätzlich können jedenfalls die Länder, soweit sie für die Verwaltung zuständig sind, auch Verwaltungsabkommen mit auswärtigen Staaten abschließen. Häufig wird in der Praxis der Unterschied zwischen „Vertrag“ und „Verwaltungsabkommen“ nicht gemacht. Gründe hierfür liegen vor allem darin, daß z. T. noch immer die Auffassung vertreten wird, bei Verwaltungsabkommen sei die Zustimmung der Bundesregierung nicht erforderlich[39].

dd) Konkordate

Konkordate nehmen im völkerrechtlichen Vertragsrecht wie auch im innerstaatlichen Recht eine Sonderstellung ein. Ihre rechtliche Behandlung hat in Literatur und Rechtsprechung eine breite Erörterung erfahren, so daß hier weder Anlaß noch Raum besteht, auf Einzelfragen näher einzugehen[40]. Im Zusammenhang mit Art. 32 III GG interessiert insofern nur die Frage, ob auch Konkordate unter diese Vorschrift fallen, ob also die Formulierung „Verträge mit auswärtigen Staaten“ die Konkordate mit umfaßt. Dies wird von der überwiegenden Zahl der Autoren abgelehnt. Begründet wird diese Ablehnung in

---

[37] Vgl. MDH, Art. 32, RN 70—72; *v. Mangoldt/Klein,* Art. 32, Anm. VI, 3b, m. w. N.

[38] Dagegen vor allem Bayern, das allerdings die Zustimmung in den meisten Fällen doch eingeholt hat.

[39] Es wird deshalb häufig die Bezeichnung „Abkommen“ oder „Übereinkommen“ gewählt. Vgl. auch im Anhang.

[40] Vgl. bes. *Hollerbach,* Verträge zwischen Staat und Kirche in der Bundesrepublik Deutschland, S. 202 ff.; *v. Mangoldt/Klein,* Art. 32, Anm. VI, 5a; ferner das Konkordatsurteil des Bundesverfassungsgerichts, BVerfGE 6, 309 ff. (= DÖV 1957, S. 789), dazu Stellungnahmen von *Weber,* DÖV 65, S. 44 ff. und *v. Schenck,* DÖV 66, S. 299 ff.; *Becker,* NJW 57, S. 694 ff.; *Geiger,* BayVBl. 57, S. 301 (340); *Bullinger,* AÖR 83, S. 279 ff.

erster Linie mit der völkerrechtlichen Zwitternatur des Hl. Stuhls. Da die Konkordate auch keine eigentlichen völkerrechtlichen Verträge sind, weil sie sich mit Fragen der Religion und Religionsausübung im weitesten Sinne befassen, und der Vertragspartner der Hl. Stuhl qua kirchliche Institution ist, somit schon seine Qualität als „auswärtiger *Staat*“ in Zweifel zu ziehen ist, umfaßt Art. 32 III GG diesen Bereich nicht. Als Konsequenz ergibt sich, daß die Länder Konkordate auch ohne Zustimmung der Bundesregierung abschließen können[41].

ee) Weitere Spezialfragen

Mit den oben behandelten Staatsverträgen, den politischen Verträgen und den Konkordaten sind die Hauptprobleme zum Begriff der „Verträge“ angesprochen worden. Auch die Verwaltungsabkommen konnten in diesen Kreis einbezogen werden. Darüber hinaus bleiben aber noch einige Spezialfragen.

So zum Beispiel geht es um die Möglichkeit, daß die Länder im Wege des Art. 32 III GG *internationalen Organisationen* beitreten können. Eine Entscheidung hängt dabei eng mit dem Vertragsinhalt zusammen. Grundsätzlich ist es den Bundesländern verwehrt, „Außenpolitik“ zu betreiben. Damit läßt sich die Frage des Beitritts zu politischen internationalen Organisationen allgemeiner Art mit einem klaren Nein beantworten[42]. Gegen einen Beitritt zu Organisationen oder Einrichtungen, die technisch-praktische Zwecke verfolgen — etwa Reinhaltung von Grenzgewässern —, wird jedoch nichts einzuwenden sein[43]. Dabei ist davon auszugehen, daß der Vertragsbegriff des Art. 32 III GG den multilateralen Vertrag mit umschließt. Ein Bundesland kann also auch an der Gründung einer der bezeichneten Einrichtungen beteiligt sein[44]. Analog verhält es sich mit der Frage der Unterwerfung unter ein *Schiedsgericht*. Auch hier ist darauf abzustellen, daß es sich nicht um ein allgemeines internationales Gericht handeln darf, sondern nur um ein Schiedsgericht, das Streitfragen innerhalb der Einrichtungen schlichtet, denen beizutreten die Länder aus Art. 32 III GG berechtigt sind[45].

---

[41] *Reichel*, Auswärtige Gewalt, S. 156 ff. m. w. N.; *v. Mangoldt/Klein*, Art. 32, Anm. VI, 5 a. Letztlich schlägt sich in dieser, heute zweifellos richtigen Auffassung die konsequente Trennung von Staat und Kirche einerseits und die politisch bedeutungslose Funktion des Hl. Stuhls andererseits nieder. Betont werden muß aber, daß nur das Zusammenspiel der rechtlichen Qualifizierung der Konkordate mit der Rechtsstellung des Hl. Stuhls diese Ausnahme bewirkt.

[42] *Bernhardt*, Verträge, S. 171; *v. Mangoldt/Klein*. Art. 32, Anm. VI, 5 b m. w. N.

[43] *Bernhardt*, Verträge, S. 172; *Mosler*, Kulturabkommen, S. 21 ausweitend; aA *Kraus*, Kulturabkommen, S. 417.

[44] *Bernhardt*, Verträge, S. 172, m. w. N.

Ein Beitritt von Bundesländern zu einer supranationalen Organisation unter gleichzeitiger Übertragung von *Hoheitsrechten* ist ausgeschlossen. Abgesehen davon, daß einer solchen Übertragung von Hoheitsgewalt schon die Bundeskompetenz des Art. 24 GG entgegensteht, ist es auch mit dem Wesen des Bundesstaates schlicht unvereinbar, seinen Gliedern zu ermöglichen, Hoheitsgewalt nach außen zu übertragen[46].

Alle bisher zitierten Verträge könnte man als solche „iure imperii" bezeichnen. Mit ihnen befaßt sich Art. 32 III GG. Verträge „iure gestionis", also fiskalische Verträge, können die Länder selbstverständlich ebenfalls abschließen. Sie fallen aber nicht unter die „Verträge mit auswärtigen Staaten", die in Art. 32 III GG angesprochen sind, bedürfen also, wie die Konkordate, nicht der Zustimmung der Bundesregierung[47].

c) *Vertragspartner*

Es soll noch erörtert werden, wer Vertragspartner der Länder bei der Ausübung ihres Vertragsschließungsrechts gem. Art. 32 III GG sein kann. Dabei handelt es sich also um die Auslegung des Begriffs „auswärtige Staaten". Über die wesentlichen Punkte besteht in der Lehre Einigkeit, jedoch sind auch einige wichtige Fragen noch umstritten.

aa) Staaten

Schon die verbale Interpretation läßt keinen Zweifel daran, daß in erster Linie Staaten als Vertragspartner in Frage kommen sollen. Auf eine weitergehende Untersuchung des Staatsbegriffs kann in diesem Zusammenhang verzichtet werden und auf die Allgemeine Staatslehre verwiesen sein. Damit erübrigt sich, der Frage nachzugehen, wann ein Vertragspartner „Staat" in diesem Sinne ist. Anzumerken ist jedoch, daß unter die „auswärtigen Staaten" des Art. 32 III GG nur solche fallen können, die von der Bundesrepublik Deutschland völkerrechtlich anerkannt sind[48]. Der Grund dafür ergibt sich leicht aus dem

---

[45] *Bernhardt*, Verträge, S. 171; *Kraus*, Kulturabkommen, S. 417; *v. Mangoldt/Klein*, Art. 32, Anm. VI, 5 b; BVerfGE 2, S. 377.

[46] *Bernhardt*, Verträge, S. 173; *v. Mangoldt/Klein*, Art. 32, Anm. VI, 5 b. Dagegen *Hallmayer*, S. 39/40. Unklar bleibt dabei allerdings, wie in diesem Fall die auf S. 45 vertretene Meinung, die Länder könnten „niemals" Mitglieder einer intern. Organisation sein, damit vereinbar ist.

[47] Vgl. dazu *Kraus*, Kulturabkommen, S. 417; kritisch dazu *Reichel*, Auswärtige Gewalt, S. 159, der auch „privatrechtliche" Verträge nach dem Zweck beurteilt und im Einzelfall für zustimmungsbedürftig hält. Sicher gibt es auch hier Grenzen, z. B. wenn ein Land Kunstschätze „verkaufen" will. Im allgemeinen aber entfällt die Zustimmung.

Gedanken der Einheit des Staates nach außen, wobei es unerträglich wäre, wollten Gliedstaaten in vertragliche Beziehungen zu „Staaten" treten, die der Bund völkerrechtlich nicht anerkannt oder noch nicht anerkannt hat — man denke nur an das Beispiel der DDR. Infolge der Auslegung, daß von der Bundesrepublik nicht anerkannte Staaten keine „auswärtigen Staaten" i. S. d. Art. 32 III GG sind, kann die Frage, ob es sich bei Verträgen mit solchen um „politische" Verträge handeln würde, also dahingestellt bleiben. Mit Gebilden, die keine auswärtigen Staaten sind, können die Länder auch keine Verträge abschließen.

bb) Andere Völkerrechtssubjekte

Es wurde bereits erwähnt, daß es neben den souveränen Staaten noch eine Reihe weiterer Völkerrechtssubjekte gibt. Im Zusammenhang damit war auch bereits von der Abstufung der völkerrechtlichen Relevanz in der Form beschränkter Völkerrechtssubjektivität die Rede. Hieraus ergeben sich für den Begriff „auswärtige Staaten" einige Probleme.

Vor allem ist fraglich, ob der Begriff „auswärtige Staaten" auf alle Völkerrechtssubjekte ausgedehnt werden kann, bzw. wo die Grenzen der Auslegung zu setzen sind. Das Bundesverfassungsgericht hat sich im Kehler Hafenurteil mit einer solchen Auslegung befaßt. Ohne Zweifel sind *internationale Organisationen* als — wenn auch abgeleitete — Völkerrechtssubjekte „auswärtige Staaten"[49]. Auch die *Gliedstaaten anderer Bundesstaaten* bereiten keine größeren Schwierigkeiten, soweit ihnen nur in den jeweiligen Verfassungen die Beteiligung am völkerrechtlichen Verkehr eingeräumt ist. Weitaus problematischer ist indes die Frage, ob auch *öffentlich-rechtliche Körperschaften* auswärtiger Staaten, denen eine Befugnis zum Handeln im eigenen Namen im auswärtigen Bereich gegeben ist — etwa durch Vollmachterteilung —, unter den Begriff „auswärtige Staaten" subsumiert werden können. Die Frage ist von sehr praktischer Bedeutung. Verneint man sie mit dem Bundesverfassungsgericht[50], so ergibt sich ohne weiteres, daß bei Verträgen oder Verwaltungsabkommen mit solchen ausländischen öffentlich-rechtlichen Körperschaften den deutschen Bundesländern ein „Freiraum" zur Verfügung steht, innerhalb dessen sie einer Zustimmung der Bundesregierung zum Vertragsschluß nicht mehr bedürfen[51].

[48] Vgl. MDH, Art. 32 RN 14; *v. Mangoldt/Klein*, Art. 32, Anm. III, 3 b m. w. N. Durchaus herrschende Meinung. *Hallmayer*, S. 47, spricht von einer Selbstverständlichkeit.

[49] *Reichel*, Auswärtige Gewalt, S. 155/156; zu den in der Literatur sehr breit diskutierten Einzelheiten vgl. *v. Mangoldt/Klein*, Art. 32, Anm. III, 3 b. mit vielen Hinweisen.

[50] BVerfGE 2, 347 (hier S. 374 ff.).

Das Bundesverfassungsgericht hat diese Auffassung aber in der Tat vertreten[52]. Damit verstärkt sich die eingangs schon erwähnte Gefahr eines Mißbrauchs des Vertragsschließungsrechts zur Umgehung verfassungsrechtlicher Normen, insbesondere des Kontrollrechts des Parlaments[53]. Die Situation im Falle des Kehler Hafens zeigt sehr deutlich, daß eine französische öffentlich-rechtliche Körperschaft, der „Port Autonome de Strasbourg", wenn man sie nicht mehr in den Kreis der „auswärtigen Staaten" i. S. d. Art. 32 III GG einbeziehen will, sogar ohne Mitwirken der Bundesregierung und erst recht ohne Einschaltung der gesetzgebenden Körperschaften[54] mit einem deutschen Land Verträge beliebigen, vor allem aber „politischen" Inhalts abschließen kann. Man mag einräumen, daß zur Zeit der Kompilation des Art. 32 III GG noch niemand daran gedacht hat, welchen Inhalt der auf den ersten Blick recht klare Begriff „auswärtige Staaten" einmal bekommen könnte, aber aus dem angeführten Beispiel erhellt die Notwendigkeit, zur Wahrung der Rechtsstaatlichkeit auch im politischen Bereich der völkerrechtlichen Verträge hier eine über den Wortlaut hinausgehende Interpretation zuzulassen[55]. Dabei ist davon auszugehen, daß die durch Art. 32 III GG vorgesehene Kontrolle der außenpolitischen (völkerrechtlichen) Aktivitäten der Bundesländer umfassend sein muß, wenn sie wirksam sein soll. Diese Forderung gewinnt angesichts der politischen Möglichkeiten der Manipulation des Vertragsschließungsrechts von Seiten der Bundesregierung noch zusätzlich an Gewicht.

Ansatzpunkt für diese Kontrolle ist einerseits die Zustimmung der Bundesregierung, wie sie Art. 32 III GG vorsieht, andererseits aber eine Interpretation dieser Vorschrift, die es zuläßt, daß Art. 32 III GG auch dann überhaupt eingreift, wenn Vertragspartner nicht ein „Staat", sondern ein anderes Völkerrechtssubjekt bzw. eine mit eigenen Rech-

---

[51] Es ist daher besser, den Begriff „auswärtige Staaten" als Tatbestandsmerkmal des Art. 32 III GG dahin zu verstehen, daß Verträge mit anderen Gebilden von der Verfassung nicht vorgesehen sind. Über den Engpaß hilft dann eine weite Auslegung leicht hinweg. Die Konkordate machen keine Probleme, denn sie sind ja auch keine „Verträge". Läßt man alles zu, was nichts mit einem „auswärtigen Staat" zu tun hat, kann man in größte Schwierigkeiten kommen. Verträge mit der DDR wären zum gegenwärtigen Zeitpunkt dann nur noch wegen ihrer „politischen" Qualifikation schwer denkbar, scheiterten aber nicht am Merkmal „auswärtiger Staat".

[52] BVerfGE 2, S. 374/75.

[53] Vgl. dazu auch *Angerer*, S. 114, der darauf hinweist, daß allein durch die Zustimmung der Bundesregierung auf dem Wege des Art. 32 III GG unter Zuhilfenahme eines Landes hohe Politik unter Ausschluß des Bundestages gemacht werden könnte.

[54] Konsequenterweise muß, wenn alle wesentlichen Merkmale des Art. 32 III GG wegfallen, auch die Zustimmung sich erübrigen, denn dann ist Art. 32 III GG nicht mehr tangiert.

[55] Zum Streitstand vgl. *v. Mangoldt/Klein*, Art. 32, Anm. III, 3 a und b, mit vielen Nachweisen.

ten ausgestattete und zum Handeln im völkerrechtlichen Bereich ermächtigte Körperschaft dieses Völkerrechtssubjekts ist. Wenn nämlich eine Möglichkeit besteht, durch die Maschen dieser leider sehr unglücklich formulierten Vorschrift zu schlüpfen, so kommt als Notbremse nur noch der Appell an die Bundestreue und die Pflicht bundesfreundlichen Verhaltens in Frage, die aber als Maßstäbe für eine exakte juristische Beurteilung nicht ausreichen. Es muß also gelingen, die Kontrolle im Rahmen des Art. 32 III GG möglichst umfassend zu gestalten. Für den hier interessierenden Terminus der „auswärtigen Staaten" kann das nur bedeuten, unter diesen Begriff jede mit eigenen Rechten ausgestattete Körperschaft des öffentlichen Rechts eines auswärtigen Staates, die zum Handeln im völkerrechtlichen Bereich ermächtigt ist, mit zu subsumieren. Dies hat unter dem Gesichtspunkt zu geschehen, daß diesen öffentlich-rechtlichen Körperschaften von ihren Staaten auch insoweit beschränkte Völkerrechtssubjektivität und -handlungsfähigkeit verliehen ist, und eine — wenn auch nur in beschränktem Umfang bestehende — Völkerrechtssubjektivität maßgebliches Kriterium des „auswärtigen Staates" in Art. 32 III GG ist. Als Ergebnis kann dann festgestellt werden, daß die Zustimmung der Bundesregierung zu allen Verträgen notwendig ist, die zwischen einem deutschen Bundesland (oder sogar auch einer deutschen, zu solchen Vertragsschlüssen ermächtigten öffentlich-rechtlichen Körperschaft) und einer ausländischen öffentlich-rechtlichen Körperschaft, die zum Handeln im auswärtigen Bereich ermächtigt ist, abgeschlossen werden. Dieser auch in der Lehre vertretenen Auffassung ist voll zuzustimmen[56]. Wenn sie auch über den Wortlaut des Art. 32 III GG hinausgeht, so bietet sie doch eine dogmatisch saubere und klare Regelung an, die vor allem auch dem Zweck der Norm am besten gerecht wird. Eine Kontrolle der außenpolitischen Vertragstätigkeit der Bundesländer ist so durch die in jedem Falle erforderliche Zustimmung der Bundesregierung am ehesten gewährleistet. Es soll dabei nochmals betont werden, daß diese Lösung auch den einzigen Weg darstellt, Art. 32 III GG für die bezeichneten Verträge überhaupt anwendbar zu machen. Jede enge Auslegung des Begriffs „auswärtige Staaten" hat unbedingt zur Folge, daß sich eine an Art. 32 III GG vorbeigehende Vertragstätigkeit der Bundesländer entwickeln könnte, die jedenfalls jeder Kontrolle von Bundesseite entzogen wäre[57]. Es soll also in der

---

[56] Dabei ist diese in der neueren Literatur vor allem von *Reichel*, Auswärtige Gewalt, S. 155/156 vertretene Meinung durchaus umstritten. So meint *Bernhardt*, Verträge, S. 176, zwar seien diese Körperschaften keine „Staaten", doch müsse die Bundesregierung trotzdem „aus dem Sinn der Vorschrift" zustimmen. Das führt zwar zum gleichen Ergebnis, jedoch wird dabei das Problem überspielt.

[57] Die landesrechtlichen Vorschriften müssen hier unbeachtet bleiben.

Folge davon ausgegangen werden, daß auch die genannten öffentlichrechtlichen Körperschaften unter den bezeichneten Bedingungen „auswärtige Staaten“ im Sinne des Art. 32 III GG sind.

cc) Gliedstaaten anderer Bundesstaaten

Der Vertragsschluß eines deutschen Bundeslandes mit einem Gliedstaat eines anderen Bundesstaates bereitet keine rechtlichen Schwierigkeiten. Voraussetzung ist selbstverständlich, daß auch der in Frage stehende Gliedstaat in seiner Bundesverfassung dazu berechtigt ist, Verträge mit auswärtigen Staaten abschließen zu können. Die Kompetenzen müssen sich also für das Gebiet des Vertragsschlusses decken. Ist dies der Fall, stehen einem solchen Vertrag keine verfassungsrechtlichen Bedenken entgegen. In der Praxis spielen hier allerdings die Verwaltungsabkommen eine größere Rolle, da sich besonders bei benachbarten Gliedstaaten die nachbarschaftlichen Probleme häufig besser auf der Verwaltungsebene lösen lassen. Gedacht ist hier neben vielen anderen denkbaren Möglichkeiten vor allem an die im Vordringen begriffenen Regelungen über den Umweltschutz. Allerdings neigt die Praxis auch dazu, gerade diese Fragen auf Bundesebene zu behandeln oder zumindest den Versuch zu machen, den Bund zu beteiligen[58]. Es könnten hier aber durchaus neben einen Vertrag zwischen den Nachbarstaaten noch Durchführungsabkommen zwischen den benachbarten Gliedstaaten treten, die Einzelfragen besser lösen können als der grundlegende völkerrechtliche Vertrag, der lediglich Rahmen und Ziele der Zusammenarbeit abstecken könnte. Von dieser Möglichkeit wurde in abgewandelter Form bereits Gebrauch gemacht[59]. Ohne Zweifel ist aber auch der Gliedstaat des auswärtigen Bundesstaates unter den genannten Voraussetzungen „auswärtiger Staat“ im Sinne des Art. 32 III GG. Auch ein Vertrag eines deutschen Bundeslandes mit einem solchen Gliedstaat bedarf also der Zustimmung der Bundesregierung.

dd) Sonderfälle

Erwähnenswert sind noch einige besondere Fälle, die von geringerer praktischer Bedeutung sind, aber vor allem in der Theorie Schwierigkeiten bereiten können. Das eine in diesem Zusammenhang auftauchende Problem wurde schon unter dem Stichwort „Konkordate“ angesprochen[60]. Es geht dabei um die Völkerrechtssubjektivität des

---

[58] Vgl. Bodensee-Übereinkommen v. 27. 10. 1960.

[59] Dem Naturparkabkommen Nordeifel zwischen Nordrhein-Westfalen, Rheinland-Pfalz und Belgien vom 3. 2. 71 liegt Art. 4 des vorher zwischen dem Bund und Belgien geschlossenen Abkommens über die Zusammenarbeit auf dem Gebiet der Raumordnung zugrunde.

[60] Oben I., 1., b), dd).

Hl. Stuhls. Es wurde bereits festgestellt, daß Konkordate nicht unter Art. 32 III GG fallen. Dabei wurde davon ausgegangen, daß Konkordate ihrer Natur nach bereits keine „Verträge“ im Sinne des Art. 32 III GG sind, weil die behandelten Fragen mehr religiöser Natur sind. Hier kann daran angeknüpft werden, daß der Begriff des Vertrages mit einem auswärtigen Staat voraussetzt, daß zwischenstaatliche Fragen geregelt werden. Für religiöse Fragen trifft dies heute nicht mehr zu. Im Fall der Konkordate ist der Hl. Stuhl also auch kein „auswärtiger Staat“, sondern lediglich eine höchste kirchliche Institution ohne Völkerrechtssubjektivität, so daß die Länder hier im Vertragsschluß in der Tat frei sind und keiner Zustimmung der Bundesregierung bedürfen[61]. Theoretisch denkbar wäre jedoch ein Vertrag zwischen einem deutschen Bundesland und dem Vatikanstaat als Völkerrechtssubjekt. Welchen Inhalts ein solcher Vertrag sein sollte, mag dahingestellt bleiben, jedoch wird für den Fall Art. 32 III GG wieder eingreifen, da es sich zwar um einen „atypischen“ aber immerhin einen völkerrechtlichen Vertrag mit einem auswärtigen Staat, dem Vatikanstaat, handeln würde. Es ist dann die Zustimmung der Bundesregierung erforderlich. Logisch besteht hier kein Unterschied zu den Verträgen mit den „normalen“ auswärtigen Staaten und den ihnen gleichgestellten Völkerrechtssubjekten.

Nach der Ratifizierung des „Grundvertrages“ zwischen der Bundesrepublik Deutschland und der DDR und der Aufnahme beider Staaten in die Vereinten Nationen rückt ein anderes Problem weiter in den Vordergrund, nämlich die Vertragsfähigkeit der DDR im Hinblick auf die deutschen Bundesländer. Auch diese Frage kann hier nicht vertieft werden, sicher aber kann man heute nicht mehr sagen, die DDR stelle nur einen von einer de facto-Regierung beherrschten Teil des gesamtdeutschen Staatswesens dar[62]. Vielmehr hat die internationale Anerkennungswelle der letzten Jahre bestätigt, daß die DDR in den Kreis der souveränen Staaten eingerückt ist[63]. Die These von den „bei-

---

[61] Vgl. *Reichel*, Auswärtige Gewalt, S. 156 ff., der in diesem Zusammenhang auch darauf hinweist, daß Art. 2 II des Reichskonkordats vom 20. 7. 1933 mit seiner Bestimmung, daß der Abschluß von Konkordaten der Länder künftig nur „im Einvernehmen mit der Reichsregierung“ erfolgen wird, für das geltende Verfassungsrecht keine Bedeutung mehr haben kann. Auch *Mosler*, Auswärtige Gewalt, S. 261 betrachtet den Hl. Stuhl als „nichtstaatlichen Partner“, während *Hallmayer*, S. 66, offensichtlich den Papst (!) als außerstaatliches Völkerrechtssubjekt auch bei reinen Konkordaten verstanden wissen will. Vgl. im übrigen *v. Mangoldt/Klein*, Art. 32, Anm. III, 3 c m. w. N. Ein aktives und passives Gesandtschaftsrecht der Länder gegenüber dem Hl. Stuhl wird allerdings durchweg anerkannt, *Grewe*, S. 266; aA *Hugelmann*, VVDStRL 12, 1954, S. 235 (Diskussionsbeitrag), der das Recht, Gesandte zu entsenden und zu empfangen, ausschließlich dem Bund zubilligen will.

[62] So *Kraus*, Kulturabkommen, S. 415 (1952).

den Staaten in Deutschland", die auch vom Bundesverfassungsgericht vertreten wird, entbehrt angesichts der realen Situation nicht einer gewissen Schizophrenie[64]. Hält man aber daran fest, daß theoretisch die DDR für die Bundesrepublik Deutschland kein Ausland ist, so ergibt sich im Hinblick auf Art. 32 III GG eine Alternative: Entweder man akzeptiert die DDR als „Staat", der aber von der Bundesrepublik nicht anerkannt ist und auch nicht anerkannt werden darf[65], dann kommen Verträge eines Bundeslandes überhaupt nicht in Betracht, oder man hält die DDR für einen — rechtlich wie immer zu konstruierenden — Teil Gesamtdeutschlands, dann wäre ein Vertrag mit einem Bundesland praktisch ein Staatsvertrag, etwa[66] wie zwischen Bund und Bundesland, und ohne weiteres möglich. Schon hier zeigt sich, wie verworren die Rechtslage ist, denn es dürfte niemand Zweifel daran haben, daß jegliche Vertragsbeziehungen zur DDR „Hohe Politik" im wahrsten Sinne des Wortes darstellen. Ist also nicht über Art. 59 II GG überhaupt nur der Bund zum Abschluß berechtigt[67]? Wie ist aber überhaupt die rechtliche Fähigkeit des Bundes zum Abschluß derartiger Verträge zu beurteilen[68]? Diesen Fragen nachzugehen, würde den Rahmen der Arbeit sprengen. Für das hier interessierende Problem, ob ein deutsches Bundesland mit der DDR über Art. 32 III GG mit Zustimmung der Bundesregierung einen Vertrag abschließen dürfte, erscheint es am zweckmäßigsten, darauf abzustellen, daß die DDR jedenfalls kein „auswärtiger" Staat ist, solange nicht eine Anerkennung durch die Bundesrepublik erfolgt ist. Dabei soll davon ausgegangen werden, daß dies bis dato nicht der Fall ist[69]. Legt man diese Auffassung zugrunde, so ist der „Fall DDR" im Hinblick auf Art. 32 III GG nicht anders zu beurteilen als bei jedem anderen, von der Bundesrepublik nicht an-

---

[63] Es gelten allerdings zwei Vorbehalte, nämlich erstens, inwieweit die Westmächte noch Rechte im Bezug auf „Deutschland als Ganzes" beanspruchen, und zweitens, wie weit die „Souveränität" eines Warschauer-Pakt-Staates überhaupt reicht. (Vgl. aber Vertrag DDR—UdSSR v. 20. 9. 1955, Art. I).

[64] Erstmals in der Regierungserklärung v. 28. 10. 1969. Vgl. Urteil des BVerfG v. 31. 7. 1973, NJW 73, 1539; *Kewenig*, in Völkerrecht u. Außenpolitik, S. 130 ff.

[65] Vgl. das Urteil des BVerfG, Leitsatz d und e.

[66] *Doehring/Kewenig*, in Völkerrecht und Außenpolitik, S. 58/93 ff.; *Reichel*, Auswärtige Gewalt, S. 179 bejahend.

[67] Über die Frage der Anwendbarkeit des Art. 59 GG auf Beziehungen zur DDR vgl. *Kewenig*, Völkerrecht und Außenpolitik, S. 97 ff.

[68] *Doehring*, Völkerrecht und Außenpolitik, S. 18 ff. und NJW 71, S. 449 ff. hält das mit Recht im Hinblick auf Art. 2 des Deutschlandvertrages für problematisch. Die Faktizität hat das mittlerweile überspielt.

[69] Vgl. dazu im Hinblick auf die UN-Mitgliedschaft *Doehring*, Völkerrecht und Außenpolitik, S. 78 ff., der im übrigen auch eine völkerrechtliche Anerkennung, wenn sie der Wiedervereinigung dienen soll, zulassen will.

erkannten Staat. Verträge zwischen einem Bundesland und der DDR sind also grundsätzlich noch ausgeschlossen[70].

Weiteren Spezialfragen zum Begriff des „auswärtigen Staates“ hier nachzugehen lohnt nicht, da z. B. ein Vertragsschluß eines Bundeslandes mit einem de-facto-Regime oder Aufständischen nicht real werden dürfte.

d) Der Zuständigkeitsbereich der Länder für den Abschluß von Verträgen mit auswärtigen Staaten

Hier liegt ein bisher ungelöstes und heftig umstrittenes Kernproblem des Art. 32 III GG. Es ist daher auch nicht möglich, in diesem als allgemeine Vorbemerkung zu dem Art. 32 III GG umrankenden Fragenkreis gedachten ersten Kapitel der Arbeit zu den Einzelheiten erschöpfend Stellung zu nehmen. Die wichtigsten Meinungen und Theorien sollen aber zumindest übersichtsartig behandelt werden. Anschließen wird sich der Versuch einer Kritik.

aa) Die ausschließliche Bundeskompetenz

Hierunter ist zu verstehen, daß die ausschließlich Vertragsabschlußkompetenz unstreitig beim *Bund* liegt. Es handelt sich also um die verhältnismäßig klaren Fälle, wo der Bund Verträge über Gegenstände der ausschließlichen Bundesgesetzgebung abschließen möchte. Auch Art. 32 III GG bestimmt, daß die Vertragsabschlußkompetenz an der Gesetzgebungskompetenz gemessen werden soll. Somit kann kein Zweifel daran bestehen, daß der Bund dort, wo er Inhaber der ausschließlichen Gesetzgebungskompetenz ist, auch das alleinige Vertragsschließungsrecht hat. Kompetenznorm ist Art. 32 I GG und Art. 32 III GG arg. Diese Tatsache wird lediglich durch die Vorschrift des Art. 32 II GG in der Weise eingegrenzt, als der Bund bei ein bestimmtes Land betreffenden Fragen im Benehmen mit diesem Land handeln muß. Es handelt sich dabei aber nicht um eine echte Einschränkung, denn das Einvernehmen mit dem Lande wird nicht vorausgesetzt, und der Bund ist in seiner Vertragsabschlußkompetenz auch dann völlig unbeschränkt, wenn das Land mit dem Vertrag nicht einverstanden ist[71].

Eine Beschränkung der Bundeskompetenz in diesem Bereich kann sich allenfalls dadurch ergeben, daß der Bund aus dem Gedanken der

---

[70] aA *Kewenig*, Völkerrecht und Außenpolitik, S. 107 u. FN 21, der die DDR eine „außerhalb des Geltungsbereichs des GG lozierte, zumindest mit partieller völkerrechtlicher Rechts- und Handlungsfähigkeit ausgestattete Einheit“ nennt.

[71] *Bernhardt*, Verträge, S. 167; *v. Mangoldt/Klein*, Art. 32, Anm. IV, 1 ff, der immerhin eine Einschränkung sieht, Anm. II 1.

Bundestreue heraus zur Übung länderfreundlichen Verhaltens verpflichtet ist, und ihm insofern durch Art. 32 II GG eine Rechtsausübungsschranke gesetzt ist[72]. Diese Beschränkung kann aber nur innerstaatlich von Bedeutung sein. Für die Bindung nach außen ist eine innerstaatliche Verletzung der Bundestreue jedenfalls in diesem Zusammenhang irrelevant. Auch ein unter diesen Umständen abgeschlossener Vertrag ist völkerrechtlich wirksam. Zu dem Problem der völkerrechtlichen Wirksamkeit verfassungswidriger Vertäge sei im übrigen auf die umfassende Darstellung bei *Geck*[73] Bezug genommen.

Grundsätzlich läßt sich also formulieren, daß der Bund dort die ausschließliche Vertragsabschlußkompetenz hat, wo er auch die alleinige Gesetzgebungskompetenz hat. „Ungeschriebene Bundeskompetenzen" sollen hier nicht untersucht werden[74].

bb) Konkurrierende Kompetenzen

Die Bezeichnung „Konkurrierende Kompetenzen" ist in Anlehnung an die konkurrierende Gesetzgebungskompetenz des Bundes und der Länder gewählt. Schon die Weimarer Verfassung hat sich bei der Abschlußkompetenz eng an den Kompetenzen zur Gesetzgebung orientiert[75], und auch das Grundgesetz ist prinzipiell diesem Muster gefolgt[76].

Eine konkurrierende Vertragsabschlußkompetenz des Bundes und der Länder ist daher vor allem auf dem Gebiet der konkurrierenden Gesetzgebungskompetenz möglich. Dabei gilt grundsätzlich, daß die Länder — analog der Gesetzgebung — solange von ihrem Vertragsschließungsrecht aus Art. 32 III GG Gebrauch machen können, als der Bund noch keinen Vertrag über diese Materie abgeschlossen hat und dies auch nicht demnächst zu tun beabsichtigt. Das Vertragsschließungsrecht des Bundes erstreckt sich dabei auch auf die Rahmengesetzgebung[77]. Will der Bund von einem solchen Abschlußrecht Gebrauch machen, so wird er dies dem Land, das auf Zustimmung zu einem entsprechenden Vertrag anträgt, mitteilen und seine Zustimmung aus diesem Grund nicht erteilen[78]. Zur Frage, ob Art. 72 II GG bei der

---

[72] In diesem Sinne *Bayer*, Bundestreue, S. 58/65; vgl. auch *Fuss*, DÖV 64, S. 37 ff., der die Bundestreue als Rechtsbegriff ablehnt (S. 41).

[73] Die völkerrechtlichen Wirkungen verfassungswidriger Verträge. Zugleich ein Beitrag zum Vertragsschluß im Verfassungsrecht der Staaten, 1963.

[74] Dazu grundlegend *Triepel*, Kompetenzen, S. 283 ff.

[75] Art. 78 II WRV; dazu *Anschütz*, Art. 78, Anm. 4.

[76] Problematisch allerdings die „politischen" Verträge, vgl. *v. Mangoldt/Klein*, Art. 32, Anm. 1; MDH Art. 32, RN 17; ausführlich *Bernhardt*, Verträge, S. 127 ff.

[77] *Bernhardt*, Verträge, S. 139 f.

[78] Über die Rechtmäßigkeit einer so begründeten Verweigerung der Zustimmung siehe unten.

Beurteilung der Bundeszuständigkeit zum Abschluß von völkerrechtlichen Verträgen heranzuziehen ist, soll hier nur bemerkt werden, daß dem keine ersichtlichen Hindernisse entgegenstehen. Wenn der Bund beabsichtigt, einen Vertrag über eine Materie der konkurrierenden Gesetzgebung abzuschließen, wird es sich in der Regel um einen Vertragsgegenstand handeln, der unter die Ziffern 1—3 des Art. 72 II GG zu subsumieren ist. Liegt ein solcher Fall nicht vor, so ist wiederum nicht einzusehen, wieso dann der Bund *vor* den Ländern abschlußberechtigt sein soll[79].

Wesentlich problematischer ist die Beantwortung einer anderen Frage: Was geschieht mit bereits rechtskräftigen Verträgen der Länder, wenn der Bund *nachträglich* von seiner Abschlußkompetenz Gebrauch macht? Sicher wird ein solcher Vertrag durch den nachfolgenden Bundesvertrag nicht einfach aufgehoben[80]. Jedenfalls kann das nicht für die völkerrechtliche Wirksamkeit des Vertrages gelten. Denn hat die Verfassung einem Bundesland — wenn auch beschränkte — Völkerrechtssubjektivität verliehen, so hat das Land auch im eigenen Namen den Vertrag mit dem auswärtigen Partnerstaat geschlossen, und es ist nicht einzusehen, wieso der Bund, als — zumindest am Vertragsabschluß — unbeteiligter Dritter in der Lage sein soll, einen solchen Vertrag unwirksam werden zu lassen[81]. Eine Schwierigkeit ergibt sich nur dadurch, daß das Vollzugsgesetz des Bundes als lex posterior das Landesgesetz gem. Art. 31 GG außer Kraft setzt.

Für das Völkerrecht ist die annehmbarste Lösung, daß der Bund, der dem Ländervertrag ja gem. Art. 32 III GG einmal zugestimmt hat, im Falle eines nachträglichen eigenen Vertragsschlusses die Verpflichtungen des Landes aus dem noch wirksamen Vertrag, die das Land selbst nicht mehr erfüllen kann, nun seinerseits übernimmt. Diese Lösungsmöglichkeit rechtfertigt sich auch aus haftungsrechtlichen Gesichtspunkten, denn selbst wenn theoretisch der Gliedstaat, also das Land, für einmal in eigener Verantwortung übernommene Verpflichtungen selbst haftet, so tritt doch in praxi neben diese Haftung stets eine Mithaftung des Bundes. Dabei kann diese Mithaftung als „mittelbare Haftung" wohl dann angesehen werden, wenn man in der Zustimmung der Bundesregierung auch eine Garantieübernahme für die Erfüllung

---

[79] Zutreffend hier *Reichel*, Auswärtige Gewalt, S. 163: „Zweckmäßigkeitserwägungen vermögen jedoch die Verweisung des GG auf die Kompetenzverteilungsnormen und damit auch Art. 72 II GG nicht zu erschüttern." aA *Bernhardt*, Verträge, S. 139, der auf eine Entscheidung als Angelegenheit der „auswärtigen Gewalt" abstellt.

[80] Zu vorsichtig insoweit *Gross*, Außenpolitik, S. 104, der einen entsprechenden Vorbehalt bei der Zustimmung der Bundesregierung für nötig hält.

[81] Vgl. statt vieler *Beer*, S. 209, m. w. N.

sieht, jedenfalls aber führen Aktionen gegen den Gliedstaat immer zu Reaktionen des Gesamtstaates[82].

In der Praxis kann ein nachträglicher Vertragsschluß des Bundes am vorteilhaftesten so ausgestaltet werden, daß der Bund im Vertrag eine Reihe von Übergangsbestimmungen festlegt, die es ihm ermöglichen, die ehemals vertraglichen Verpflichtungen des Landes reibungslos in nunmehr eigene zu überführen, ohne daß dadurch dem auswärtigen Partnerstaat oder dem Bundesland Nachteile entstehen. Im übrigen ist der Bund auch schon aus den Grundprinzipien des Bundesstaates heraus verpflichtet, beim Vertragsabschluß darauf zu achten, daß dem Bundesland durch den neuen Vertrag keine Nachteile entstehen.

Zusammenfassend kann man die Rechtslage beim Abschluß völkerrechtlicher Verträge durch den Bund auf dem Gebiet der konkurrierenden Gesetzgebungskompetenz dahingehend umschreiben, daß das Land solange zum Vertragsschluß zuständig ist, als der Bund von seiner konkurrierenden Kompetenz keinen Gebrauch gemacht hat oder machen will. Macht der Bund nachträglich von seiner Kompetenz Gebrauch, entfällt zwar für diesen Bereich die Völkerrechtssubjektivität des Landes „ex nunc", weil damit auch seine Abschlußkompetenz entfällt, der völkerrechtliche Vertrag tritt aber damit nicht automatisch außer Kraft, sondern löst sich nach den allgemeinen Regeln des Völkerrechts, also etwa über die Rechtsnachfolge oder die *clausula rebus sic stantibus*[83]. Das innerstaatliche Landesvollzugsgesetz tritt gem. Art. 31 GG außer Kraft. Angesichts dieser Lösung wäre es natürlich zu befürworten, in die entsprechenden Länderverträge eine auflösende Bedingung aufzunehmen, die den Vertrag im gegebenen Fall außer Kraft treten oder den Bund als Vertragspartner nachfolgen lassen könnte.

cc) Die ausschließliche Länderkompetenz

Im Bereich der ausschließlichen Vertragsabschlußkompetenz der Bundesländer entstehen die eigentlichen Probleme des Art. 32 III GG. Dabei ist der Meinungsstreit unmittelbar auf den Wortlaut der Vorschrift zurückzuführen. Art. 32 III GG lautet: „Soweit die Länder für die Gesetzgebung zuständig sind, *können* sie mit Zustimmung der Bundesregierung mit auswärtigen Staaten Verträge abschließen." Im wesentlichen dreht sich die Auseinandersetzung um die Auslegung des Wor-

---

[82] *Beer*, S. 213, will einen *Erfüllungsanspruch* des Bundes zulassen; zu den Haftungsfragen vgl. *Klein*, Haftung, S. 127 ff.; zur Deliktshaftung des Bundes für die Gliedstaaten *Arato*, S. 36 f.

[83] Vgl. *Reichel*, Auswärtige Gewalt, S. 163, bes. auch FN 40 mit dem Hinweis auf Art. 56 EGBGB. Zum völkerrechtlichen Weiterbestand der Verträge *Bernhardt*, Verträge, S. 24; *Mosler*, Verfassungen, S. 169/170; MDH, Art. 32, RN 50—52.

tes „können". Ist das „können" gleich „dürfen" oder „können auch", so ergibt sich, daß die Länder, obgleich auf dem Gebiet ihrer ausschließlichen Gesetzgebungszuständigkeit, nur ein Vertragsschließungsrecht *neben dem Bund* haben mit der Konsequenz, daß also auch der Bund Verträge über Materien der ausschließlichen Ländergesetzgebungskompetenz abschließen kann[84]. Art. 32 III GG ist in diesem Fall als echte Ausnahme im Verhältnis zu Art. 30 GG anzusehen, und Art. 32 I GG begründet dann gegenüber Art. 30 GG für den auswärtigen Bereich eine umgekehrte Zuständigkeitsvermutung zugunsten des Bundes[85].

Diese Auffassung, die sowohl von der Bundesregierung als auch einem großen Teil der Staatsrechtslehre[86] vertreten wird, hat unbestritten den praktischen Vorteil, daß der Bund in seiner Außenpolitik nicht durch die innerstaatliche Gesetzgebungskompetenz eingeengt wird, sondern Verträge auch über Materien abschließen kann, die innerstaatlich Ländersache sind. Diese Meinung ist also ausgesprochen zentralistisch orientiert. Stütze der Argumentation ist dabei aber vor allem die grundsätzliche Allzuständigkeit des Bundes als Völkerrechtssubjekt, aber auch die Homogenität von Bund und Ländern im Ausdruck einer einheitlichen Außenpolitik[87]. Außerdem ist mit der Annahme einer uneingeschränkten Abschlußkompetenz des Bundes auch über Materien der innerstaatlichen Gesetzgebungskompetenz der Länder noch nichts über die Umwandlung in innerstaatliches Recht, also über die „Transformation" und die sie voraussetzende Transformationskompetenz ausgesagt. Über dieses weitere Problem, das die Meinungen weiter untergliedert, wird noch zu sprechen sein.

Als die eine große Alternative innerhalb der Abschlußkompetenz kann also festgehalten werden, daß der Bund umfassende Abschlußkompetenz haben soll, während den Ländern durch Art. 32 III GG lediglich das Recht gegeben ist, über Materien ihrer Gesetzgebungskompetenz auch selbst Verträge abschließen zu können. Der Unterschied zur

---

[84] Eine gründliche Auslegung des Art. 32 III GG findet sich bei *Reichel*, Auswärtige Gewalt, S. 194—240. *Reichel* sieht in „können" = „dürfen" allerdings nur einen Hinweis auf das Ermessen, nicht dagegen auf eine konkurrierende oder gar dominierende Bundeskompetenz; vgl. auch MDH, Art. 32, RN 29 mit dem Hinweis auf das Ermessen der Länder. Dies erscheint abwegig insofern, als ein Vertragsschluß immer Ermessenssache ist.

[85] *Bernhardt*, Verträge, S. 131 ff.; *Mosler*, Kulturabkommen, S. 12, *Harupa*, S. 42 ff. aA *v. Mangoldt/Klein*, Art. 32, Anm. II, 4.

[86] *Grewe*, VVDStRL 12, S. 165 f.; *Menzel*, ebenda S. 206; *Böning*, DÖV 57, S. 817, DÖV 58, S. 447, krit. dazu *Heckt*, DÖV 58, S. 445; *Bernhardt*, Verträge, S. 132; *Kramer*, S. 74 ff. auch für Kulturabkommen (S. 112).

[87] *Bernhardt*, Verträge, S. 131, sieht eine Länderkompetenz insoweit nur als Ausnahme vom allgemeinen Prinzip, nachdem „allein der Bund zur Wahrnehmung aller Angelegenheiten berufen ist, die im Zusammenhang mit der Stellung der Bundesrepublik als Völkerrechtssubjekt" stehen.

konkurrierenden Gesetzgebung liegt hierbei darin, daß die Länder insoweit freier sind, als der Bund innerstaatlich niemals in die Länderkompetenz eingreifen kann, während bei der konkurrierenden Gesetzgebung eine Regelung durch Bundesgesetz möglich ist, die *alle* Länder bindet. Andererseits wird das Vertragsschließungsrecht der Länder aber völlig ausgehöhlt, wenn der Bund alle Verträge selbst schließt, dem Land also kein Raum mehr zur Ausübung eines Vertragsschließungsrechts bleibt.

Der „zentralistischen" Auffassung steht eine „föderalistische" gegenüber[88]. Die Vertreter dieser Ansicht gehen davon aus, daß das Wort „können" in Art. 32 III GG als „können nur" zu lesen ist mit der Folge, daß auf dem Gebiet der ausschließlichen Gesetzgebungskompetenz der Länder dem Bund ein Vertragsschließungsrecht *nicht* zusteht. Die Länder sollen hier also das ausschließliche Vertragsschließungsrecht besitzen, analog zur Kompetenzverteilung bei der innerstaatlichen Gesetzgebung. Der Art. 30 GG bleibt als Generalklausel und Zuständigkeitsvermutung zugunsten der Länder erhalten und erfährt durch Art. 32 I GG nur insoweit eine Einschränkung, als hier eine Sonderzuständigkeit des Bundes begründet wird. Art. 32 III GG ist seinerseits echte Ausnahme von Art. 32 I GG, die allerdings nur die Grundregel der Länderzuständigkeit nach Art. 30 GG wieder herstellt. Daher wird eine strikte Auslegung verlangt.

Auch diese Meinung hat im Schrifttum eine breite Anhängerschaft gefunden[89]. Der Vorteil dieser Lösung kann darin gesehen werden, daß innerstaatliche Gesetzgebungskompetenz und die nach außen wirkende Vertragsabschlußkompetenz parallel laufen, zu Bund-Länder-Streitigkeiten Anlaß gebende Überschneidungen also mit ziemlicher Sicherheit zu vermeiden sind. Nachteilig wirkt sich aus, daß der Bund nach außen faktisch nur beschränkt handlungsfähig ist, eine Konstruktion, die im Völkerrecht nicht nur widersinnig, sondern sogar rechtlich undenkbar ist, besitzt der Bund doch als echtes Völkerrechtssubjekt uneingeschränkte Rechtsfähigkeit und kann somit ein Handeln „ultra vires" logisch nicht vorkommen.

Die Frage nach der Abgrenzung der Abschlußkompetenz von Bund und Ländern bereitet vor allem bei der Transformation der Vertragsinhalte in innerstaatliches Recht erhebliche Schwierigkeiten, wie später

---

[88] Diese Unterscheidung findet sich auch bei *Reichel*, Auswärtige Gewalt, S. 184 ff.

[89] *Angerer*, S. 99 ff. (148/9); *Hüchting*, S. 10 ff., 148; *v. d. Heydte*, DÖV 53, S. 587; *v. Stralenheim*, BayVBl 55, S. 6 ff.; differenzierend *Mosler*, VVDStRL 12, S. 241 (Aussprache), der grundsätzlich an Gesetzgebungskompetenzen festhalten will, aber aufgrund der Kompetenzvermutung des Art. 32 I GG dem Bund ein besonderes „ius eminens" einräumt.

noch erörtert werden wird, weil bei einer Abschlußkompetenz des Bundes, die von der innerstaatlichen Gesetzgebungskompetenz abweicht, durch die besondere Verfassungslage in der Bundesrepublik der Fall eintreten kann, daß der Bund völkerrechtlich wirksame Verpflichtungen eingeht (und nach der zentralistischen Theorie selbstverständlich auch eingehen darf), die er nicht erfüllen kann, weil er im innerstaatlichen Bereich nicht die zur Durchführung nötigen Kompetenzen besitzt. Er ist dann auf die Mitwirkung der Länder angewiesen, hat jedoch neben dem Hinweis auf die Bundestreue (und dem Bundeszwang als letztes Mittel) nur wenige Handhaben, um sie zum Mitziehen anzuhalten.

Der Streit um die beiden grundsätzlichen Auslegungsmöglichkeiten des Art. 32 III GG hinsichtlich der Abschlußkompetenz[90] ist noch nicht ausgetragen. Eine herrschende Meinung hat sich nicht gebildet und wird sich mit an Sicherheit grenzender Wahrscheinlichkeit auch nicht bilden können, weil der Wortlaut und die Entstehungsgeschichte[91] der Vorschrift, ihre Stellung in der Systematik des Grundgesetzes, die grammatische und teleologische Interpretation, in der Tat *beide* Ergebnisse rechtfertigen können, und es daher logisch nicht möglich ist, eine Auffassung als unrichtig abzulehnen[92]. Letzten Endes handelt es sich um eine *politische* Entscheidung, welcher Ansicht man den Vorzug geben will.

dd) Staatspraxis (Lindauer Abkommen) und Möglichkeiten einer Lösung

Der vorgetragene Streit um die Abschlußkompetenz mit den sich daraus ergebenden Konsequenzen besteht solange wie das Grundgesetz. Die Staatspraxis aber verlangt eine praktische Lösung, dies nicht zuletzt auch im Interesse einer europäischen Zusammenarbeit auf allen Ebenen, wobei gerade die Bereiche von Kultur, Sport und Wissenschaft eine bedeutende Rolle spielen, die in der Bundesrepublik weitgehend in die ausschließliche Länderzuständigkeit fallen.Nach dem Grundgesetz mit der Vorschrift des Art. 32 III GG ist unklar, ob der Bund Kulturabkommen oder ähnliche Verträge mit dem Ausland abschließen darf[93], und das ist in der Praxis ein untragbarer Zustand. Aus der Erkenntnis dieser „non liquet-Situation" heraus wurden nach langwierigen Verhandlungen zwischen Bund und Ländern, in denen nach Lö-

---

[90] Kombiniert mit der Transformationskompetenz sind drei Auffassungen denkbar, vgl. *Grewe*, S. 165 f.

[91] Vgl. Entstehungsgeschichte der Artikel des GG JÖR 1, 1951, S. 300 ff.; *Reichel*, Auswärtige Gewalt, S. 200 ff. m. w. N.

[92] Dabei liegt der Akzent auf „logisch". Vgl. bes. *Reichel*, Auswärtige Gewalt, S. 275 f. (Thesen XXIX ff.), insbes. den offenen Widerspruch zwischen These XXX und XXXI.

sungsmöglichkeiten dieser höchst mißlichen Lage gesucht wurde, praktische Konsequenzen gezogen und das *Lindauer Abkommen* geschlossen[94]. Dieser Staatsvertrag ist verfassungsrechtlich mit Recht sehr angegriffen worden[95].

Es handelt sich dabei im Grunde um eine Vereinbarung, wodurch die Länder dem Bund zugestehen, über bestimmte Materien ihrer ausschließlichen Gesetzgebungskompetenz Verträge abzuschließen[96]. Praktisch läuft diese Vereinbarung jedoch auf eine vertragliche Änderung der Gesetzgebungskompetenzen hinaus, vor allem weil eine Transformation in Landesrecht gleich mitgeregelt ist. Eine solche Kompetenzverschiebung per Staatsvertrag ist aber nach der Verfassung nicht zulässig[97]. Das Grundgesetz hat die Kompetenzen und ihre Aufteilung zwischen Bund und Ländern abschließend geregelt. Insoweit könnte nur eine Verfassungsänderung helfen. Eine im Laufe der Praktizierung des Lindauer Abkommens entwickelte Verfahrensweise ist allerdings schon eher geeignet, einer verfassungsrechtlichen Prüfung standzuhalten. Sie betrifft in erster Linie die Transformation in Landesrecht und sieht vor, daß zwar der Bund die Verträge abschließt, aber noch zusätzlich ein erneuter Beschluß des Landesparlaments herbeizuführen ist, aufgrund dessen die Verträge dann in Landesgesetze umgegossen werden[98]. Grundsätzlich ist aber festzuhalten, daß das Lindauer Abkommen trotz seiner offensichtlichen Praktikabilität im Grunde nichts weiter ist als eine Stillhaltevereinbarung, in der sich die Länder verpflichtet haben, den Bund Kompetenzen widerspruchslos wahrnehmen zu lassen, die nach der Verfassung ausschließlich den Bundesländern zustehen. Damit kann man das Abkommen nur als verfassungswidrig ansehen. Gerade darin zeigt sich aber, welche Kluft zwischen Theorie und Praxis im Staatsrecht bestehen kann.

---

[93] Vgl. MDH, Art. 32 RN 45; *Mosler*, Kulturabkommen, S. 23 grundsätzlich bejahend, soweit keine Maßnahmen der Länder erforderlich sind; ohne Einschränkung zustimmend *Kramer*, S. 113; ablehnend und für eine Ermächtigung des Bundes durch die Länder (!) *v. Stralenheim*, BayVBl. 55, S. 6 ff. (9).

[94] Vom 23./25. 10. 57 — 14. 11. 57, abgedruckt bei MDH, Art. 32 RN 45.

[95] Vgl. *Reichel*, Auswärtige Gewalt, S. 239; wenn *Katzenstein*, DÖV 58, S. 597, meint, das „Problem sei streitlos" geworden, so kann das nur für die Regierungspraxis gelten, die allerdings mit dem Lindauer Abkommen verhältnismäßig glatt arbeitet.

[96] Allerdings unter Wahrung ihrer Rechtsauffassung, vgl. MDH, Art. 32 RN 45.

[97] Das gibt auch *Reichel*, Auswärtige Gewalt, S. 239, zu, der allerdings im Lindauer Abkommen keinen Verzicht auf Kompetenzen erblicken möchte. *Bernhardt* hält einen allgemeinen Verzicht für unzulässig (Verträge, S. 180), stimmt aber mit *Mosler*, Kulturabkommen, S. 25, überein, daß eine Ermächtigung im Einzelfall gemessen an der Landesverfassung möglich sein soll.

[98] So die Praxis in Baden-Württemberg, Bayern und Hessen. Aber auch diese Variante kommt nicht darum herum, daß bereits eine generelle Er-

Für eine Lösung dieses grundsätzlichen Problems lassen sich nur zwei Möglichkeiten erkennen: Entweder man versucht sich an einer verfassungskonformen Auslegung des Lindauer Abkommens[99] oder man besteht auf einer Klarstellung der Rechtslage durch den Verfassungsgeber selbst, also einer Neufassung des Art. 32 GG. Erstere Lösung kann in dem Deutungsversuch bestehen, das Abkommen als die grundsätzliche Bereitschaftserklärung der Länder zu betrachten, jeweils im Einzelfall eine Ermächtigung für den Bund zu erteilen. Damit wird zwar die generelle Ermächtigung und insofern auch eine Kompetenzabtretung vermieden, es bleibt aber das Problem, daß der Bund die Verträge, zu deren Abschluß er ermächtigt ist, natürlich nicht im Namen der Länder abschließt, sondern im *eigenen* Namen[100]. Bei einer sprachlichen Neufassung des Art. 32 GG, der Lösung, der angesichts der verworrenen Rechtslage eindeutig der Vorzug zu geben ist, kommt es lediglich auf die rein politische Entscheidung an, ob man der zentralistischen oder der föderalistischen Auffassung folgen will. Damit ist eine Entscheidung des Parlaments gefordert[101]. Es erscheint aber im Zeitalter der Supranationalen Organisationen in der Tat sinnvoller, hier zugunsten einer zentralistischen Auffassung zu sprechen. Dafür spricht auch die Praxis in anderen Bundesstaaten[102]. Gerade das Lindauer Abkommen — verfassungswidrig oder nicht — zeigt auch das echte Bedürfnis auf Seiten der Länder, für eine praktikable Lösung durch den Bund zu plädieren, allerdings ohne dabei das Gesicht zu verlieren.

e) Modalitäten des Vertragsschlusses

Nachdem die grundsätzlichen Probleme hinsichtlich des Abschlusses völkerrechtlicher Verträge durch die Bundesländer umrissen sind, soll noch ein Wort zum Verfahren gesagt werden. Es war und ist vom Verfassungsgeber nicht beabsichtigt, den Bundesländern einen eigenen „außenpolitischen Bereich" einzuräumen[103]. Ihre verfassungsrechtliche Kompetenz zum Abschluß völkerrechtlicher Verträge mit auswärtigen

mächtigung des Bundes zum *Abschluß* des Vertrages verfassungsrechtlich nicht zulässig ist.

[99] So *Reichel*, Auswärtige Gewalt, S. 239.

[100] *v. Stralenheim*, BayVBl. 55, S. 9 schlägt vor, daß die Länder den Bund zum Vertragsschluß ermächtigen, der Bund aber im *fremden* Namen handeln soll, also in Vertretung der Länder. Das geht aber am Problem vorbei und ist nur ein Beweis, daß die Praxis rechtlich unhaltbar ist.

[101] Das Bundesverfassungsgericht sollte hier nicht durch eine rein politische Entscheidung, die Sache des Parlaments ist, überfordert werden.

[102] *Reichel*, Auswärtige Gewalt, S. 207 ff.

[103] *Bernhardt*, Verträge, S. 176; *Mosler*, Verfassungen, S. 149 f.; Kulturabkommen, S. 12 ff.; *Kölble*, DÖV 65, S. 145 ff.; DÖV 66, S. 25 ff.; dazu krit. *Beck*, DÖV 66, S. 20 ff.; *Rudolf*, AVR 13 (1966), S. 53 ff.

Staaten kann nicht so verstanden werden, daß die Länder kraft dieser Rechtsposition eine eigene Außenpolitik betreiben dürften[104]. Träger der Außenpolitik und der damit verbundenen Institutionen ist der Bund als Gesamtstaat.

So ist es ohne weiteres einzusehen, daß die Bundesländer z. B. keine diplomatischen Vertretungen oder Gesandtschaften in den ausländischen Staaten unterhalten können, mit denen sie in vertraglichen Beziehungen stehen[105]. Auch dem Auswärtigen Amt entsprechende Länderorganisationen sind nach dem Grundgesetz nicht denkbar. Wenn also die Länder mit auswärtigen Staaten Verträge abschließen wollen, müssen sie mit den ihnen von der Verfassung gegebenen Mitteln auskommen. Dabei tun sich zwei Wege auf: Entweder die Länder bedienen sich bei derartigen Vertragsschlüssen der außenpolitischen Institutionen des Bundes indem sie diese ermächtigen, namens des Landes tätig zu werden, oder sie wählen sogenannte „ad-hoc-Vertreter", die im konkreten Fall als Vertreter des Landes bei den Vertragsverhandlungen und schließlich auch beim Abschluß des Vertrages fungieren. Beide Wege sind in der Praxis beschritten worden, jedoch dürfte die Tendenz der Länder dahin gehen, lieber eigene Vertreter zu entsenden, als solche des Bundes.

Bei den „ad-hoc-Vertretern" taucht als Randproblem noch die Frage auf, ob ihnen bei der Erfüllung ihrer „diplomatischen" Aufgabe auch der Status von Unterhändlern zuzugestehen ist, ob sie also im Einzelfall völkerrechtlich als Diplomaten — mit den daraus folgenden Konsequenzen, wie z. B. einer Immunität — angesehen werden können. Dieses Problem wird auch lediglich bei diesen Ländervertretern akut, denn wenn sich das Land der Bundesinstitutionen bedient, behalten deren Vertreter selbstverständlich auch in Landesmissionen ihren diplomatischen Status. Man kann dabei durchaus zweierlei Aufassung sein. Einerseits ist nicht einzusehen, warum die „ad-hoc-Vertreter", die in solchen Fällen echte diplomatische Aufgaben wahrnehmen, nicht auch mit dem dazugehörigen Status ausgerüstet sein sollen. Andererseits stellt sich die Frage nach der Notwendigkeit. Es sollte eine Antwort aus dem Völkerrecht gesucht werden. Sind die Länder, soweit sie am völkerrechtlichen Verkehr teilnehmen, auch Träger einer — wenn auch beschränkten — Völkerrechtssubjektivität und Handlungsfähigkeit, und zwar für den Bereich des in Frage stehenden Vertragsschlusses in gleichem Maße wie ihr eventuell unbeschränkt rechtsfähiger auswärtiger Vertragspartner, so müssen ihre Unterhändler und Bevollmächtigten ebenso behandelt werden, wie die anderer Völkerrechtssubjekte[106]. Eine solche Lösung

---

[104] *Bernhardt*, Verträge, S. 176 ff.

[105] Vgl. aber *Anschütz*, Art. 78 WRV, Anm. 1.

erscheint auch insoweit angemessen, als sich der Kontakt zwischen einer Landesregierung und der Regierung eines auswärtigen Staates nicht anders vollzieht, als zwischen zwei gleichberechtigten Partnern, und wie gesagt diese Gleichberechtigung auf dem Gebiet des Vertragsschlusses auch besteht.

2. Die Transformationskompetenz

Wurde im ersten Abschnitt dieses Kapitels bisher die Abschlußkompetenz behandelt mit der Maßgabe, daß es sich dabei nicht nur um die „eigentliche" Abschlußkompetenz sondern um alle damit zusammenhängenden Fragen handeln sollte, so ist der zweite Abschnitt unter dem Stichwort „Transformationskompetenz" der gleichen Betrachtungsweise unterworfen. Es sollen hier also die Fragen angeschnitten werden, die mit der Durchführung und Erfüllung der abgeschlossenen Verträge im Zusammenhang stehen, auch wenn es sich nicht nur um den Begriff der „Transformation" handelt. Besonderes Gewicht soll dabei auf die sich speziell im bundesdeutschen Verfassungssystem ergebenden Probleme einer möglichen Diskrepanz zwischen Abschluß- und Transformationskompetenz des Bundes gelegt werden.

a) Problemstellung und Abgrenzung

Die Probleme, die sich bei der Durchführung völkerrechtlich wirksam abgeschlossener[107] Verträge in innerstaatliches Recht ergeben können, sind so vielschichtig, daß eine eingehende Erörterung weit über den Rahmen der Arbeit hinausgehen würde. Es soll daher auf einige wenige Kernfragen abgestellt werden, die besonders auch für die in der Bundesrepublik maßgebenden Verhältnisse von Bedeutung sind. Dennoch sind aber einige grundsätzliche theoretische Bemerkungen am Platze, um die allgemeine Problemstellung zu umreißen. Ausgangspunkt der Überlegung ist dabei der völkerrechtlich wirksam abgeschlossene Vertrag, wobei kein Unterschied zwischen bilateralen und multilateralen Verträgen gemacht werden soll, solange es sich nicht um Mitgliedschaften in Internationalen Organisationen handelt[108].

---

[106] Die Frage der Ausübung des Vertragsschließungsrechts ist im GG nicht geregelt, vgl. *Menzel*, VVDStRL 12, S. 203; *Bernhardt*, Verträge, S. 177; *Kraus*, Kulturabkommen, S. 426 ff. Zur Frage des dipl. Status der Länderbevollmächtigten vgl. *Hallmayer*, S. 35, der aber verkennt, daß die Länder im Rahmen ihrer Völkerrechtsfähigkeit durchaus „Staatlichkeit" besitzen.

[107] Es wird auch im folgenden stets nur vom „Abschluß" der Verträge gesprochen, da erstens nicht stets eine Ratifikation vorgesehen ist, und zweitens das Grundgesetz bes. in Art. 32 III GG auch von „abschließen" spricht. Vgl auch unten über den Zeitpunkt der Zustimmung, II., 2., a), bb).

[108] Vgl. dazu oben I., 1., b), ee).

aa) Self-executing und Non-self-executing Treaties

Schon die Begriffsbezeichnung weist darauf hin, daß es sich hierbei um Termini aus dem anglo-amerikanischen Rechtskreis handelt, die allerdings auch in die deutsche Rechtssprache eingezogen sind. In der anglo-amerikanischen Literatur finden sich auch Definition und Begriffsbestimmung[109]. Auf die theoretischen Ausgangsmöglichkeiten zurückgeführt stellt sich das Problem der innerstaatlichen Anwendung völkerrechtlicher Vertragsinhalte wie folgt dar: Es gibt zwei grundsätzlich verschiedene Wege, abgeschlossene völkerrechtliche Verträge in innerstaatliches Recht zu überführen. Einmal, und dies ist der direkte, die Lösungsmöglichkeit des unmittelbaren Durchgriffs der völkerrechtlichen Wirksamkeit der Verträge im Wortlaut auch auf das innerstaatliche Recht. Dabei ist zunächst ohne Belang, ob es sich um Einzel- oder um Bundesstaaten handelt, da die Verfassungen beider Staatsformen entsprechend ausgestaltet sein müssen. Es vollzieht sich also die Umwandlung in innerstaatliches Recht automatisch, ohne daß es eines weiteren innerstaatlichen Aktes bedürfte. Maßgeblich ist dabei die jeweilige Verfassungsbestimmung. In einigen Verfassungen findet sich auch ein solcher unmittelbarer Anwendungsbefehl[110]. Insofern kann man von „self-executing treaties" sprechen, denn die Verträge führen sich sozusagen selbst durch[111].

Der andere Weg ist komplizierter und öffnet ein weites Feld für weitere Schwierigkeiten und Verwicklungsmöglichkeiten. Hier wird zunächst eine logische und praktische Trennung zwischen der Verpflichtung nach außen durch den wirksamen völkerrechtlichen Vertragsschluß und der Erfüllung dieser Verpflichtung im Inneren vollzogen[112]. Hat sich also der Staat auch nach außen wirksam verpflichtet, so ist innerstaatlich noch keine Bindungswirkung für die Rechtsunterworfenen gegeben. Dazu ist es nötig, den völkerrechtlichen Vertrag in innerstaatliches Recht derart überzuleiten, daß er auch dort für jedermann Rechtswirkungen zu erzeugen vermag. Das bedeutet in der Regel den Erlaß eines vertragskonformen Gesetzes. Dabei fehlt in der Verfassung die erwähnte Katalysatorvorschrift, und es bedarf eines zusätzlichen staatlichen Aktes, um den völkerrechtlich wirksamen Vertrag auch innerstaatlich zur Geltung zu bringen. Die Verträge vollziehen sich also nicht „von selbst", sondern sind „Non-self-executing treaties".

---

[109] Vgl. *Evans*, Proceedings 51, S. 66 ff. (68).

[110] So die Verfassung der Niederlande.

[111] Dazu *Boehmer*, S. 8 ff.; *Bernhardt*, Verträge, S. 25 ff.; *Ophüls*, Verträge, S. 213 ff.

[112] Grundlegend dazu *Triepel*, Völkerrecht und Landesrecht, S. 119: „Niemals ist ein Staatsvertrag an sich Mittel der Entstehung von Landesrecht . . ."

Es leuchtet ohne weiteres ein, daß hier der Unterschied zwischen Bundesstaat und Einheitsstaat entscheidend ins Gewicht fällt. Der zentralistische Einheitsstaat besitzt nämlich in der Regel innerstaatlich auch die Kompetenzen, die notwendig sind, um den völkerrechtlichen Vertrag in innerstaatliches Recht umzuwandeln[113]. Hier können sich Probleme lediglich z. B. aus Fragen der Gewaltenteilung ergeben, wenn zum Vertragsschluß andere Organe zuständig sind als zur Gesetzgebung, es können also Konflikte zwischen Exekutive und Legislative entstehen. Dafür wird aber in der Verfassung Vorsorge getragen sein, etwa durch eine erforderliche Zustimmung des Parlaments.

Ganz anders die Lage im Bundesstaat. Hier ist eine reibungslose Umformung der vom Bund abgeschlossenen völkerrechtlichen Verträge abhängig von der Kompetenzverteilung zwischen Bund und Gliedstaaten auf dem Gebiet der Gesetzgebung und des Vertragsschließungsrechts. Eine saubere Lösung kann sich nur bieten, wenn sich Abschlußkompetenz und Transformationskompetenz des Bundes voll decken. Dann hat der Bund, ähnlich wie im Einheitsstaat, nach außen nur so viele Befugnisse, wie er innerstaatlich ebenfalls besitzt. Divergieren aber seine äußeren Befugnisse und die innerstaatliche Gesetzgebungskompetenz, so ist die prekäre Situation fast unvermeidlich, daß der Bund mit auswärtigen Staaten wirksame völkerrechtliche Verträge abschließt — und zwar verfassungsrechtlich absolut legal — für deren innerstaatliche Durchführung ihm die Kompetenzen fehlen. Der Bund verpflichtet sich also wirksam nach außen, ohne in der Lage zu sein, den Vertrag zu erfüllen. Aus diesem Dilemma können sich eine Reihe von Folgerungen ergeben. Es entstehen Fragen der Haftung ebenso wie Verfassungskonflikte. Die transformationsbedürftigen Verträge bieten also vielerlei Ansatzpunkte für Verfassungsprobleme. Wie sie zu lösen sind, muß sich aus den einzelnen Verfassungen heraus beantworten lassen. Sind die Bestimmungen aber hier unklar, ist ein Auseinanderrücken der Standpunkte unvermeidlich.

bb) Besondere Aspekte der Europäischen Gemeinschaften

Bei der Behandlung der Durchführung völkerrechtlicher Verträge und ihrer Umwandlung in innerstaatliches Recht kommt den Supranationalen Organisationen eine Sonderstellung zu. Hierbei handelt es sich um einen vertraglich vereinbarten „Ausnahmezustand", wodurch die Möglichkeit geschaffen wird, völkerrechtliche Verträge zu relativieren und ihnen ihren Charakter weitgehend zu nehmen[114].

---

[113] Sei es als Gesetz oder nur einen Anwendungsbefehl in Gesetzesform, vgl. *Boehmer*, S. 32 ff.

[114] Grundlegend vgl. *Lörcher*, S. 22 ff., der „jede den Vertragsparteien zusagende Regelung" zuläßt.

Es soll als Beispiel die Konstruktion der Europäischen Gemeinschaften herangezogen werden. Hier haben sich souveräne Staaten durch einen multilateralen völkerrechtlichen Vertrag zur Erreichung gemeinschaftlicher Ziele zusammengetan[115]. Daß die innerstaatliche Wirksamkeit eines solchen Gründungs- bzw. Beitrittsvertrages den von den einzelnen Verfassungen der Mitgliedsstaaten vorgeschriebenen Modalitäten zur Erzeugung innerstaatlicher Rechtswirksamkeit unterworfen war, bedarf keiner weiteren Erörterung. Die Besonderheit ergibt sich vielmehr daraus, daß kraft dieser Vereinbarungen nunmehr die Voraussetzung dafür geschaffen wurde, daß unabhängig von den in den Mitgliedsstaaten verfassungsrechtlich vorgeschriebenen Formen der Umwandlung völkerrechtlichen Vertragsrechts in innerstaatliches Recht einer außerhalb der Souveränität der Mitgliedsstaaten liegenden Organisation die Kompetenz eingeräumt wird, durch bestimmten Rechtsakt in allen Mitgliedsstaaten über deren Verfassungsorgane hinweg Recht zu setzen. Es handelt sich dabei um die Übertragung einer Art Kompetenzkompetenz, ein juristisch äußerst delikater Vorgang, der auch nach langjährigem Bestehen der Europäischen Gemeinschaften in seinen Konsequenzen nicht erschöpft ist.

Für das hier zu behandelnde Thema ist von Interesse, daß eine neue Form der „Transformation" vorliegt, die im wesentlichen darin besteht, daß eine eigentlich vorgesehene Umwandlung völkerrechtlichen Vertragsrechts nunmehr durch völkerrechtlichen Vertrag — nicht etwa durch Verfassungsänderung — entfällt. Die dazu berufenen Organe der Supranationalen Organisation setzen aus eigener Kompetenz heraus in den Mitgliedsstaaten unmittelbar Recht, das keiner innerstaatlichen Umwandlung oder Bestätigung mehr bedarf. Die verfassungsrechtlichen Folgen sind vielfältig. Einerseits können innerstaatliche Kompetenzen ohne weiteres überspielt werden. Das ergibt sich schon daraus, daß die nationale Rechtsordnung auf ihre Kompetenz insoweit verzichtet hat[116]. Andererseits ergeben sich schwierige Fragen bei Konflikten des Gemeinschaftsrechts mit dem nationalen Verfassungsrecht allgemein[117]. So ist z. B. die Verletzung von Grundrechten durch Rechtssetzung der Europäischen Gemeinschaften, insbesondere der EWG, in der Bundesrepublik noch nicht ausreichend geklärt[118]. Eine Erörterung dieser Fragen würde indes hier zu weit führen[119]. Festzustellen ist nur, daß durch

---

[115] Vgl. *Seidl-Hohenveldern*, Internationale Organisationen, S. 6 f.

[116] *Ophüls*, AWD 64, S. 66; vgl. auch Urteil des VerwG Frankfurt v. 17. 12. 1963, bespr. in AWD 64, S. 60.

[117] *Frowein*, AWD 64, S. 233; *v. Koppenfels*, ZRP 72, S. 64 f.

[118] Vgl. EuGH-Urteil v. 12. 11. 1969, bespr. in JUS 70, S. 245 f.; umstritten BVerfG NJW 74, S. 2176; auch *Rupp*, NJW 74, S. 2153 m. w. N.

[119] Übersicht bei *Meier*, NJW 73, S. 922 ff.

das Gemeinschaftsrecht eine besondere Art innerstaatlicher Rechtserzeugung geschaffen wurde, die aus dem bekannten Schema der Durchführung völkerrechtlicher Verträge herausfällt und „self-executing“[120], jedoch wegen der grundsätzlichen Vorrangigkeit gegenüber dem nationalen Recht von noch größerer Tragweite ist.

cc) Die Bedeutung einer Völkerrechtsklausel in der Verfassung am Beispiel des Art. 25 GG

Es soll hier nur danach gefragt werden, ob im Wege einer Völkerrechtsklausel in der Verfassung, wie sie Art. 25 GG darstellt, erreicht werden kann, daß Abschluß- und Transformationskompetenz kongruent sind. Anders formuliert: Läßt Art. 25 GG den Schluß zu, völkerrechtliche Vertragsschlüsse seien nur dann zulässig, wenn auch die Vollziehbarkeit im innerstaatlichen Bereich gewährleistet ist. Auf den ersten Blick scheint die Frage an Art. 25 GG vorbeizugehen, denn dort ist ausdrücklich nur von den „allgemeinen Regeln“ des Völkerrechts die Rede und nicht von völkerrechtlichen Verträgen. Damit ist aber nur sichergestellt, daß Art. 25 GG sicher nicht eine Transformationsnorm für völkerrechtliche Verträge enthält[121]. Da also die völkerrechtlichen Verträge in Art. 25 GG nicht erwähnt sind, können also auch die Rechtswirkungen des Art. 25 GG nicht unmittelbar auf sie Anwendung finden. Damit ist aber die Frage noch nicht beantwortet, inwieweit die allgemeinen Regeln des Völkerrechts auf die Behandlung wirksam abgeschlossener völkerrechtlicher Verträge zurückwirken.

Von Bedeutung ist dies in diesem Zusammenhang vor allem für den Satz „*Pacta sunt vervanda*“. Die Behandlung dieses Satzes im Rahmen des Art. 25 GG ist in der Rechtslehre unterschiedlich[122]. Folgt man der Auffassung, der Satz „Pacta sunt servanda“ sei erstens kein Rechtssatz des allgemeinen Völkerrechts und würde im übrigen, seine Qualität als Rechtssatz einmal unterstellt, dann auch das „besondere“ Völkerrecht in Art. 25 GG in kontradiktorischer Weise mit einbeziehen[123], so kann die Untersuchung hier abgebrochen werden. Will man den Satz aber mit der Gegenmeinung in Art. 25 GG aufnehmen, so[124] wird die Erfüllung wirksam abgeschlossener völkerrechtlicher Verträge zur innerstaatlichen Verpflichtung, die selbstverständlich auch die Bundesregierung bindet.

Schließt demnach der Bund (nach der Theorie eines umfassenden Abschlußrechts) völkerrechtliche Verträge ab, die er innerstaatlich mangels

---

120 *Münch*, DÖV 62, S. 650.

121 Wie z. B. Art. 65 i. V. m. 66 der niederländischen Verfassung.

122 Vgl. *Doehring*, Fremdenrecht, S. 132 ff.

123 *Doehring*, Fremdenrecht, S. 133 u. 137.

124 z. B. *Kaufmann*, Normenkontrollverfahren, S. 453.

Gesetzgebungskompetenz nicht transformieren kann, liegt eine Verfassungsverletzung vor. Man könnte so aus Art. 25 GG schließen, daß in dieser Auslegung ein Anhaltspunkt dafür zu finden ist, Abschlußkompetenz und Transformationskompetenz dürften nicht auseinanderfallen. Geht man aber davon aus, daß die allgemeinen Regeln des Völkerrechts gem. Art. 25 GG zwar „den Gesetzen vorgehen", damit aber nicht Verfassungsrang, sondern lediglich eine Stufe zwischen einfachem Gesetz und Verfassungsnorm einnehmen, so ergibt sich notwendig, daß die Kompetenznormen vorrangig sind. Damit ist eine zwingende Verbindung zwischen Kompetenz zum Vertragsschluß und Verpflichtung zur Vertragserfüllung nicht mehr gegeben[125]. Auch in der weitesten Auslegung läßt sich also Art. 25 GG nicht als Indiz für eine solche Konstruktion heranziehen. Die Vorschrift hat somit für das Problem einer Diskrepanz zwischen Abschluß- und Transformationskompetenz keine Bedeutung.

b) *Die umstrittene Rechtslage nach dem Grundgesetz*

Nachdem die allgemeinen Probleme kurz aufgezeigt wurden und zum Teil auch aus der Untersuchung ausgeschieden werden konnten, soll nun das Verhältnis von Abschluß- und Transformationskompetenz nach dem Grundgesetz erörtert werden. Dabei ergeben sich bei der Transformationskompetenz ebenso wie bei der oben besprochenen Abschlußkompetenz erhebliche Meinungsverschiedenheiten in der Staatsrechtslehre. Ausgangspunkt ist wieder Art. 32 III GG. Es ist bereits festgestellt worden, daß durch die unglückliche Formulierung dieser Vorschrift sehr unterschiedliche Auffassungen über den Umfang des Vertragsabschlußrechtstes des Bundes und der Länder bestehen[126], dasselbe gilt auch für die Transformationskompetenzen. War in der Weimarer Zeit noch unbestritten, daß beide Kompetenzen sich decken[127], so ist der Katalog der für das Grundgesetz vertretenen Ansichten vielfältig. Dazu soll im folgenden Stellung genommen werden.

aa) Die zentralistische Auffassung

Das Spektrum der Meinungen über die Abschluß- und Transformationskompetenz des Bundes und der Länder und ihre Abgrenzung zueinander ist sehr breit gefächert. Es sollen zunächst die beiden einander diametral entgegengesetzten Lösungsmöglichkeiten vorgestellt werden.

---

[125] Selbst wenn man die Rangfrage anders beurteilt, wird eine Umgehung der Kompetenznormen nicht zulässig.

[126] Vgl. oben I., 1., d).

[127] *Anschütz*, Kommentar, Art. 78, Anm. 3 u. 4.

Die erste und sogenannte „zentralistische“ Auffassung geht von der Prämisse aus, daß Abschluß- und Transformationskompetenz des Bundes sich decken, wobei aus Art. 32 I GG direkt gefolgert wird, daß dem Bund eine umfassende Abschlußkompetenz zukommt. Art. 32 I GG wird als Generalklausel für den auswärtigen Bereich dem Art. 30 GG, der für den innerstaatlichen Bereich gilt, gegenübergestellt. Grundsätzlich spricht also die Kompetenzvermutung zugunsten des Bundes. Der Bund kann demnach auch über solche Materien Verträge mit auswärtigen Staaten abschließen, für die die Bundesländer die Gesetzgebungskompetenz besitzen[128]. Es werden also offensichtlich verschiedene Maßstäbe an Bund und Länder gelegt: Die Länder sind an die innerstaatliche Gesetzgebungskompetenz gebunden, weil Art. 32 III GG dies ausdrücklich festlegt, ein Handeln jenseits dieser Grenzen ist „ultra vires“. Der Bund hingegen kann über Art. 32 I GG im auswärtigen Bereich über innerstaatliche Kompetenzverteilungen hinweggehen. Verbunden mit der Voraussetzung, daß die Transformationskompetenz sich mit der Abschlußkompetenz deckt, ergibt sich zwingend, daß der Bund die abgeschlossenen Verträge auch in innerstaatliches Recht umsetzen kann. Er kann das entsprechende Gesetz erlassen, und zwar aus seiner Sonderzuständigkeit heraus, obwohl u. U. Länderzuständigkeit vorliegt.

Die zu dieser Auffassung vorgetragenen Begründungen lassen sich kurz zusammenfassen: Neben der bereits genannten Annahme des Art. 32 I GG als Generalklausel für den auswärtigen Bereich und Art. 32 III GG als eng auszulegende Ausnahme werden vor allem die Entstehungsgeschichte der Vorschrift und die Beratungen des Parlamentarischen Rates zur Argumentation herangezogen. Dabei wird die Ansicht vertreten, der ursprüngliche Artikel 41 der Herrenchiemseer Entwürfe (HChE), der Vorgänger des Art. 32 GG, der im Wortlaut dem Art. 78 WRV sehr nahekam, sei durch den Antrag v. *Mangoldt's* — auf den die heutige Fassung des Art. 32 GG zurückgeht — dergestalt verändert worden, daß sich nunmehr der gegenteilige Sinn daraus ergebe[129]. Art. 41 HChE alter Fassung verband nämlich die Abschluß- und die Transformationskompetenz, wie die Weimarer Verfassung, genau mit der innerstaatlichen Gesetzgebungszuständigkeit. Ist man tatsächlich der Meinung, daß Art. 41 HChE in der Endfassung (also der spätere Art. 32 GG) eine genaue Sinnumkehrung seines Vorläufers darstellt, so ergibt sich, daß gerade eine Koppelung der innerstaatlichen Gesetzgebungskompetenzen mit den im auswärtigen Bereich liegenden Abschluß- und Transformationskompetenzen von Bund und Ländern nicht gewollt war. Da aber gemäß der Prämisse die Abschlußkompetenz die Transformationskompetenz nach sich zieht oder bereits als eine Art *„implied power“*

[128] Vgl. oben I., 1., d), cc).

[129] Vgl. *Reichel*, Auswärtige Gewalt, S. 200 ff.

in sich birgt, schließt sich der Argumentationskreis, und der Bund kann abschließen und transformieren, ohne sich um innerstaatliche Zuständigkeiten zu kümmern. Ein weiteres Argument der Zentralisten zieht Art. 73 Nr. 1 GG zur Begründung eines Transformationsrechtes des Bundes heran[130]. Mit der Zuständigkeit des Bundes für die ausschließliche Gesetzgebung über die „auswärtigen Angelegenheiten" ergebe sich automatisch auch seine Gesetzgebungszuständigkeit bei der Transformation völkerrechtlicher Verträge in das innerstaatliche Recht. Letztlich dient auch die Bundestreue und auch Art. 37 GG mittelbar als Stütze der zentralistischen Auffassung. Es wird nämlich auf eine mittelbare Rechtspflicht der Länder geschlossen, dem Bund in auswärtigen Angelegenheiten keine Schwierigkeiten zu machen, indem sie verpflichtet sind, die notwendigen Durchführungsmaßnahmen zu ergreifen[131]. Nur eine mißbräuchliche Willkür bei der Ausübung des Vertragsschließungsrechts wird als Verletzung der Bundestreue anerkannt.

Zur Würdigung der zentralistischen Ansicht ist zu bemerken, daß sie den ungeheuren Vorteil der Klarheit und Einfachheit besitzt, so daß bei ihrer Praktizierung keine Konflikte zwischen Abschluß- und Transformationskompetenz mehr auftauchen können, und zusätzlich die Gefahr gebannt ist, daß der Bund durch Abschluß völkerrechtlicher Verträge ohne Erfüllungsmöglichkeit rechtlicher Verträge ohne Erfüllungsmöglichkeit in Schwierigkeiten kommt. Es handelt sich um eine rein praxisbezogene Regelung, wobei klar gesagt wird, daß der Bund als Zentralgewalt eindeutig bevorrechtigt sein soll. In ihrer strengsten Ausformung, die bisher vorgetragen wurde, wird diese Auffassung vertreten vom Auswärtigen Amt, damit der Bundesregierung, und einem geringeren Teil der Staatsrechtslehre[132]. Die bedeutendsten Rechtfertigung findet sich in einem Vortrag, den *Grewe* vor der Vereinigung der Deutschen Staatsrechtslehrer 1953 gehalten hat[133].

Ohne also die praktischen Vorteile dieser Lösung außer Acht zu lassen, muß aber auf die rechtliche Konstruktion kritisch eingegangen werden. Es wurde bereits bemerkt, daß der Wortlaut des Art. 32 III GG schon hinsichtlich der Abschlußkompetenz in der Tat mehrdeutig ist und in zweifacher Weise, nämlich zugunsten oder zulasten der Länder, ausgelegt werden kann[134]. Dies gilt auch für das in Bezug auf Art. 41

---

[130] *Grewe*, VVDStRL 12, S. 177 (Leitsatz 3 c).

[131] *Reichel*, Auswärtige Gewalt, S. 185; *Grewe*, VVDStRL 12, S. 172, der hier sogar notfalls eine Ersatzvornahme — mit Zustimmung des Bundesrates — zuläßt. *Grewe* stellt dabei besonders auf die Mißlichkeiten einer unzureichenden Kompetenz des Bundes ab, also praktische Punkte.

[132] *Grewe/Menzel*, VVDStRL 12; *Heckt*, DÖV 58, S. 445 ff.

[133] Vgl. vor allem die Thesen, S. 174 ff.

[134] Vgl. oben S. 41 f.

HChE (alter Fassung) vorgebrachte Umkehrargument. Es läßt sich nicht unwiderlegbar behaupten, mit der Neufassung des Art. 41 HChE sei eine grundsätzliche Trennung von Gesetzgebungskompetenz und Vertragsschließungskompetenz herbeigeführt worden[135]. Und selbst wenn man dies unterstellt, ist es unzulässig, gleich auch noch eine Ausdehnung auf die Transformationskompetenz vorzunehmen. Aus Art. 32 GG kann nicht herausgelesen werden, der Verfassungsgeber habe dem Bund das Recht geben wollen, über diese Vorschrift innerstaatliche Kompetenzen zur Gesetzgebung einfach zu überspielen[136].

Auch Art. 73 Nr. 1 GG ist hier nicht zu verwerten. Die insoweit bestehende ausschließliche Gesetzgebungskompetenz des Bundes bezieht sich gerade nicht auf die „Beziehungen zu auswärtigen Staaten" i. S. d. Art. 32 I GG. Es handelt sich vielmehr um die Kompetenz zur notwendigen Regelung der auswärtigen Angelegenheiten als selbständiger Sachbereich, so zum Beispiel hinsichtlich der auswärtigen Vertretung des Staates oder des Schutzes der Bundesbürger im Ausland. Keinesfalls sind mit den „auswärtigen Angelegenheiten" des Art. 73 Nr. 1 GG diejenigen gemeint, die der Bund über Art. 32 I GG erst an sich gezogen hat[137]. Eine solche Auslegung überspannt den Bogen der verfassungsrechtlichen Interpretation. Sie kann nur aufrechterhalten werden, wenn man vom Ergebnis her argumentiert, und darum geht es den „Zentralisten" in erster Linie, die allein die Praxis in den Vordergrund stellen. Einer juristischen Prüfung vermag sie aber nicht Stand zu halten.

bb) Die föderalistische Auffassung

Das Gegenstück zu der zentralistischen bildet die föderalistische Auffassung. Ausgangspunkt ist wie bei den Zentralisten die Prämisse der Koppelung von Abschluß- und Transformationskompetenz. Der Unterschied besteht jedoch darin, daß die Föderalisten davon ausgehen, Art. 32 I GG sei lediglich Ausnahme von Art. 30 GG, der damit grundsätzlich Maßstab einer Zuständigkeitsverteilung sei und eine entsprechende Vermutung zugunsten der Länder auch für Art. 32 III GG aufstelle. Der Bund hat folglich auch nur insoweit eine Vertragsschließungskompetenz, wie seine innerstaatliche Gesetzgebungskompetenz reicht. Über Materien der Länderzuständigkeit kann er also keine Verträge mit auswärtigen Staaten abschließen. Ein — wenn auch völkerrechtlich wirksamer — Abschluß verletzt das Grundgesetz. Die Konsequenz ist, daß die Länder allein zum Abschluß völkerrechtlicher Ver-

---

135 *Reichel*, Auswärtige Gewalt, S. 202.

136 Selbst *Grewe*, VVDStRL 12, S. 172 äußert Bedenken.

137 Vgl. MDH Art. 73 RN 32 aE.

träge zuständig sind, wenn Vertragsgegenstand eine Materie der ausschließlichen Ländergesetzgebung ist. Dem Bund fehlt jede Möglichkeit, innerstaatlich an der Kompetenzverteilung des Grundgesetzes zu seinem Vorteil vorbeizukommen[138].

Hinsichtlich der erwähnten Problematik des Art. 41 HChE vertreten die Föderalisten die Meinung, es habe sich dabei nicht um eine Sinnumkehrung sondern nur um eine Lückenschließung gehandelt. Die alte Fassung des Art. 41 HChE habe durch die allzu enge Bindung an die innerstaatlichen Gesetzgebungskompetenzen die Möglichkeit des Beitritts der Bundesrepublik zu einem kollektiven Sicherheitssystem oder einer internationalen Schiedsgerichtsbarkeitsvereinbarung gefährdet, wenn nicht gar verhindert. So sei durch die Umformulierung lediglich für diese Fälle Sorge getragen worden, eine darüber hinaus gehende Zuständigkeitszuweisung an den Bund sei nicht beabsichtigt gewesen[139].

Aus dieser Auffassung ergibt sich, daß hier eine scharfe Trennung der Zuständigkeiten von Bund und Ländern vollzogen wird, wobei das Schwergewicht eindeutig auf Seiten der Länder liegt. Sollen Regelungen vertraglicher Art mit auswärtigen Staaten über Ländermaterien getroffen werden, ist der Bund schlicht unzuständig. Jegliche Einmischung ist ihm hier verwehrt.

Rechtlich ist diese Auffassung immerhin eher zu halten als die zentralistische Meinung. Da die Weiche, an der sich bei strenger Koppelung von Abschluß- und Transformationskompetenz die Geister scheiden, bereits bei der Interpretation des Wörtchens „können" in Art. 32 III GG gestellt wird, hat es eine Lösung, die sich im übrigen streng an die Kompetenzverteilung des Grundgesetzes hält und alle anderen Gedanken außer acht läßt, begreiflicherweise verhältnismäßig leicht, eine verfassungsrechtlich haltbare Position zu beziehen. Bedenken gegen die Föderalisten ergeben sich hingegen in starkem Maße aus anderen Gesichtspunkten, die immerhin im Staatsrecht nicht außer Betracht bleiben dürfen, ist doch hier immer ein Auge auf die Praxis zu werfen. Um diesen Punkt, nämlich die Praktikabilität, das große Plus der zentralistischen Auffassung, ist es bei der förderalistischen Meinung schlecht bestellt. Es vermag nicht zu überzeugen, daß dem Bund in einer Zeit fortschreitender internationaler Zusammenarbeit in so wichtigen Bereichen, wie sie die Länderzuständigkeit enthält, die Hände gebunden sein sollen.

Man stelle sich vor, daß nach der strengen föderalistischen Auffassung zu einem Kulturabkommen zwischen einem beliebigen Staat und der

---

[138] Zu der Möglichkeit einer Ermächtigung der Länder gem. Art. 71 GG siehe unten II., 4., a), ff).

[139] Vgl. *Maunz*, Staatsrecht, S. 330, der im übrigen auch die strenge föderalistische Ansicht vertritt.

Bundesrepublik immer so viele Verträge notwendig sind, wie es Bundesländer gibt[140]. Hinzu kommt, daß diese Bundesländer jedenfalls in der Regel sehr unterschiedliche Auffassungen vom notwendigen Vertragsinhalt haben werden. Eine solche im internationalen Verkehr schon ins Lächerliche geratende Verfahrensweise ließe sich noch dadurch völlig ad absurdum führen, daß man annähme, der auswärtige Vertragspartner sei ebenfalls ein wie die Bundesrepublik konstituierter Bundesstaat mit einer analogen Kompetenzregelung. Es ergäbe sich dann, wenn jeder Gliedstaat mit jedem Gliedstaat kontrahiert, eine schon fast astronomische Zahl von Einzelverträgen zur Regelung nur einer einzigen Frage. Daß eine solche Lösung im modernen Verkehr der Staaten indiskutabel ist, braucht nicht näher dargelegt zu werden.

Es soll auch hier nicht unterstellt werden, daß die Föderalisten solche Auswüchse bewußt in Kauf nehmen wollten. Man kommt aber dennoch nicht umhin, der strengen föderalistischen Ansicht eine gute Praktikabilität absprechen zu müssen. Denn die Frage, wie eine praktikablere Anwendung der föderalistischen Meinung rechtlich zu konstruieren wäre, bereitet keine geringen Schwierigkeiten und führt auf dasselbe Glatteis, auf dem bereits die strengen Zentralisten zu Fall gekommen sind. Das Lindauer Abkommen hat zwar gezeigt, daß die Länder als Begünstigte und Betroffene zugleich eine solche Lösung anstreben, eine generelle Delegation von Länderzuständigkeiten an den Bund ist aber nicht zulässig. Als reines Wohlverhaltensabkommen aber nützt das Lindauer Abkommen nichts. Außerdem bleibt dann zu fragen, warum eine streng förderalistische Auffassung vertreten werden soll, um sie letztlich nur durch juristische Balanceakte wieder in eine praktikable und im Grunde eher zentralistische Konstruktion umzuwandeln.

Die förderalistische Ansicht in der hier vorgetragenen Form wird also nicht primär aus rechtlichen, sondern vor allem aus den genannten praktischen Gründen abgelehnt. Obwohl sie von einem beachtlichen Teil der Bundesländer und einer Anzahl von Autoren vertreten wird, muß eine konsequent angewandte förderalistische Transformationstheorie in einer Zeit der Internationalen und Supranationalen Organisationen und der immer enger werdenen internationalen Zusammenarbeit wie ein Hemmschuh und Anachronismus erscheinen[141].

---

[140] So auch *v. Stralenheim,* BayVBl. 55, S. 9 aE. mit einem Lösungsvorschlag.

[141] Vgl. *Reichel,* Auswärtige Gewalt, S. 186, sog. „süddeutsche Ansicht"; *Maunz,* Staatsrecht, S. 330; *Härle,* S. 117; *Kraus,* Kulturabkommen, S. 420; *Nawiasky, v. d. Heydte, Hugelmann,* VVDStRL 12, S. 233 f.

cc) Mittelmeinungen

Unter dem etwas vagen Oberbegriff „Mittelmeinungen" sollen nun verschiedene andere zu dem Thema Transformationskompetenz vertretene Auffassungen noch kurz zur Sprache kommen. Aus der Darstellung der beiden polaren Auffassungen der Zentralisten und der Föderalisten hat sich bisher ergeben, daß beide Lösungsversuche unbefriedigend sind. Bei dem ersteren sind es primär juristische, beim letzteren in erster Linie praktische Gründe, die dagegen sprechen. Hier einen Ausgleich zu schaffen, ist das Anliegen der vermittelnden Ansichten.

Zu nennen ist zunächst die sogenannte „Norddeutsche Ansicht"[142], die von einer Reihe von nördlichen Bundesländern und einigen Autoren vertreten wird. Diese Auffassung vollzieht als wichtigsten Unterschied zu den bisher vorgetragenen Meinungen eine Trennung zwischen Abschluß- und Transformationskompetenz. Hinsichtlich der Abschlußkompetenz wird dabei der zentralistischen Auffassung gefolgt, so daß sich diese auch auf Gebiete der ausschließlichen Ländergesetzgebung erstreckt. Anders als bei den reinen Zentralisten soll der Bund aber nicht berechtigt sein, auch die innerstaatliche Wirksamkeit herbeizuführen. Diese Aufgabe kommt vielmehr qua Zuständigkeit den Ländern allein zu, wobei aber von den einzelnen Vertretern eine Reihe von Ausnahmen gemacht wird, die mit den unterschiedlichsten Begründungen letztlich alle auf einen Kompromiß zugunsten der Zentralgewalt hinauslaufen[143]. Im übrigen — also eigentlich doch subsidiär — ist die Kompetenzvermutung zugunsten der Länder maßgeblich.

Zur Kritik dieser Auffassung ist zu bemerken, daß sie zwar die Notwendigkeit einer bundeseinheitlichen Regelung der Vertragsschließung anerkennt, dann aber auf halbem Wege stehenbleibt. Das zeigt sich sehr deutlich an den Konstruktionen, die zur Überbrückung der Situation bemüht werden müssen, daß die Länder nicht gewillt sind, eine Transformation der Bundesverträge in Landesrecht vorzunehmen. Hier wird vor allem auf die Pflicht zur Bundestreue abgestellt, die den Ländern aufgibt, dem Bund bei der Erfüllung seiner auswärtigen Verpflichtungen zur Seite zu stehen. Hat der Bund beim Vertragsschluß nicht elementare Länderinteressen außer acht gelassen oder verletzt, so sollen

---

[142] *Reichel*, Auswärtige Gewalt, S. 187.

[143] Vgl. im einzelnen *Reichel*, Auswärtige Gewalt, S. 188, mit einer guten Zusammenstellung der hierzu vertretenen Meinungen. Als typisches Beispiel für eine reine Zweckargumentation vgl. *Kölble*, DÖV 65, S. 147, der umfassende Abschlußkompetenz aus Art. 32 I GG annimmt, sich aber über die Transformationskompetenz, wie FN 20 beweist, offensichtlich keine weiteren Gedanken macht, sondern diese dem Bund ohne Begründung abspricht. Vgl. dazu auch *Beck*, DÖV 66, S. 21, der die Frage der Abschlußkompetenz wohl als durch das Lindauer Abkommen gelöst ansieht.

die Länder zur Durchführung der Verträge durch Landesgesetze verpflichtet sein. Notfalls könnte der Bund im Wege der Bundesexekutive gegen unbotmäßige Länder vorgehen. Auch wird zuweilen anerkannt, daß der Bund bei einer „außenpolitischen Notwendigkeit" eine umfassende Abschluß- und Transformationskompetenz aus Art. 32 I GG haben soll[144]. Hier decken sich „Norddeutsche Ansicht" und die zentralistische Meinung dann völlig.

In der Praxis ist diese Lösung also mit den gleichen Mängeln behaftet wie die bisher angebotenen Möglichkeiten, birgt aber noch die zusätzliche Gefahr einer Kasuistik, die völlig unüberschaubar ist. Es wird die Notwendigkeit einer bundeszentralen Kompetenz anerkannt, letztlich auch gewollt, aber durch eine grundsätzliche Konzession an die Länder — wobei es sich im Grunde nur um die Zuständigkeiten für die unwichtigen Angelegenheiten handelt — kaschiert. Wegen der Unsicherheit, was im Einzelfall Geltung haben soll, die Vorrangigkeit der Bundesinteressen oder die Konzession an die Länderzuständigkeit, und wegen des zusätzlichen Problems der Durchsetzbarkeit gegenüber den Ländern, die nicht gewillt sind, zu transformieren, ist auch diese Lösung nicht akzeptabel.

Zur Abrundung des Bildes soll noch auf zwei Varianten der föderalistischen Meinung etwas eingegangen werden. Es handelt sich dabei um die Auffassungen von *Mosler* und *Bernhardt*. Mosler[145] möchte grundsätzlich der föderalistischen Meinung folgen, da die bundesstaatliche Struktur der Bundesrepublik und die Grundentscheidung des Grundgesetzes für den Föderalismus mit einem Übergewicht bei den Ländern nichts anderes zulasse. Gleichzeitig wird aber gesehen, daß eine Ausrichtung der auswärtigen an den innerstaatlichen Kompetenzen zu wenig praktikabel ist, und eine handlungsfähige Gesamtstaatlichkeit nottut. Kernpunkt der Argumentation Moslers ist daher die Schaffung einer Reihe von Ausnahmefällen, die geeignet sind, die Länderzuständigkeit beiseite zu schieben. Dabei wird von einer Anerkennung „des außenpolitischen Vorrangs des Gesamtverbandes in Art. 32 I GG" gesprochen, und dem Gesamtstaat „in Fällen zwingender Notwendigkeit" ein *ius eminens* gegenüber seinen Gliedverbänden zugebilligt[146].

Weiterhin geht Mosler davon aus, daß der Bund bei der Aufgabe, Außenpolitik zu betreiben, nicht nur die Abschluß-, sondern auch die

---

[144] So *Kaiser*, ZaöRVR 18 (1957/8), S. 526 ff. (549), der völlig auf den Einzelfall abstellt: „Nur aus den konkreten Gegebenheiten . . . und der Bereitschaft der Länder läßt sich jeweils beurteilen, ob jenes Bedürfnis nach einem Handeln des Bundes besteht, das sich über die . . . innerstaatlichen Kompetenzabgrenzungen hinwegsetzt." Die Entscheidung liegt dabei bei der Bundesregierung. (!)

[145] Kulturabkommen, S. 12 ff.

[146] Ebd., S. 17 f. und S. 26.

Transformationskompetenz habe[147]. Das ist namentlich dann der Fall, wenn zur „Erfüllung“ eines völkerrechtlichen Vertrages gar keine gesetzgeberischen oder verwaltungsmäßigen Maßnahmen zu treffen sind, also bei „reinen politischen“ Verträgen. Hier erscheint es sinnlos, Länderzuständigkeiten zu berücksichtigen, weil mangels der Möglichkeit oder Notwendigkeit einer Transformation keine Konflikte auftreten können.

Eine Kritik dieser Auffassung kann sich darauf beschränken, bereits Gesagtes zu wiederholen: Auch Mosler kommt nicht aus dem Dilemma zwischen der staatlichen Notwendigkeit einerseits und der Situation de lege lata andererseits heraus. Es sei hervorgehoben, daß die Konstruktion Moslers versucht, in verfassungskonformer Weise den Problemen gerecht zu werden, aber letztlich entbehrt auch das „ius eminens“ einer eindeutigen Aussagekraft[148], und es wird deutlich, daß Mosler eigentlich bedauert, sich nicht klar für eine Zentralgewalt im auswärtigen Bereich aussprechen zu können. Denn letzten Endes führt er gegen Länder, die ihren Bundespflichten zur Transformation, die ihnen das ius eminens des Bundes auferlegt, nicht nachkommen wollen, recht schwere Geschütze ins Feld[149].

Bernhardt[150] schließt sich grundsätzlich der föderalistischen Auffassung an, daß Bundesverträge Gegenstände der ausschließlichen Ländergesetzgebung nicht regeln dürfen[151], konstruiert aber gleichzeitig eine Rechtspflicht der Länder zur „Billigung von Eingriffen in ihren Bereich durch Bundesverträge“, wenn dies „unbedingt politisch notwendig“ ist[152]. Auch an der von Bernhardt vertretenen Meinung haftet der Mangel, daß eigentlich jede klare Entscheidung fehlt, und eine Bundeszuständigkeit mit einem Begriff gemessen wird, der weder ein Rechtsbegriff noch überhaupt irgendwie eingrenzbar ist. Was eine „unbedingte politische Notwendigkeit“ ist, kann niemand sagen, sondern das ist erst im konkreten Fall diskutabel und auch dann kein Kriterium für eine so wichtige Entscheidung wie eine Umgehung der verfassungsmäßigen Kompetenzaufteilung zwischen Bund und Ländern[153].

---

147 *Mosler*, Kulturabkommen, S. 28.

148 Ebd., S. 26.

149 Ebd., S. 30 (Bundeszwang, wenn Bundesaufsicht nach Art. 84 IV GG und Mängelrüge versagen).

150 Verträge, S. 132 ff.

151 Ebd., S. 154 u. S. 199 These 2.

152 Ebd., S. 195 u. S. 200 These 9.

153 Geradezu grotesk mutet hier die Formulierung des BVerfG in den Leitsätzen zur Grundvertragsentscheidung, NJW 73, S. 1539, an, wo es unter c) von einem „unabweisbar notwendigen Vertragsschluß“ spricht.

dd) Stellungnahme und Ausblick

Wie schon die Anmerkungen zu den einzelnen zur Transformationskompetenz vertretenen Auffassungen gezeigt haben, vermag keine dieser Meinungen restlos zu überzeugen. Es erscheint notwendig, auf die Einzelheiten der Problematik nochmals hinzuweisen.

Ausgangspunkt ist Art. 32 III GG. Dabei soll mit aller Deutlichkeit gesagt sein, daß eine logisch zwingende Interpretation dieser Vorschrift bisher nicht gelungen ist und mit aller Wahrscheinlichkeit auch nicht gelingen kann[154]. Diese unklare Rechtslage nach dem geltenden Verfassungsrecht ist äußerst mißlich, aber eine Tatsache, die bei der weiteren Betrachtung unbedingt berücksichtigt werden muß. Soll nämlich, wie in der vorliegenden Arbeit nicht zu umgehen, davon ausgegangen werden, daß beide, die föderalistischen wie die zentralistischen, Auffassungen zu Art. 32 GG mit guten Gründen nebeneinander vertreten werden können, obwohl sie sich genau widersprechen, so muß die rechtliche Sphäre der Beurteilung verlassen und in die politische eingetreten werden. Es ist letzten Endes nur maßgebend, was erreicht werden soll.

Es stellt sich die Gretchenfrage, ob man mehr Zentralismus oder mehr Föderalismus lieber hätte. Je nach der Beantwortung fallen die Lösungen aus, wobei man allerdings beobachten kann, daß ernstlich niemand den Ländern in wichtigen Fragen die Außenpolitik überlassen will. Die Begründung des Dilemmas liegt also nicht darin, daß es mehr oder weniger gute Verfassungsinterpretationen gibt, sondern daß eigentlich nur der politische Zweck hier noch über ein „richtig“ oder „falsch“ zu entscheiden vermag.

Hinzu kommt ein weiteres Problem: Alle vertretenen Ansichten können nicht konsequent bleiben. Haben die Zentralisten hier auch vielleicht die geringsten Probleme, so können auch sie nicht umhin zuzugeben, daß die Länder nicht einfach übergangen werden können. Hier greift die Bundestreue von der anderen Seite her ein. Hat der Bund schon solche weitgehenden Rechte für sich in Anspruch genommen, so muß sein Handeln nun auch besonders streng auf länderfreundliches Verhalten hin überprüft werden. Bei den anderen Auffassungen lassen die vielen Ausnahmen erkennen, daß sie eigentlich wichtiger sind, als die im Grundsätzlichen angesprochenen Normalfälle. Man bedenke, wann ein Streit über Kompetenzfragen entstehen wird: Wohl doch nur dann, wenn es um wichtige Entscheidungen geht. Damit geht es dann immer um die Ausnahmen. Diese aber sind durchweg Begriffe, die keiner exakten Deutung zugänglich sind. Mag es sich um eine „besondere politische Notlage“, eine „Zwangssituation“, den allgemeinen

---

[154] BVerfGE 2, 346 geht an den Problemen vorbei.

Appell an die Bundestreue oder die Geltendmachung eines „ius eminens“ handeln, stets fehlt es an rechtlich greifbaren Kriterien. Trotzdem kann als Gesamtergebnis festgehalten werden, daß doch von allen Auffassungen anerkannt wird, daß dem Bund im kritischen Moment nicht die Hände gebunden sein dürfen. Welchen Namen man dafür findet, mag dahingestellt bleiben. Der Trend geht jedenfalls dahin, dem Bund das Recht zum Vertragsschluß und zu einer Durchführung der Vertragsbestimmungen — sei es direkt oder auf dem Umweg, die Länder dazu zu zwingen — immer dann zuzuerkennen, wenn es nötig ist.

Damit ist aber ein Ausblick gerechtfertigt: Es sollte nunmehr unternommen werden, den Art. 32 III GG durch Einfügung einer klärenden Partikel so zu ändern, daß sein Sinn eindeutig wird[155]. In Frage kommen die Wörtchen *„nur“* oder *„auch“*, je nachdem, welche Meinung sich durchsetzen kann. Da es sich hierbei um eine rein politische Frage handelt, ist die richtige Instanz zur Entscheidung der Verfassungsgeber. Die dazu berufenen politischen Organe der Bundesrepublik, Bundesregierung, Länderregierungen, Bundesrat und Bundestag, sollten über eine solche Ergänzung der Vorschrift beraten und eine Verfassungsänderung herbeiführen. Dabei wird sich zeigen, ob der erwähnte Trend zur Stärkung der Zentralgewalt, der den Anforderungen einer praktikablen Lösung im modernen völkerrechtlichen Verkehr sicher besser gerecht werden dürfte, auch dann vorherrscht. Eine zweite Lösungsmöglichkeit besteht in der Herbeiführung einer verbindlichen Entscheidung des Bundesverfassungsgerichts. Klar ist aber, daß auch das Verfassungsgericht hier nur eine politische Zweckentscheidung zu treffen hätte, die dann mit der einen oder anderen der zitierten Meinungen verbindlich begründet werden müßte. Der Nachteil dieser vielleicht leichter zu bewerkstelligenden Lösung ist aber der Umstand, daß vom Bundesverfassungsgericht eine politische Entscheidung verlangt wird, die eigentlich vom Gesetzgeber zu treffen ist. Eine rein politische Lösung ist also unbedingt vorzuziehen. Solange einer dieser beiden Wege nicht beschritten ist, dominiert die Staatspraxis, und das Lindauer Abkommen muß als der — wenn auch verfassungswidrigen — Weisheit letzter Schluß gelten.

c) *Völkerrechtliche Aspekte*

Bisher wurde das Gewicht der Betrachtung auf die innerstaatliche Seite gelegt. Es sollen noch einige Bemerkungen zur völkerrechtlichen Lage angeschlossen werden. Wichtig ist dabei, daß der Bund sich nach

---

[155] Das meint auch *Bernhardt*, Verträge, S. 154. Bemerkenswert auch sein Schlußsatz, S. 200, wo ausdrücklich de lege ferenda eine Abschließung der Länder nach außen und ein umfassendes Vertragsschließungsrecht des Bundes postuliert werden.

außen stets völkerrechtlich verpflichtet, auch wenn ihm innerstaatliche Kompetenzen fehlen. Das Völkerrecht legt sehr strenge Maßstäbe an die Beurteilung der Frage, wann ein völkerrechtlicher Vertrag als unwirksam anzusehen ist. Überschreitet der Vertragspartner seine innerstaatlichen Kompetenzen, so kann das völkerrechtlich nur von Bedeutung sein, wenn ein Mangel vorliegt, der dem auswärtigen Partnerstaat deutlich erkennbar, also offensichtlich, gewesen ist. Ein Festhalten an einem Erfüllungsanspruch oder eine Schadensersatzforderung würde dann gegen den auch im Völkerrecht geltenden Satz von „Treu und Glauben" verstoßen. Außer Betracht bleiben müssen aber die Probleme, die innerstaatlich durch eine Unklarheit über die Kompetenzen und ihre Aufteilung entstehen können.

Ein Handeln „ultra vires" kommt beim Bund als uneingeschränkt rechtsfähigem Völkerrechtssubjekt nicht in Betracht. Der Partner muß sich darauf verlassen können, daß der Bund die abgeschlossenen Verträge auch erfüllen kann. Eine völkerrechtlich wirksame Verpflichtung entsteht also auch dann, wenn der Bund innerstaatlich zum Vertragsschluß gar nicht kompetent war[156]. Kann der Bund die eingegangenen Verpflichtungen nicht erfüllen, weil ihm innerstaatlich die Kompetenzen fehlen, haftet er aber dem Vertragspartner auf Schadensersatz. Die Aufnahme einer auflösenden Bedingung in den Bundesvertrag des Inhalts, daß die Länder dem Vertrag zustimmen müssen, ist zwar denkbar, aber der außenpolitischen Beweglichkeit des Bundes äußerst hinderlich. Das völkerrechtliche Ansehen, das nicht außer acht gelassen werden darf, hängt sehr wesentlich davon ab, daß eine Vertragstreue auch gewährleistet ist. Die Effektivität als eines der drei klassischen Staatsmerkmale kommt hier zum Tragen[157]. Andere Staaten werden nur mit einem solchen Partner vertragliche Vereinbarungen treffen, von dem sie erwarten können, er werde innerstaatlich auch zur Erfüllung in der Lage sein. Diese Aspekte können bei einer Betrachtung der Transformationskompetenz nicht außer Betracht bleiben, denn wenn sie auch an der materiellen Rechtslage nichts ändern können, bieten sie doch einen wichtigen Gesichtspunkt für eine Auslegung und auch für eine Neuregelung.

d) Schlußbemerkung zum ersten Kapitel

Die wesentlichen Ergebnisse des ersten Kapitels werden am Ende der Arbeit noch in Form einiger Thesen formuliert werden. Nachzutragen ist an dieser Stelle, daß nicht alle Punkte Berücksichtigung finden konnten. So mußte aus Gründen der Straffung auf eine Behandlung „un-

---

[156] Vgl. statt vieler *Bernhardt,* Verträge, S. 14 f.

[157] Vgl. Abschnitt „Staatsgewalt" bei *Zippelius,* S. 40 ff.

geschriebenen Verfassungsrechts", soweit es nicht Auslegungskriterium ist, im Rahmen der Kompetenzen des Bundes verzichtet werden. Hier sei auf die maßgebliche Literatur verwiesen[158]. Im übrigen wird auf die Ausführungen des ersten Kapitels im folgenden Bezug genommen, soweit sie für die Zustimmung der Bundesregierung von Belang sind.

[158] *Triepel*, Kompetenzen, S. 247 ff.; *Küchenhoff*, AÖR 82, (1957/8), S. 413 ff.; *Ders.* DVBl. 51, S. 585 ff., 617 ff.; *Kraske*, Bricker Amendment; *Achterberg*, AÖR 86, S. 63 f.; *Buchsbaum*, BayVBl. 59, S. 136 ff.

II. Die Zustimmung der Bundesregierung zu Verträgen der Bundesländer mit auswärtigen Staaten gemäß Art. 32 III GG

Im ersten Kapitel ist mit der Besprechung der allgemeinen Probleme zu Art. 32 III GG die Basis für eine eingehende Untersuchung der erforderlichen Zustimmung der Bundesregierung geschaffen worden. Im folgenden soll versucht werden, die Zustimmung auf dieser Grundlage von allen Seiten zu beleuchten. Besonderes Gewicht soll dabei auf Fragen des Rechtscharakters, der Zustimmungskompetenz und auch der Justiziabilität gelegt werden. Die Praxis der Zustimmungserteilung durch die Bundesregierung wird, soweit kenntlich, im Gang der Untersuchung herangezogen werden.

Ein besonderes Anliegen der Arbeit ist es, die Zustimmung nicht nur als notwendiges Formerfordernis, als ein „placet" der Bundesregierung darzustellen, sondern aufzuzeigen, in welchem Maße sich gerade bei diesem Rechtsinstitut die Verflechtung von Recht und Politik im Verfassungsrecht erkennen läßt, und wo Grenzen zu ziehen sind.

1. Problemstellung und rechtsgeschichtlicher Überblick

Formvorschriften innerhalb der Verfassung sind ein wichtiges Bindeglied zwischen Recht und Politik. Eine Verfassung wie das politisch liberale Grundgesetz bedarf ihrer in besonderem Maße. Der weite politische Spielraum, den das Grundgesetz den Verfassungsorganen, insbesondere der Bundesregierung, einräumt, erfährt eine Begrenzung und Steuerung durch Formvorschriften, die in erster Linie Kontrollfunktion haben.

Diese Kontrollfunktion entfaltet ihre Wirkungen vor allem bei der Gesetzgebung, im Verhältnis zwischen Exekutive und Legislative, aber auch bei der völkerrechtlichen Vertretung und im Zusammenspiel zwischen Zentralgewalt und Gliedstaaten. Die Formvorschriften bilden dabei das Pendant zu den Kompetenznormen, die den materiell-rechtlichen Bereich regeln. Die wichtigsten Formvorschriften des Grundgesetzes sind Zustimmung und Gegenzeichnung. Beide Instrumente dienen der Kontrolle von Handlungen oberster Bundesorgane. Die Gegenzeichnung findet sich vor allem im Verhältnis zwischen Staatsoberhaupt und Regierung und hat dort seit der Reichsverfassung von 1871 ihren

Platz[159]. Mit dem Wandel der Stellung des Staatsoberhauptes von der noch fast absolut anmutenden Position des Kaisers über die Präsidialdemokratie der Weimarer Verfassung bis zu dem mehr Repräsentativcharakter tragenden Amt des Bundespräsidenten nach dem Grundgesetz hat sich auch die Bedeutung der Gegenzeichnung verändert. Sie ist jedoch auch im Grundgesetz vor allem noch Ausdruck der politischen Prärogative der Bundesregierung und der Richtlinienkompetenz des Bundeskanzlers[160]. Insoweit weist sie vom politischen Zweck her gesehen eine gewisse Ähnlichkeit mit der Zustimmung auf. Beide Institute haben zum Ziel, die Kontrollfäden dort zusammenlaufen zu lassen, wo Entscheidung und Verantwortung liegt. Das Grundgesetz kennt indes verschiedene Arten von Zustimmungen. Zuerst zu nennen ist die Zustimmung durch die Legislativorgane Bundestag und Bundesrat. Sie ist vor allem Mittel der parlamentarischen Kontrolle bei der Gesetzgebung. Diese Zustimmung, die sich in einer bedeutenden Anzahl von Grundgesetzartikeln[161] findet, soll hier nicht weiter behandelt werden, denn es handelt sich um einen Akt der Legislative. Anders beim zweiten Typ der grundgesetzlichen Zustimmung, nämlich der Zustimmung durch ein Exekutivorgan. Diese Zustimmungsart ist in der Verfassung als Zustimmung der Bundesregierung in den Artikeln 32 III GG und 113 I GG und als Zustimmung des Bundesfinanzministers in Art. 112 GG enthalten. Die beiden letztgenannten Zustimmungen beziehen sich auf den Finanzhaushalt und sollen deshalb zunächst außer Betracht bleiben, weil sie mit dem eigentlichen Problem nur wenig gemein haben. Außerdem bewegen sich diese Zustimmungen auf Bundesebene. Es fehlt ihnen damit ein für die Zustimmung gem. Art. 32 III GG typisches Merkmal, nämlich das Verhältnis Bund—Länder, so daß es unangemessen scheint, sie zu einer Untersuchung der Zustimmung gemäß Art. 32 III GG ohne weiteres heranzuziehen.

Ein Blick in die Verfassungen des Deutschen Reiches von 1871 und 1919 zeigt, daß die Zustimmung der Zentralregierung zu Verträgen der Gliedstaaten erst mit der Weimarer Verfassung Einzug in das deutsche Staatsrecht gehalten hat. So findet sich in der Reichsverfassung von 1871 kein Wort über Auslandsbeziehungen der deutschen Länder, und es war offensichtlich selbstverständlich, daß diese deutschen Einzelstaaten, solange kein Konflikt mit der Gesetzgebungszuständigkeit des Reiches entstand, kraft eigener Staatlichkeit ihre besonderen Interessen durch Verkehr mit auswärtigen Staaten ohne Vermittlung oder Dazu-

[159] Vgl. Art. 17 RV, 50 WRV, 58 GG; ebenso die Art. II § 74 des III. Abschnitts der Paulskirchenverfassung von 1849 sowie Art. 44 PrV von 1850.

[160] Auch für die Verantwortlichkeit, vgl. MDH Art. 58, 1.

[161] z. B. Art. 77—81, 84, 85, 87 c, 87 d, 91 a, 104 a—109, 115 a ff; vgl. auch *Daube*, Diss. Köln 1956.

tun des Reiches wahrnehmen konnten[162]. Der Einzelstaatscharakter der deutschen Länder war in der Verfassung von 1871 noch so stark ausgeprägt, daß das Reich nur ein sehr lockeres Band bildete. Wesentliches Recht der Zentralgewalt war der Bereich von Krieg, Frieden und Bündnissen. Verträge, die die deutschen Einzelstaaten mit auswärtigen Partnern abschlossen, bedurften jedoch keiner Zustimmung oder eines entsprechenden Aktes der Rechtsexekutive oder des Kaisers[163].

Die Kontrolle der Zentralgewalt über das Vertragsschließungsrecht der deutschen Gliedstaaten kam erst mit der Weimarer Verfassung von 1919 auf. Art. 78 II WRV bestimmt, daß die Länder in Angelegenheiten, deren Regelung der Landesgesetzgebung zusteht, mit auswärtigen Staaten Verträge schließen können, und diese Verträge der Zustimmung des *Reiches* bedürfen. Nach ganz herrschender Meinung war darunter bereits eine Zustimmung durch die *Exekutive* zu verstehen[164]. Nicht der Reichspräsident, sondern der Reichskanzler und die Reichsminister, also die Reichsregierung, sollten für die Erteilung der Zustimmung zuständig sein. Auch der einzelne Ressortminister wurde unter den Begriff „Reich" subsumiert[165]. Allerdings hat sich auch eine Gegenmeinung gebildet, die dem Reichs*präsidenten* das Recht zur Zustimmung zubilligen will[166]. Weiter war in der Weimarer Zeit nahezu unbestritten, daß diese Zustimmung nicht nur innerstaatliche, sondern auch völkerrechtliche Wirksamkeitsvoraussetzung für die Länderverträge sei[167]. Fehlte sie also, war der Ländervertrag auch völkerrechtlich unwirksam, wobei nicht darauf abgestellt wurde, ob der auswärtige Partnerstaat den Mangel hatte erkennen können. Die Erteilung der Zustimmung konnte entweder vor oder nach dem Vertragsschluß erklärt werden, und ihre Erteilung oder Versagung war Ermessenssache[168].

Diese kurze Darstellung mag als verfassungsgeschichtlicher Überblick an dieser Stelle genügen. Im weiteren Verlauf der Untersuchung werden die hier genannten Rechtsansichten noch zur Beurteilung der Rechtslage nach dem Grundgesetz herangezogen werden. Dabei kann sich auch zeigen, welche Entwicklung das Rechtsinstitut der Zustimmung unter dem Grundgesetz durchgemacht hat.

---

[162] Vgl. *Meier*, Staatsverträge, S. 275, wo noch sehr darauf abgestellt wird, welche Verträge, auch untereinander, den Einzelstaaten nun nicht mehr möglich sein können. An den Beispielen (Marine, Kosulate, Militär, Bündnisse) sieht man deutlich, welche Rolle der Staatscharakter der Einzelstaaten noch spielte. Vgl. auch *Anschütz*, Kommentar, Art. 78, Anm. 1.

[163] Weitere Literatur hierzu: *Tinsch*, *Korselt*, aaO.

[164] *Anschütz*, Kommentar, Art. 78 Anm. 6.

[165] *Anschütz*, Kommentar, Art. 78, Anm. 6; *Fleischmann*, S. 214; *Kraus*, 343.

[166] *Anschütz*, Kommentar, Art. 78, Anm. 6, FN 2. aA *Heckel*, S. 218.

[167] *Anschütz*, Kommentar, Art. 78, Anm. 6; zweifelnd *Wolgast*, S. 33.

[168] *Anschütz*, Kommentar, Art. 78, Anm. 5; *Fleischmann*, S. 214.

2. Die Zustimmung als allgemeines Gültigkeitserfordernis

Nach dem kurzen Überblick über die Problemstellung und die verfassungsrechtliche Entwicklung der Zustimmung soll zu Eingang der Untersuchung etwas über die Bedeutung der Zustimmung als allgemeines Gültigkeitserfordernis für die Länderverträge gesagt werden. Zu unterscheiden sind dabei grundsätzlich die innerstaatlichen Wirkungen der Zustimmung von denjenigen im völkerrechtlichen Bereich. Zunächst sollen die innerstaatlichen Aspekte zur Sprache kommen.

a) Die Wirkung der Zustimmung im innerstaatlichen Bereich

Art. 32 III GG räumt den Bundesländern das Recht ein, mit Zustimmung der Bundesregierung mit auswärtigen Staaten Verträge abzuschließen, wenn sie für die Gesetzgebung zuständig sind. Aus dem Wortlaut der Vorschrift kann zumindest entnommen werden, daß die Zustimmung der Bundesregierung beim Abschluß solcher Verträge erforderlich ist. Über eine Wirkung der Zustimmung gibt erst die Auslegung nähere Auskunft. In dem folgenden Abschnitt sollen der Reihe nach die Bedeutung der Zustimmung, der notwendige Zeitpunkt ihrer Erteilung und Einzelfragen des Fehlens bzw. der Rücknahme sowie des Adressaten der Zustimmung untersucht werden.

aa) Bedeutung und Erforderlichkeit der Zustimmung

Wie bereits angedeutet, ist die Zustimmung als Formerfordernis in erster Linie Instrument der Kontrolle. Die Zustimmung gemäß Art. 32 III GG bezieht sich auf Verträge[169], die die Bundesländer mit auswärtigen Staaten abschließen. Sie dient also der Kontrolle der außenpolitischen Aktivität der Bundesländer. Damit erfüllt sie innerhalb des Bundesstaats eine äußerst wichtige Funktion. Der Bund als Zentralgewalt der Bundesrepublik ist gem. Art. 32 I GG zur Pflege der auswärtigen Beziehungen berufen. Der Bundeskanzler bestimmt gem. Art. 65 GG die Richtlinien der Politik, damit nicht zuletzt auch der Außenpolitik. Den Ländern ist die Eigenstaatlichkeit der Reichsverfassung und die Resteigenstaatlichkeit der Weimarer Verfassung mit dem Grundgesetz weitgehend genommen. Zweck der Konzentration der auswärtigen Gewalt auf die Exekutivorgane des Bundes und die gesetzgebenden Körperschaften ist eine einheitliche Außenpolitik. Der Ton im Wort Bundesstaat liegt mehr auf *-staat,* denn auf *Bundes*-staat. Die Bundesrepublik als souveränes Mitglied der Völkerrechtsfamilie soll in der Lage sein, nach außen mit *einer* Stimme zu sprechen. Haben nun die Gliedstaaten das Recht, aufgrund einer Verfassungsentscheidung in

[169] Zum Begriff der Verträge vgl. oben I., 1., b).

gewissem Umfang selbst mit auswärtigen Staaten in Beziehung zu treten, so ist zur Wahrung der Einheitlichkeit der Bundespolitik ein Mittel erforderlich, die außenpolitischen Aktivitäten des Bundes und der Länder zu koordinieren. Das materielle Recht reicht dazu allein nicht aus[170].

Es konnte bereits festgestellt werden, daß es Verträge von Bundesländern mit auswärtigen Staaten geben kann, die an Art. 32 III GG als Kompetenznorm gemessen rechtlich nicht zu beanstanden wären, weil die Länder für die entsprechende Materie das Gesetzgebungsrecht besitzen, diese Verträge aber rein durch die Tatsache ihrer Existenz und ihres Abschlusses mit einem bestimmten Partnerstaat als „politische Verträge" von außerordentlicher Bedeutung für den Bund und damit die Bundesrepublik als Ganzes sein können[171]. Deckt sich diese politische Bedeutung nicht mit der außenpolitischen Linie, welche die jeweilige Bundesregierung verfolgt, so kann die Einheitlichkeit der Außenpolitik gefährdet, wenn nicht gar zerstört werden. Das Instrument zur Vorbeugung und Verhinderung solcher mißliebigen und gefährlichen Diskrepanzen ist der Bundesregierung mit der in Art. 32 III GG geforderten Zustimmung zu den Länderverträgen mit auswärtigen Staaten in die Hand gegeben. Kraft dieser Kontrollkompetenz ist sie in der Lage, der Vertragstätigkeit der Länder die politisch gewünschte Richtung zu geben.

Die Bedeutung der Zustimmung gemäß Art. 32 III GG liegt also in erster Linie darin, der Bundesregierung eine Kontrolle der Vertragspolitik der Bundesländer mit auswärtigen Staaten zu ermöglichen. Dabei ist eine klare Unterscheidung zwischen der Zustimmung als Formerfordernis und den materiellrechtlichen Kompetenzen zu treffen. Ist etwa ein Vertrag eines Landes mit einem auswärtigen Staat vorgesehen, den die Bundesrepublik völkerrechtlich noch nicht anerkannt hat[172], so steht einem Vertragsschluß bereits das materielle Recht entgegen. Denn wenn die Bundesländer mit Staaten, die von der Bundesrepublik völkerrechtlich nicht anerkannt sind, keine Verträge gem. Art. 32 III GG abschließen können, so ist eine Zustimmung auf diese Rechtslage ohne jeden Einfluß. Die Bundesregierung kann durch ihre Zustimmungserteilung die materielle Rechtslage nicht verändern. Eine Zustimmung, die zu einem Vertrag erteilt würde, den das Bundesland gem. Art. 32 III GG gar nicht abschließen dürfte, ändert an der Verfassungswidrigkeit des Vertrages nichts und ist, wie noch nachzuweisen sein wird, selbst

[170] Art. 32 III GG soll hier nur im Hinblick auf das Erfordernis der Zustimmung untersucht werden, unbeschadet seiner Bedeutung als Kompetenznorm.

[171] Vgl. oben I., 1., b), bb).

[172] Vgl. oben I., 1., b), aa).

verfassungswidrig. Die Bedeutung der Zustimmung wird demnach erst dann klar gesehen, wenn man alle Vorschriften des materiellen Rechts als beachtet und gegeben voraussetzt. Die Zustimmung kann keine Mängel des materiellen Verfassungsrechts heilen, sie ist immer nur ein noch zusätzliches *Mehr*. Über die Fälle, wo materiellrechtliche Mängel vorliegen, siehe einen besonderen Abschnitt[173].

Die Erforderlichkeit der Zustimmung richtet sich nach der Auslegung des Art. 32 III GG. Ohne Zweifel ist eine Zustimmung immer erforderlich, wenn es sich um einen Vertrag handelt, der zwischen einem deutschen Bundesland und einem ausländischen Staat als Vertragspartner abgeschlossen werden soll[174]. Welche Erweiterung der Begriff des „auswärtigen Staates" dabei erfahren muß, wenn eine Kontrolle durch Art. 32 III GG gewährleistet sein soll, konnte bereits dargelegt werden. Es handelt sich dabei nicht nur um Staaten im Sinne der allgemeinen Staatslehre, sondern auch um andere Völkerrechtssubjekte. Hervorzuheben ist, daß Art. 32 III GG auch für Verträge oder Verwaltungsabkommen mit Gliedstaaten anderer Bundesstaaten Anwendung findet, soweit sie nur in ihren Bundesverfassungen mit eigener völkerrechtlicher Handlungsfähigkeit ausgestattet sind und zumindest eine beschränkte Völkerrechtssubjektivität besitzen. Das Gleiche gilt für ausländische Körperschaften des öffentlichen Rechts, die zu einem selbständigen Vertragsschluß ermächtigt sind[175]. In allen diesen Fällen ist eine Zustimmung der Bundesregierung erforderlich.

Die Verwaltungsabkommen werden zwar in Art. 32 III GG nicht ausdrücklich erwähnt, es ist aber unstreitig, daß auch sie unter diese Vorschrift fallen[176]. Es läßt sich materiell-rechtlich leicht mit einem *argumentum a maiore ad minus* nachweisen, daß die Länder, wenn sie schon zum Abschluß völkerrechtlicher Verträge kompetent sein sollen, auch Verwaltungsabkommen abschließen dürfen. Die Notwendigkeit einer Zustimmung der Bundesregierung hierzu ergibt sich aus der Natur der Sache[177]. Das läßt sich auch leicht verstehen, wenn man sich die Bedeutung der Zustimmung noch einmal vor Augen führt. Liegt das Gewicht doch gerade in der Kontrolle der Kontakte, die die Länder zu auswärtigen Staaten aufnehmen, und ein grundsätzlicher Ansatzpunkt da-

---

173 Unten II., 4., c).

174 Über Verwaltungsabkommen vgl. oben I., 1., b), cc).

175 Vgl. oben I., 1., c), bb); *Reichel*, Auswärtige Gewalt, S. 159 ff. zu Verwaltungsabkommen, S. 155 ff. zu den ausl. öffentl.-rechtl. Körperschaften. aA. BVerfGE 2, 347 (374) mit den oben genannten Konsequenzen.

176 Allerdings nur dann, wenn Gesetzgebungs- und Verwaltungskompetenz zusammenfallen; vgl. *Reichel*, Auswärtige Gewalt, S. 164 f.; *Bernhardt*, Verträge, S. 158 ff.

177 aA MDH, Art. 32 III, RN 71.

bei auf der Koordinierung der politischen Auswirkungen und Ziele solcher Kontakte mit der Außenpolitik der Bundesregierung, so kann kein Zweifel bestehen, daß diese Kontrolle bei Verwaltungsabkommen ebenso notwendig ist wie bei Verträgen[178]. Immer vorausgesetzt, daß ein Vertrag oder ein Verwaltungsabkommen[179] unter Einhaltung des materiellen Rechts mit einem auswärtigen Partner geschlossen werden soll, zu dem die Bundesregierung zum gegebenen Zeitpunkt Kontakte dieser Art nicht wünscht, besteht zwischen beiden kein Unterschied. Die Erforderlichkeit der Zustimmung hat also auch für Verwaltungsabkommen Geltung. Eine Ausnahme besteht nur dann, wenn es sich um Kontakte zu fremden Völkerrechtssubjekten handelt, die nicht unter Art. 32 III GG fallen, so etwa zum Hl. Stuhl. Hier mangelt es bereits an der Staatsqualität, weil Vertragspartner nur eine kirchliche Institution ist. Es liegt also ein Fall vor, wo Art. 32 III GG gar nicht eingreift[180]. Somit entfällt aber auch die Erforderlichkeit der Zustimmung, denn sie knüpft an die Voraussetzungen des Art. 32 III GG erst an. Liegen diese nicht vor, kommt eine Zustimmung nicht in Frage. Hier wird vollends deutlich, daß die Zustimmung verfassungsrechtlich immer erst dann von Bedeutung ist, wenn materiell-rechtlich die Voraussetzungen des Art. 32 III GG gegeben sind. Fehlt es bereits daran, ist eine Zustimmung nicht nur nicht erforderlich, sondern je nach Sachlage entweder überflüssig oder unzulässig. Überflüssig ist die Zustimmung dann, wenn Art. 32 III GG gar nicht eingreift, unzulässig, wenn die Vorschrift verletzt ist, also etwa im Fall eines Vertragsschlusses mit einem nicht anerkannten auswärtigen Staat. Auf die Fälle einer unzulässigen Zustimmung wird noch einzugehen sein.

Abschließend sei noch ein Wort zum Umfang der Zustimmung gesagt. Aus Art. 32 III GG ergibt sich, daß die Bundesregierung „den Verträgen zustimmen" muß. Es ist also der Vertragstext eindeutig mit umfaßt. Die Zustimmung bezieht sich nicht lediglich darauf, daß ein Vertrag mit einem bestimmten auswärtigen Partner abgeschlossen werden soll und werden darf, sondern schließt auch den Inhalt dieser Vereinbarung mit ein. Die Selbstverständlichkeit dieser Feststellung ergibt sich aus dem Sinn der Zustimmung als Kontrolle der außenpolitischen Betätigung der Bundesländer. Fehlte eine Inhaltskontrolle, wäre der Zweck der Zustimmung nicht zu erreichen. Die Bundesregierung muß also den Vertragstext in vollem Umfang billigen, das bezieht sich auch auf Nebenabreden, Briefwechsel und Noten, soweit sie vom Vertrag mit erfaßt werden. Eine Zustimmung muß zu allem erfolgen, was vertrag-

---

178 Über die „politischen" Wirkungen auch der Verwaltungsabkommen vgl. oben I., 1., b), bb).

179 In der Praxis wird häufig nicht klar getrennt.

180 Vgl. oben I., 1., c), dd).

lich vereinbart werden soll. Zu diesem Zweck ist es Pflicht der Länder, der Bundesregierung alle Dokumente zugänglich zu machen, die für den Umfang der Vereinbarungen von Bedeutung sein können.

Inwieweit die Zustimmung sich auch auf *nicht* vertragliche Beziehungen zum Ausland erstreckt, ist Auslegungsfrage und nicht einheitlich zu beantworten. Die Bundesregierung hat sich grundsätzlich auf den Standpunkt gestellt, solche Beziehungen seien, weil in Art. 32 III GG nicht vorgesehen, schlechthin unzulässig. Man wird auf den Einzelfall abstellen müssen[181].

bb) Der Zeitpunkt der Zustimmungserteilung

Auf die Frage, wann die Zustimmung erteilt werden muß, gibt Art. 32 III GG keine Antwort. Es tauchen hier verschiedene Probleme auf. Einmal ist zu klären, ob eine Zuordnung des verfassungsrechtlichen Begriffs „Zustimmung" zu den bürgerlich-rechtlichen Kategorien „Einwilligung" und „Genehmigung" möglich und sinnvoll ist. Des weiteren ist in diesem Zusammenhang interessant, welche Schritte, die das Bundesland auf dem Wege zum Vertragsschluß unternimmt, einer Zustimmung zugänglich sind bzw. ihrer schon bedürfen[182].

Zunächst eine Betrachtung des Begriffs „Zustimmung". Das Bürgerliche Recht kennt drei Arten der Billigung fremden Verhaltens: die Einwilligung, die dem fremden Verhalten vorangehen muß, die Genehmigung, die an einen bereits geschehenen Vorgang anknüpft, und die Zustimmung, die einen neutralen Oberbegriff bildet[183]. Der Wortlaut des Art. 32 III GG gibt keine Auskunft darüber, in welchem Sinn die „Zustimmung" hier verstanden werden soll. Es kann überhaupt fraglich sein, ob es zulässig ist, bürgerlich-rechtliche Terminologie auf den Wortlaut der Verfassung anzuwenden, die im allgemeinen nicht den differenzierend exakten Sprachgebrauch des BGB aufweist. Die Wortinterpretation läßt hier jedoch den Schluß zu, unter „Zustimmung" zunächst einmal wertneutral verstehen zu dürfen, daß die Bundesregierung den Ländervertrag billigt. Sie muß also einverstanden sein; der Zeitpunkt des notwendigen Einverständnisses kann aus der Wortinterpretation noch nicht gewonnen werden. Demnach schadet es nicht, zu-

---

[181] Gegen die Annahme einer grundsätzlichen Unzulässigkeit nichtvertraglicher Auslandskontakte der Länder bestehen Bedenken. Jedoch leuchtet ein, daß z. B. eine Reise eines Ministerpräsidenten in einen bestimmten fremden Staat je nach der politischen Lage Interessen der Bundesregierung berühren oder auch beeinträchtigen kann.

[182] Gedacht ist hier vor allem an die Kontaktaufnahme durch Brief- oder Notenwechsel, Vorverhandlungen oder Aufnahme von eigentlichen Vertragsverhandlungen.

[183] Vgl. *Palandt*, §§ 182—184 BGB.

nächst unter „Zustimmung“ grundsätzlich noch „Einwilligung“ und „Genehmigung“ zusammenzufassen. Dies entspricht bereits zur Weimarer Zeit der herrschenden Auffassung. Die Auslegung des Wortes „Zustimmung“ in Art. 78 II WRV ging dahin, die Zustimmung könne (als Einwilligung) *vor* oder (als Genehmigung) *nach* dem Vertragsschluß[184] durch das Land erfolgen.

Es erscheint aber überaus bedenklich, daraus Schlußfolgerungen für das Bundesdeutsche Verfassungsrecht herzuleiten[185]. Denn wenn auch aus dem Wortlaut des Art. 32 III GG auf den Zeitpunkt der Zustimmungserteilung keine Rückschlüsse zu ziehen sind, so erlaubt doch eine Auslegung unter Berücksichtigung der als Hauptzweck der Vorschrift festgestellten Kontrollfunktion zur Wahrung einer einheitlichen Bundesaußenpolitik die Behauptung, daß eine Zustimmung nach erfolgtem Vertragsschluß durch das Land diesen Zweck eindeutig verfehlen würde. Art. 32 III GG ist zumindest zu entnehmen, daß die Länder nur *mit* Zustimmung der Bundesregierung Verträge mit auswärtigen Staaten *abschließen* können. Ist aber die Zustimmung zum *Abschluß* erforderlich, dann muß sie zum Zeitpunkt des Vertragsschlusses vorliegen. Dies ist auch der Zeitpunkt, wo eine Kontrolle noch möglich ist, und vollendete Tatsachen noch nicht geschaffen sind, also die Kontrollfunktion der Zustimmung noch zum Tragen kommt[186]. Wollte man die Genehmigung grundsätzlich in den Begriff der Zustimmung i. S. d. Art. 32 III GG mit einbeziehen, so bedeutete dies, daß die Bundesregierung von einer Kontrolle des Vertragsschlusses durch das Bundesland zurückgedrängt würde, und stände damit dem Zweck des Art. 32 III GG diametral entgegen. Als Zwischenergebnis kann festgehalten werden, daß die Zustimmung der Bundesregierung spätestens im Zeitpunkt des Vertragsschlusses vorliegen muß[187].

Die Untersuchung kann sich also zunächst der Einwilligung zuwenden. Der früheste denkbare Zeitpunkt einer Zustimmung liegt dabei beim Beginn der Kontaktaufnahme des Landes mit dem auswärtigen Vertragspartner. Obwohl dieser Gedanke vertreten worden ist[188], erscheint dieses Verfahren aus verschiedenen Gründen nicht sinnvoll.

---

[184] *Anschütz*, Kommentar, Art. 78, Anm. 5 m. w. N.

[185] Bereits im HChE wurde die gegenteilige Auffassung deutlich; vgl. Entstehungsgeschichte, JÖR 51, S. 301 ff., u. *Bericht* über den Verfassungskonvent auf Herrenchiemsee vom 10.—23. 8. 1948, S. 25 ff. (31).

[186] Dabei wird noch nicht auf völkerrechtliche Wirkungen der Zustimmung oder des Vertragsschlusses Bezug genommen; es geht um den rein tatsächlichen Vorgang des Vertragsabschlusses, wie er im GG als Tatbestandsmerkmal enthalten ist.

[187] *Hallmayer*, S. 58; *Kraus*, Kulturabkommen, S. 26.

[188] Vgl. *Bericht*, Verfassungskonvent, S. 31, wo ausdrücklich von einer vorher einzuholenden Einwilligung die Rede ist; auch *v. Mangoldt/Klein*, Art. 32, Anm. VI, 7 b.

Erstens weiß zu einem so frühen Zeitpunkt noch niemand, was einmal der Inhalt des fraglichen Vertrages sein wird. Die Zustimmung kann sich also auf einen wesentlichen Punkt noch gar nicht beziehen. Sie wäre in diesem Fall nichts weiter als ein Einverständnis der Bundesregierung mit Kontakten des Bundeslandes mit gerade *diesem* Vertragspartner. Das geht aber grundsätzlich über den Rahmen des Art. 32 III GG hinaus. Völlig unverbindliche Kontaktaufnahmen fallen nicht unter die Vorschrift, folglich ist zu ihrer Einleitung auch keine Zustimmung erforderlich. Eine Ausnahme, die man freilich nicht umgehen kann, bezieht sich auf Kontakte eines Bundeslandes zu einem auswärtigen Staat, die allein durch die Tatsache ihres Bestehens eine hochpolitische Angelegenheit wären. Hier ist das Bundesland aber nicht aufgrund Art. 32 III GG, sondern aus Grundsätzen bundesfreundlichen Verhaltens und der Bundestreue heraus verpflichtet, solche Kontakte ohne vorherige Fühlungnahme mit der Bundesregierung zu unterlassen[189]. Eine Zustimmung zu einem so frühen Zeitpunkt bedeutete aber auch, daß immer noch eine weitere Zustimmung erforderlich würde, wenn nämlich der Vertragsinhalt feststeht, die Bundesregierung also weiß, welchem Vertragstext sie zustimmen soll. Man könnte sogar noch Zwischenstadien annehmen, die dann ihrerseits wieder der Zustimmung bedürften.

Eine solche Regelung ist durch Art. 32 III GG nicht gewollt. Es wird vielmehr nur eine einzige Zustimmungserklärung gefordert. Der Zeitpunkt ihrer Erteilung muß sich aus rein praktischen Gründen, unabhängig von den Kategorien „Einwilligung“ oder „Genehmigung“, daraus ergeben, wann eine Zustimmung sinnvollerweise erteilt werden kann. Das ist der Fall, wenn die Vertragsverhandlungen zwischen dem Bundesland und dem auswärtigen Partnerstaat so weit gediehen sind, und der ausgehandelte Vertragstext dergestalt festliegt, daß einem Vertragsabschluß[190] nichts mehr entgegenstehen würde. Es müssen alle Fragen geklärt sein, die zwischen den Partnern geregelt werden sollen, und es muß ein Vertragstext vorliegen, der von allen Beteiligten gebilligt ist und der Bundesregierung als das endgültige Verhandlungsergebnis vorgelegt werden kann. Jede Vorverlegung des Zustimmungszeitpunktes hat zwingend zur Folge, daß im Rahmen des Fortschreitens der Arbeiten am Vertragsinhalt eine oder mehrere weitere Zustimmungen erforderlich würden.

Eine andere Frage ist es, ob den Ländern aus anderen Gründen die Pflicht erwachsen kann, den Bund von einem beabsichtigten Kontakt

---

[189] Vgl. *Bayer*, S. 73 ff.

[190] In der Regel also vor einer Paraphierung, falls eine solche erfolgt; jedenfalls aber vor einer Unterzeichnung durch eine Landesregierung, wenn keine Ratifikation vorgesehen ist. Vgl. *Bernhardt*, Verträge, S. 173.

oder Vertragsschluß mit einem auswärtigen Staat zu unterrichten. Es wurde bereits gesagt, daß ein wesentlicher Punkt der Kontrollfunktion der Zustimmung auch in der Frage liegt, mit welchem Partner ein Vertrag abgeschlossen werden soll. Da leuchtet es aber ohne weiteres ein, daß eine Informationspflicht, die nichts mit einer Bitte um Zustimmung oder dem Einholen einer Erlaubnis zu tun hat, dem grundsätzlichen Recht der Länder zu Kontakten mit auswärtigen Staaten gegenüberstehen muß. Stellt man allein auf die Kontrollfunktion der Zustimmung in Art. 32 III GG ab, ist diese Informationspflicht sogar noch als Ausfluß der Zustimmungsbedürftigkeit anzusehen. Jedenfalls aber folgt sie aus den Bundespflichten der Länder, nichts zu unternehmen, was den Interessen des Bundes Schaden zufügen könnte. Kann also bereits die Kontaktaufnahme zu einem auswärtigen Staat den Bund in außenpolitische Schwierigkeiten bringen, so hat das Land die Pflicht, den Bund auf geplante Kontakte aufmerksam zu machen und sie zu unterlassen, wenn der Bund solche Kontakte nicht wünscht[191].

Dies ist aber nicht der Normalfall. Im allgemeinen wird der Bund weniger gegen den Vertragspartner als gegen den Inhalt des Vertrages Einwendungen machen. Hier besteht an und für sich keine prophylaktische Informationspflicht des Landes darüber, welche Richtung die Vertragsverhandlungen beschreiten und mit welchen Ergebnissen und Vertragsinhalten zu rechnen sei[192]. Es ist dabei viel mehr ein Gebot der politischen Klugheit, sich bei der Bundesregierung zu informieren, welche Aussichten hinsichtlich einer Zustimmung bestehen. Es wäre verfehlt, wollte man bei einer Erörterung des Zeitpunkts der Zustimmungserteilung an der politischen Praxis vorbeigehen. In der Regel wird kein Land dem Bund einen fertigen Vertrag mit einem auswärtigen Staat vorlegen und dann Zustimmung begehren. Vielmehr geht die Praxis den schon angedeuteten Weg, indem zunächst die Absicht eines Vertragsschlusses mitgeteilt, dann während der Vertragsverhandlungen weitgehende Fühlungnahme mit der Bundesregierung gepflegt und schließlich offiziell um Zustimmung gem. Art. 32 III GG ersucht wird[193].

---

[191] *v. Mangoldt*, Bundesaufsicht, weist hierzu mit Recht darauf hin, daß die Aktivitäten der Bundesländer im Rahmen des Art. 32 III GG auch der Bundesaufsicht unterliegen müssen (S. 68 ff.). „Der Schutz, den die Verfassung dem Bunde mit der Zubilligung dieses besonderen Aufsichtsrechts angedeihen lassen wollte, wäre ein höchst unvollständiger, hätte sie ihm nicht auch das Recht verliehen, die Länder auf dic Erfüllung ihrer Vorlagepflicht zu überwachen“ (S. 68). Dieses Recht des Bundes steht also der Pflicht der Länder zur Information gegenüber und ist Ausfluß des Art. 84 III GG.

[192] Wohl aber kann der Bund anfragen, vgl. FN 191.

[193] Diese Praxis zeichnet sich ab; verdeutlicht wird das noch dadurch, daß dem Verfasser trotz intensiven Nachforschens kein Fall bekannt geworden ist, wo die Bundesregierung eine Zustimmungserteilung *abgelehnt* hätte.

Zeitpunkt der Zustimmungserteilung ist also der Augenblick, wo die Vertragsverhandlungen abgeschlossen sind, und ein zustimmungsfähiger — weil inhaltlich vollständiger — Vertragstext der Bundesregierung vorgelegt werden kann. Dieser Zeitpunkt ist die *Abschlußreife.* Sie setzt voraus, daß der Vertragstext und alle mit in den Vertrag aufgenommenen oder aufzunehmenden Urkunden zur Abzeichnung fertig sind. Nun erst ist die formelle Zustimmung gem. Art. 32 III GG sinnvoll, weil sie sich auf alles beziehen kann, was vereinbart werden soll; sie ist aber jetzt auch erforderlich, weil ohne sie der Vertragsschluß nicht erfolgen darf[194].

cc) Das Fehlen der Zustimmung

Die Zustimmung „fehlt", wenn sie beim Abschluß des Ländervertrages mit einem auswärtigen Staat nicht oder nicht wirksam vorliegt. Dieses Fehlen kann auf zwei Gründen beruhen: Entweder das Land hat den Vertrag abgeschlossen, ohne die Zustimmung der Bundesregierung angefordert oder abgewartet zu haben, oder die Zustimmung wurde zwar erteilt, ist aber aus irgendeinem Grunde nicht wirksam — man denke etwa an die Erteilung durch ein unzuständiges Bundesorgan, etwa einen Ressortminister[195]. Der Unterschied besteht grundsätzlich darin, daß im ersteren Fall das Bundesland gegen Art. 32 III GG verstoßen hat, während im zweiten Fall das Fehlen der Zustimmung auf ein Verschulden des Bundes zurückzuführen ist. Im innerstaatlichen Bereich, und nur davon ist in diesem Abschnitt die Rede, sollen die beiden Fälle jedoch zunächst zusammen betrachtet werden.

Bisher wurde vor allem darauf abgestellt, welche Bedeutung die Zustimmung als Instrument der *Kontrolle* besitzt. Das ist ein vorwiegend rechtspolitischer Gesichtspunkt. Es rückt nunmehr eine weitere, noch wichtigere Funktion der Zustimmung ins Bild: Die Zustimmung als innerstaatliche *Wirksamkeitsvoraussetzung* für Länderverträge mit auswärtigen Staaten. Nur mit Zustimmung der Bundesregierung kann ein Bundesland mit einem auswärtigen Staat Verträge abschließen. Fehlt diese Zustimmung, so entfällt eine notwendige Voraussetzung für die innerstaatliche Wirksamkeit und Anwendbarkeit der Verträge, sie sind also — zunächst ohne Rücksicht auf den Grund des Fehlens der Zustimmung — innerstaatlich nicht wirksam[196].

---

[194] Vgl. dazu *Beck,* DÖV 66, S. 23; aA *Kölble,* DÖV 65, S. 153, auch die „Präliminaria" einbeziehend.

[195] Unscharf insoweit *Kraus,* Kulturabkommen, S. 425.

[196] Das ergibt sich aus Art. 31 GG. Selbst wenn das Landesgesetz nach den Landesvorschriften in Kraft tritt, wird es durch das Grundgesetz aufgehoben.

Die Situation entspricht — mutatis mutandis — dem Minderjährigenrecht des BGB. Das Bundesland ist nur beschränkt völkerrechtlich handlungsfähig, seine völkerrechtlichen Rechtsgeschäfte bedürfen zu ihrer (allerdings hier nur *innerstaatlichen*) Wirksamkeit der Zustimmung durch den Bund[197]. Damit ist eine Lage geschaffen, die der beschränkten Geschäftsfähigkeit und ihrer Behandlung im BGB durchaus vergleichbar ist[198]. Die Frage ist nun, ob man auch die übrigen Grundsätze des Minderjährigenrechts analog auf das Fehlen der Zustimmung anwenden kann. Wichtig ist dies für das Problem, ob der ohne Zustimmung der Bundesregierung abgeschlossene Vertrag — unbeschadet seiner völkerrechtlichen Rechtswirksamkeit — einfach nichtig ist oder ob die Rechtsfigur der schwebenden Unwirksamkeit hier Anwendung finden kann.

Die Bedeutung des Problems liegt darin, daß bei der Annahme einer Nichtigkeit eine Heilung durch spätere Zustimmung, sofern eine solche als zulässig erachtet wird, nur eine Wirksamkeit „ex nunc" herbeiführen würde[199], während bei der schwebenden Unwirksamkeit eine „Genehmigung" eine Wirksamkeit des Vertrages „ex tunc" eintreten könnte[200]. Auf das völkerrechtliche Schicksal des Vertrages und auch völkerrechtliche Haftungsprobleme ist es aber von entscheidendem Einfluß, ob ein Vertrag als von Anfang an bestehend angesehen werden kann, oder ob es einer erneuten Vornahme des Vertragsschlusses zum Zweck der innerstaatlichen Gültigkeit und Erfüllbarkeit bedarf[201]. Die Frage nach der analogen Anwendbarkeit des Minderjährigenrechts des bürgerlichen Rechts ist aus dem Zweck und der rechtlichen Bedeutung der Zustimmung heraus zu beantworten. Die Kontrollfunktion der Zustimmung ist nach erfolgtem Vertragsschluß sicher hinfällig, denn die vielzitierte „präventive Bundesaufsicht" kommt nunmehr zu spät[202]. Sie kann auch nicht durch eine — heilende — Genehmigung nachgeholt werden, denn die Bundesregierung steht vor vollendeten Tatsachen[203]. Die Kontrollfunktion würde also eine Ana-

---

[197] Zu den völkerrechtlichen Wirkungen vgl. unten II., 2., b).

[198] Abweichend insofern, als die §§ 107 ff. BGB auch und vor allem die Rechtsbeziehungen zu dem am Vertrag beteiligten *Dritten* regeln, während es hier um die innerstaatlichen Wirkungen geht.

[199] Ausnahmen wie die §§ 313, 519 II BGB sind hier nicht anzuwenden. Es gilt § 126 BGB.

[200] Vgl. *Palandt,* § 184 BGB, Anm. 1.

[201] Dies wäre zwangsläufig die Folge bei einer nicht heilbaren, anfänglichen innerstaatlichen Nichtigkeit, vgl. § 141 BGB.

[202] Vgl. BVerfGE 2, 347, 370.

[203] Vgl. Abkommen zwischen Bayern und Österreich über die Wiederanwendung der Salinenkonvention: Unterzeichnung am 25. 3. 1957, in Kraft getreten am 8. 7. 1958, Zustimmung am 17. 9./22. 11. 1958.

logie zum bürgerlichen Recht ausschließen, denn der Zweck ist ein für allemal verfehlt und nicht nachholbar.

Die Zustimmung ist aber auch Wirksamkeitsvoraussetzung für den innerstaatlichen Bereich. Der Ländervertrag soll nur mit Zustimmung der Bundesregierung wirksam werden; das bedeutet aber auch, daß es in das Ermessen[204] der Bundesregierung gestellt sein soll, einen Ländervertrag mit einem auswärtigen Staat gutzuheißen. Es muß daher in der Hand der Bundesregierung sein, dem Vertrag innerstaatliche Wirksamkeit zuzubilligen, auch wenn der Vertrag bereits ohne ihre Zustimmung abgeschlossen wurde. Es wäre völlig unverständlich, sollte die Bundesregierung einen Vertragsschluß oder gar Vertragsverhandlungen durch Verweigerung der Zustimmung oder Ausübung der Bundesaufsicht vereiteln können[205], einem Vertrag, der schon abgeschlossen ist, aber nachträglich nicht mehr zur innerstaatlichen Wirksamkeit verhelfen können. Die Rechtsmacht der Bundesregierung, nämlich nach ihrem Ermessen Länderverträge zuzulassen oder nicht, kann durch den erfolgten Vertragsschluß nicht geschmälert werden[206].

Allerdings steht ihr hierfür nicht mehr die in Art. 32 III GG vorgesehene Zustimmung zur Verfügung, sondern es kann nur eine Genehmigung, Art. 32 III GG analog § 108 BGB, in Betracht kommen. Wie bereits ausgeführt, ist nämlich die Genehmigung in Art. 32 III GG nicht enthalten, denn sie würde den Zweck, die Kontrolle, ad absurdum führen. Es spricht aber alles dafür, hier analog den Vorschriften des Bürgerlichen Rechts die Genehmigung eines bereits abgeschlossenen Vertrages zuzulassen. Eine Heilung ist also grundsätzlich möglich[207]. Es spielt dabei auch keine Rolle, ob das Land im guten Glauben oder unter bewußter Außerachtlassung der Vorschrift des Art. 32 III GG gehandelt hat[208]. Entscheidend ist allein, ob der Bund den Ländervertrag nachträglich billigt oder nicht. Dafür können auch allein außenpolitische Gründe maßgeblich sein[209]. Alle diese Überlegungen sprechen für die Annahme einer *schwebenden* Unwirksamkeit der ohne Zustimmung der Bundesregierung abgeschlossenen Länderverträge mit auswärtigen Staaten. Jede andere Lösung, etwa eine Nichtigkeit, würde

---

[204] *v. Mangoldt/Klein,* Art. 32, Anm. VI, 7 f.

[205] Vgl. *v. Mangoldt,* Bundesaufsicht, S. 68 ff.

[206] Das folgt schon aus einem argumentum a maiore ad minus: Kann die Bundesregierung das Inkrafttreten verhindern, muß sie es auch zulassen können.

[207] *Bernhardt,* Verträge, S. 173, FN 703; BK Art. 32, Erl. II, 6 Abs. 1; auch *Kraus,* Kulturabkommen, S. 426, schließt das nicht aus; ebenso *Hallmayer,* S. 58.

[208] Weil es, wie z. B. Bayern, Verwaltungsabkommen für nicht zustimmungsbedürftig hält.

[209] Haftungsfragen oder auch nur das „politische Klima“.

den außen- und innenpolitischen Handlungsspielraum des Bundes in unzulässiger Weise einengen. Außerdem — mag das Argument auch als nur zusätzliches nicht tragend sein — stellt diese Lösung die juristisch weitaus elegantere dar.

Es soll also davon ausgegangen werden, daß Verträge, die ein Bundesland ohne die gem. Art. 32 III GG erforderliche Zustimmung der Bundesregierung abgeschlossen hat, bis zu ihrer Genehmigung durch die Bundesregierung innerstaatlich schwebend unwirksam sind. Nach erfolgter Genehmigung erlangen sie aber *ex tunc* Wirksamkeit. Das muß gleichermaßen für Verträge gelten, die von einem Land ohne Ersuchen um Zustimmung abgeschlossen wurden, wie für solche, zu welchen die Bundesregierung eine mit Mängeln behaftete Zustimmung erteilt hat. Beide Male ist eine Genehmigung möglich. Im letzteren Fall aber wird man eine *Rechtspflicht* der Bundesregierung zur nachträglichen Erteilung der Genehmigung (als Wiederholung der Zustimmung) bejahen müssen. Liegt die Verantwortung für den Mangel der Zustimmung auf Seiten der Bundesregierung, so hat sie den in ihrer Sphäre bedingten Fehler im Interesse des Landes zu beheben. Für das Problem, ob das Fehlen der Zustimmung generell heilbar ist, spielt diese Frage indes keine weitere Rolle. Hier gilt für beide Möglichkeiten, daß es der Bundesregierung grundsätzlich möglich ist, die nicht erteilte oder fehlerhaft erteilte Zustimmung nachzuholen.

Wendet man die Bestimmungen des Bürgerlichen Rechts auf diesen Fall analog an, so ist zum Schluß noch die Frage zu klären, ob die Möglichkeit der Genehmigung, die der Bundesregierung hier grundsätzlich eingeräumt werden soll, auch bestimmten Fristen unterliegen soll. Für eine solche Frist gibt das Grundgesetz keinen Anhaltspunkt, wie es sich ja bei der gesamten Konstruktion der schwebenden Unwirksamkeit um ergänzendes Verfassungsrecht praeter legem handelt. Es geht hier letztlich um eine politische Frage. Ist die Zustimmung nur fehlerhaft erteilt, so wird sie die Bundesregierung im Zweifel unverzüglich wirksam nachholen. Hat das Land die Bundesregierung übergangen, ist der Bundesregierung eine Bedenkzeit zur Überprüfung der außenpolitischen Folgen zu geben. Ihre Dauer richtet sich nach der Schwere des Einzelfalles und hängt nicht zuletzt auch vom Verhalten des auswärtigen Vertragspartners ab. Grundsätzlich kann es jedenfalls keine echte Frist geben, innerhalb deren die Bundesregierung sich entscheiden muß. Sie kann vielmehr den schwebend unwirksamen Vertrag jederzeit, auch noch nach längerem Zeitablauf, genehmigen, solange nur die Vertragspartner, das Bundesland und der auswärtige Staat, daran festhalten wollen. Eine Grenze wird nur da zu ziehen sein, wo die Bundesregierung eine Entscheidung willkürlich, etwa um dem Land nun ihrerseits Schwierigkeiten zu machen, hinauszögert. Ein

Verstoß gegen Bundespflichten kann nicht durch einen zweiten Verstoß ausgeglichen werden.

Als Ergebnis ist also festzuhalten, daß das Fehlen der Zustimmung der Bundesregierung innerstaatlich eine schwebende Unwirksamkeit der Länderverträge mit auswärtigen Staaten zur Folge hat, die Bundesregierung aber jederzeit eine nachträgliche Zustimmung in Form der Genehmigung erteilen kann, so daß *ex tunc* Wirksamkeit eintritt[210].

dd) Die Rücknahme der Zustimmung

Die Zustimmung der Bundesregierung ist innerstaatliche Wirksamkeitsvoraussetzung der gemäß Art. 32 III GG von den Ländern abgeschlossenen Verträge. Nachdem schon die Folgen ihres Fehlens untersucht worden sind und festgestellt wurde, daß die Zustimmung in Form einer Genehmigung der schwebend unwirksamen Verträge jederzeit nachgeholt werden kann, bleibt noch zu klären, ob die Zustimmung der Bundesregierung auch rücknehmbar ist.

Eine Rücknahme der Zustimmung könnte aus verschiedenen Gründen in Betracht kommen. So kann die Bundesregierung von dem Land über den vollen Vertragsinhalt insofern getäuscht worden sein, als das Land nicht alle zum Vertrag gehörenden Urkunden vorgelegt hat oder einen nur unvollständigen Vertragstext. Es kann aber auch sein, daß die Bundesregierung die Zustimmung reut, wenn sie die weitere Entwicklung der Vertragsbeziehungen beobachtet und daraus den Schluß zieht, die Zustimmung besser nicht erteilt zu haben. Grundsätzlich ist hier vorauszuschicken, daß der völkerrechtliche Vertrag nur *inter partes*, also zwischen dem Bundesland und dem auswärtigen Staat besteht. Die Zustimmung der Bundesregierung ist notwendige Abschlußvoraussetzung und bewirkt die innerstaatliche Wirksamkeit. Ist diese einmal herbeigeführt, hat die Zustimmung ihre Aufgabe erfüllt und entfaltet keine primären Rechtswirkungen mehr. Die Zustimmung hat also Katalysatorfunktion. Ist sie im gegebenen Zeitpunkt erteilt worden, und hat der Vertrag völkerrechtlich und innerstaatlich Wirksamkeit erlangt, kommt der Zustimmung — von Haftungsfragen einmal abgesehen — keine weitere rechtliche Bedeutung zu. Von dieser Prämisse ausgehend ist festzustellen, daß eine Rücknahme der einmal wirksam erteilten Zustimmung *nicht* möglich ist. Eine Parallele zum bürgerlichen Recht ist hier nicht am Platze, denn sie würde zu unhaltbaren Konsequenzen führen. Einen Vertrag zwischen

---

[210] aA *Reichel*, Auswärtige Gewalt, S. 167, FN 63, mit dem Argument „starren" Verfassungsrechts. Es ist aber schwer einzusehen, daß eine Genehmigung zwar die Vollziehbarkeit herstellen soll, eine Heilung aber nicht eintritt, und der Vertrag daher dann immer noch verfassungswidrig wäre.

einem Bundesland und einem Drittstaat kann der Bund nicht eigenmächtig wieder lösen, indem er seine ursprünglich gegebene Zustimmung zurücknimmt[211].

Die eingangs gegebenen Beispiele sind daher wie folgt zu lösen: Hat das Land den Bund über den vollen Vertragsumfang getäuscht, so erstreckt sich die Zustimmung nur auf den dem Bund und der Bundesregierung bekannten Vertragsinhalt. Was darüber hinaus geht, ist schwebend unwirksam[212]. Reut die Bundesregierung die Erteilung der Zustimmung, weil sich die Vertragsbeziehungen des Bundeslandes mit dem auswärtigen Staat anders entwickeln als zu erwarten war, so hat sie verschiedene Möglichkeiten. Die Bundesregierung kann, wenn das Land bei der Handhabung des Vertrages Bundesinteressen gefährdet, von dem Bundesland Unterlassung und sogar Aufhebung des Vertrages verlangen[213]. Daneben aber hat sie die Möglichkeit, die nicht vorhergesehene Vertragspraxis als von ihrer Zustimmung nicht erfaßt anzusehen mit der Folge, daß das Land insoweit rechtswidrig handelt. Eine Rücknahme der Zustimmung aber ist in allen Fällen ausgeschlossen.

Keine Rücknahme liegt vor, wenn der Bund bei konkurrierender Gesetzgebungskompetenz später selbst einen Vertrag mit dem auswärtigen Staat abschließt, der die gleichen Materien regelt. Hier gelten die im ersten Kapitel genannten Grundsätze[214]. Dem Ländervertrag wird völkerrechtlich wohl regelmäßig dann die Geschäftsgrundlage fehlen. Für den hier interessierenden innerstaatlichen Bereich aber ist das neue Bundesvertragsrecht *lex posterior*, die das Landesrecht außer Kraft setzt.

ee) Der Adressat der Zustimmung

Die Bundesregierung erteilt die Zustimmung grundsätzlich dem vertragschließenden Land[215]. Im Normalfall fragt das Bundesland in einem gewissen Stadium der Vorverhandlungen, etwa wenn die Vertragsbereitschaft des auswärtigen Staates feststeht, bei der Bundesregierung unter Mitteilung der Regelungsmaterien an, ob eine Zustimmung zu erwarten ist. Sind die Verhandlungen abgeschlossen, ist der Vertrag also abschlußreif, ersucht das Land die Bundesregierung[216] förmlich um Erteilung der Zustimmung. Die Antwort der Bundesregierung wird dann dem Land[217] in einem offiziellen Schreiben übermittelt. Der

---

[211] Selbst nicht bei konkurrierenden Kompetenzen, vgl. oben I., 1., d), bb).

[212] Vgl. oben II., 2., a), cc).

[213] Das folgt aus Art. 37 GG; vgl. MDH Art. 37, RN 17.

[214] Oben I., 1., d), bb).

[215] BVerfGE 2, 347 (370); MDH Art. 32, RN 56 m. w. N.

[216] In der Regel das Auswärtige Amt, das in diesen Fällen den Schriftverkehr mit dem Bundesland führt und auch die Zustimmung mitteilt.

auswärtige Partner ist also an diesem Verfahren nicht beteiligt. Man wird ihm auch nur in begrenztem Umfang das Recht geben können, seinerseits mit der Bundesregierung Kontakt aufzunehmen um festzustellen, ob die Zustimmung erteilt wird. Grundsätzlich handelt es sich bei der Zustimmungserteilung um eine innere Angelegenheit der Bundesrepublik, nämlich zwischen Bundesregierung und einer Landesregierung, auf die der auswärtige Staat keinen Einfluß nehmen soll[218]. Ausnahmen mögen dann möglich sein, wenn das Land dem auswärtigen Vertragspartner keine Mitteilungen über seine Abschlußkompetenz macht, und der Partnerstaat sich über die Vertragsfähigkeit des Bundeslandes für die entsprechende Regelungsmaterie im Unklaren ist[219]. Keinesfalls aber kann der Drittstaat von der Bundesrepublik Zustimmung verlangen, und ebensowenig darf die Bundesregierung die Zustimmung zuerst dem auswärtigen Staat mitteilen. Adressat der Zustimmungserteilung ist nur das Bundesland. Eine parallele Mitteilung an das Land und den auswärtigen Staat ist zwar nicht nötig, aber unbedenklich[220].

b) *Die Wirkung der Zustimmung im völkerrechtlichen Bereich*

Im ersten Abschnitt wurden die Wirkungen der Zustimmung im innerstaatlichen Bereich besprochen. Bei den gem. Art. 32 III GG von den Bundesländern abgeschlossenen Verträgen handelt es sich aber um völkerrechtliche Verträge, so daß noch zu klären ist, ob und gegebenenfalls welche Bedeutung der Zustimmung nach außen zukommt. Es werden dazu auch im modernen Schrifttum unterschiedliche Standpunkte eingenommen.

aa) Die konstitutive Wirkung der Zustimmung

Vertragspartner der gem. Art. 32 III GG abgeschlossenen Verträge sind ein Bundesland und ein auswärtiger Staat bzw. ein gleich zu behandelndes Völkerrechtssubjekt. Zwischen ihnen wird der Vertrag geschlossen und entfaltet auch nur unter ihnen — *inter partes* — seine Rechtswirkungen. Unstreitig ist aber die zum Vertragsschluß erforder-

---

[217] Meist dem Ministerpräsidenten als Vertreter der Landesregierung.

[218] Auffallend das Vorgehen Österreichs während der Verhandlungen zum Bayerisch-Österreichischen Saalachabkommen v. 19. 8. 1959. Österreich machte eine Unterzeichnung davon abhängig, daß die Bayerische Staatsregierung auf diplomatischem Wege von der Zustimmung der Bundesregierung Mitteilung macht.

[219] Beim Saalachabkommen (s. FN 218) wurde die Zustimmung am 15. 6. 1959 in einem Schreiben an den Bayer. Ministerpräsidenten und einer Verbalnote an die Österreichische Botschaft in Bonn mitgeteilt.

[220] Die Form der Verbalnote erscheint übertrieben.

liche Zustimmung der Bundesregierung innerstaatliche Wirksamkeitsvoraussetzung. Es stellt sich die Frage, ob dies auch für den völkerrechtlichen Bereich Geltung beanspruchen kann, ob die Zustimmung also auch im Völkerrecht konstitutive Wirkung besitzt. In dem kurzen rechtsgeschichtlichen Überblick zu Anfang dieses Kapitels wurde bereits gesagt, daß die Zustimmung der Zentralgewalt zu Verträgen der deutschen Länder mit auswärtigen Staaten erst mit der Weimarer Verfassung Eingang in das deutsche Staatsrecht gefunden hat[221]. Es ist diese Tatsache zu berücksichtigen, wenn man Überlegungen über die völkerrechtliche Wirkung der Zustimmung anstellt.

Die Weimarer Zeit war noch sehr weitgehend vom Souveränitätsdenken der Nationalstaaten geprägt, und keineswegs kam dem Völkerrecht die bedeutende Rolle zu, die man ihm heute zuzuschreiben geneigt ist. Vor allem war die Weimarer Verfassung durchaus nicht so völkerrechtsfreundlich wie das Grundgesetz. Zwar enthielt Art. 4 WRV die Bestimmung, daß die „allgemein anerkannten Regeln des Völkerrechts" als bindende Bestandteile des deutschen Reichsrechts gelten sollten[222], jedoch besteht der wesentliche Unterschied zu Art. 25 GG darin, daß in der Weimarer Verfassung nur von den „anerkannten" Regeln die Rede ist. Dabei handelt es sich aber eindeutig nur um solche, welche das Deutsche Reich anerkannt hatte. Andere allgemeine Regeln, die vom Deutschen Reich nicht anerkannt waren, blieben damit ausgeschlossen[223]. Das Grundgesetz hat dagegen alle allgemeinen Regeln des Völkerrechts über Art. 25 GG in das Bundesrecht einbezogen. Das Völkerrecht selbst ist Kriterium dafür, welche Regeln man als „allgemeine" ansieht. Das Grundgesetz hat sich somit einer Beurteilung dieser Frage begeben, und es können theoretisch sehr wohl auch „allgemeine Regeln" Bestandteil des Bundesrechts werden, die von der Bundesrepublik noch nicht „anerkannt" sind[224]. Zudem hat das Grundgesetz die allgemeinen Regeln des Völkerrechts rangmäßig über die einfachen Gesetze gestellt[225].

Soviel über die Haltung der beiden Verfassungen zum Völkerrecht. Es läßt sich aus dem Gesagten aber folgender Schluß ziehen: Die Weimarer Verfassung will jedenfalls kein Primat des Völkerrechts und erst recht keine Konflikte völkerrechtlicher Normen mit der Verfassung. Daraus wiederum folgt, daß völkerrechtliche Wirkungen staatlichen Handelns nur dann entstehen sollen, wenn das staatliche Han-

---

[221] Vgl. oben II., 1.

[222] Vgl. *Anschütz*, Kommentar, Art. 4.

[223] *Anschütz*, Kommentar, Art. 4, Anm. 5.

[224] MDH, Art. 25, RN 19 ff.; vgl. auch *Doehring*, Fremdenrecht, S. 138 ff.

[225] MDH, Art. 25, RN 22 f.; oben I., 2., a), cc).

deln im Einklang mit der Reichsverfassung stand. Ein Verstoß gegen die Verfassung ruft keine völkerrechtlichen Bindungswirkungen hervor. Aus diesem Denken erklärt sich die Behandlung der Zustimmung der Reichsregierung zu Verträgen der deutschen Gliedstaaten mit auswärtigen Partnern im völkerrechtlichen Bereich. Ist die Zustimmung innerstaatlich Wirksamkeitsvoraussetzung, so muß sich die völkerrechtliche Wirksamkeit der Verträge ebenfalls daran orientieren. Die Zustimmung in der Weimarer Zeit wirkte also konstitutiv. Fehlte sie aus irgendeinem Grunde, war der völkerrechtliche Vertrag unwirksam. Diese Auffassung war in der Weimarer Zeit durchaus herrschend[226], nur spärlich finden sich Gegenstimmen[227].

Unter dem Grundgesetz hat sich aber die Einstellung gegenüber dem Völkerrecht verändert. Das Völkerrecht wird als eigenständige Rechtsordnung anerkannt, die Bindungen auch dann erzeugen kann, wenn innerstaatlich fehlerhafte Rechtsakte vorliegen[228]. Für die Zustimmung der Bundesregierung gem. Art. 32 III GG ist diese veränderte Einstellung zum Völkerrecht von entscheidender Bedeutung. Es wird nun nämlich möglich, einen deutlichen Trennungsstrich zwischen innerstaatlicher Wirkung und völkerrechtlicher Wirkung eines Rechtsakts zu ziehen. Dabei bleibt die innerstaatliche Wirksamkeit für die völkerrechtliche Betrachtungsweise zunächst völlig außer Betracht. Geht es also um die Frage, welche völkerrechtlichen Wirkungen die Zustimmung hervorruft, ist zunächst die Völkerrechtsordnung zu befragen. Dabei ergibt sich, daß das Bundesland, wenn es sich im Rahmen seiner ihm von der Verfassung verliehenen Kompetenzen bewegt, beschränktes Völkerrechtssubjekt ist, insoweit also nicht „ultra vires" handeln kann. Konsequenterweise kommt eine konstitutive Wirkung der Zustimmung schon aus völkerrechtlichen Gründen nicht in Betracht. Vom Verfassungsrecht her gesehen ergibt sich aber erst recht kein Anhaltspunkt, daß die Zustimmung völkerrechtlicher Wirkungen entfalten soll . Hinzu kommt ein nicht unwesentlicher Gesichtspunkt: Der moderne völkerrechtliche Verkehr verlangt, daß die Völkerrechtssubjekte, und zwar auch die beschränkt völkerrechtsfähigen, im Rahmen ihrer Kompetenzen zur Abgabe verbindlicher Erklärungen in der Lage sind. Steht also fest, daß das Bundesland nicht „ultra vires" handelt, kommt eine völkerrechtliche Bedeutung des innerstaatlichen Aktes der Zustimmung nicht in Betracht. Auf eine Wahrung der innerstaatlichen Kompetenzen muß sich der auswärtige Vertragspartner im übrigen verlassen können, wenn nicht evidente Überschreitungen vorliegen. Eine

---

226 *Anschütz*, Kommentar, Art. 78, Anm. 5.

227 Zweifelnd immerhin *Wolgast*, S. 33; vgl. auch *Heckel*, S. 217/218 f. Reichsverträge.

228 Dazu *Geck*, Verfassungwidrige Verträge.

weitere Erkundigungspflicht, ob auch alle innerstaatlichen Formalien erfüllt sind, kann dem auswärtigen Staat nicht auferlegt werden und würde, betriebe er sie von sich aus, eine Einmischung in die inneren Angelegenheiten des Bundesstaates darstellen. Die Zustimmung ist in erster Linie innerstaatlicher Akt der Kontrolle und der Katalysator für die Wirksamkeit der Länderverträge im Inneren. Sie hat auf die völkerrechtliche Wirksamkeit der Verträge keinen Einfluß[229].

bb) Die deklaratorische Wirkung der Zustimmung

Die Alternative zur konstitutiven Wirkung der Zustimmung ist die deklaratorische Wirkung. Sie hat keinen Einfluß auf Wirksamkeit oder Nichtigkeit des völkerrechtlichen Vertrages, sondern stellt lediglich ein „placet" dar. Die Wirkungen dieses „placet" müssen folglich auch anders beurteilt werden, als die einer konstitutiven Zustimmung. Da sie sich auf keinen Fall auf die völkerrechtliche Wirksamkeit beziehen, liegt ihre Bedeutung auf anderem Gebiet. Hierbei handelt es sich vor allem um Fragen, die mit der Erfüllung der Verträge in Zusammenhang stehen.

Vertragspartner sind immer das Bundesland und der auswärtige Staat. Der Bund selbst ist in der Regel[230] an dem Vertrag in keiner Weise beteiligt. Er ist daher vor allem auch nicht verpflichtet, den Vertrag mit oder gar allein zu erfüllen, wenn das Bundesland seinen vertraglichen Verpflichtungen nicht nachkommt. Dennoch kann die enge Bindung, die zwischen dem vertragschließenden Gliedstaat und dem Bund als Dachverband besteht, dabei eine gewisse Berücksichtigung erfahren. So geht die Lehre von der mittelbaren Haftung im Völkerrecht davon aus, daß der Bund zwar nicht primär für Verpflichtungen seiner Gliedstaaten haftet, aber doch einer sekundären, also mittelbaren Haftung unterworfen[231] ist. Eine Zustimmung der Bundesregierung mit deklaratorischer Wirkung kann hier Indiz für ein Einverständnis des

[229] Die völkerrechtliche Wirkung der Zustimmung ist auch heute noch heftig umstritten. Gegen eine konstitutive Wirkung vor allem MDH, Art. 32 RN 56; *v. Mangoldt/Klein*, Art. 32 Anm. VI, 8; ebenso im Grundsatz *Mosler*, Verfassungen, S. 167 f.; *Hallmayer*, S. 58 f.; unentschieden BK, Art. 32, Erl. 6, Abs. 3; eindeutig befürwortend *Reichel*, Auswärtige Gewalt, S. 169, der ausführt, ein ohne Zustimmung der Bundesregierung abgeschlossener Vertrag sei jedenfalls „mangels Handlungsfähigkeit" ungültig. Die Zustimmung ist danach „nichts anderes, als die Herstellung der völkerrechtlichen Handlungsfähigkeit der Länder". Dem kann nicht zugestimmt werden. Die Zustimmung hat mit der völkerrechtlichen Handlungsfähigkeit der Länder ebensowenig zu tun wie mit ihrer Völkerrechtssubjektivität, sie führt auch nicht zu einer „beschränkten Vertragsfähigkeit". Vgl. dazu unten „Die Rechtsnatur der Zustimmung", II., 4., a).

[230] Vgl. aber z. B. das Jochensteinabkommen v. 13. 10. 52.

[231] *Klein*, Haftung, S. 176 ff. betont die theoretische Natur der unmittelbaren Haftung des Gliedstaates; praktisch haftet der Bund immer mit (S. 194 f.).

Bundes sein, dieser Haftungsverpflichtung nachkommen zu wollen. Fehlt sie, so haftet der Bund zwar dennoch, aber sicher nicht auf Erfüllung, sondern höchstens auf Schadensersatz. Die Zustimmung kann also, wenn sie offensichtlich vorliegt, den Anschein rechtfertigen, daß der Bund für die Erfüllung des Vertrages mit einstehen will. Er übernimmt damit eine Mitverantwortung für die Erfüllung des Vertrages durch das Land.

Eine völlige Bedeutungslosigkeit der Zustimmung ist also auch für den völkerrechtlichen Bereich nicht gegeben. Selbst wenn man der Zustimmung jeden Einfluß auf die Wirksamkeit des völkerrechtlichen Vertrages abspricht, entfaltet sie ihre Wirkung doch nur in anderer Form. Sie ist dem auswärtigen Vertragspartner Indiz dafür, daß der Bund sich auch politisch dem Vertragsinhalt entsprechend verhalten wird, ohne dabei selbst am Vertrag beteiligt zu sein. Der Bund gibt damit völkerrechtlich zu verstehen, daß er den Vertrag seines Gliedstaates als Teil seiner außenpolitischen Beziehungen zu dem betreffenden Partnerstaat anerkennt und nichts dem Vertragsleben Nachteiliges unternehmen wird. Er schafft durch die Zustimmung einen Vertrauenstatbestand nach außen. Teilt das Bundesland dem auswärtigen Vertragspartner vor Vertragsschluß mit, daß die Bundesregierung dem Vertrag zugestimmt habe, so ist das zwar völkerrechtlich nur von deklaratorischer Bedeutung, gibt aber dem fremden Staat ein zusätzliches Anzeichen auch dafür, daß das Land im Einvernehmen mit dem Bund handelt, und eine Erfüllung des Vertrages gesichert ist. Eine konstitutive Wirkung der Zustimmung ist mit der fortschreitenden Verselbständigung des Völkerrechts nicht mehr zu vereinbaren. Die deklaratorische Wirkung entspricht nicht nur dieser Entwicklung, sondern gibt zugleich auch Anhaltspunkte für eine erhöhte Vertragssicherheit. Sie wird auch, mit mehr oder minder eindeutigen Stellungnahmen, im deutschen Staatsrecht weitgehend anerkannt[232]. Der Zustimmung der Bundesregierung gem. Art. 32 III GG kommt demnach eine rein deklaratorische Wirkung für den völkerrechtlichen Bereich zu.

cc) Die Rechtsscheinwirkung der Zustimmung

Nach den bisher getroffenen Feststellungen hat die Zustimmung der Bundesregierung auf die völkerrechtliche Wirksamkeit der Länderverträge mit auswärtigen Staaten keinen Einfluß. Die rein deklaratorische Wirkung konnte aber dahingehend substantiiert werden, daß sie Indiz

---

[232] Vgl. MDH, Art. 32 RN 56 m. w. N.; auch FN 229. Dabei wird allerdings die deklaratorische Wirkung der Zustimmung nicht genügend betont. Es kann nicht dasselbe sein, ob der Bund dem Vertrag zugestimmt hat oder nicht.

für ein vertragskonformes Wohlverhalten des Bundes ist. Es kommen aber noch weitere Nebenwirkungen der Zustimmung in Betracht.

Das Bundesverfassungsgericht hat in seiner Entscheidung zum Kehler Hafenabkommen[233] angedeutet, daß die Zustimmung für den auswärtigen Vertragspartner noch eine besondere Bedeutung haben kann, nämlich die eines Rechtsscheins für die materiell-rechtliche Vertragskompetenz des vertragschließenden Bundeslandes[234]. Im Ergebnis ist dieser Auffassung zuzustimmen. Es wurde bereits gesagt, daß eine Nichtigkeit des völkerrechtlichen Vertrages besonders dann in Betracht kommt, wenn das Land beim Vertragsschluß — etwa aus Kompetenzgründen — „ultra vires" gehandelt hat. Nach der völkerrechtlichen Evidenztheorie[235] ist hier vor allem zu berücksichtigen, ob das Handeln „ultra vires" dem auswärtigen Partner erkennbar war. Zwar wird auch von dem fremden Staat eine gewisse Kenntnis der Verfassung seines Vertragspartners oder dessen übergeordneten Bundesstaates verlangt werden können, jedoch geht eine solche Informationspflicht nicht so weit, daß es sich um Kenntnis detaillierter Verfassungsprobleme handeln muß[236]. Im wesentlichen führen nur eklatante Verletzungen der Verfassung oder eine klare Evidenz des Handelns „ultra vires" zu einer völkerrechtlichen Unwirksamkeit des Vertrages[237]. Gerade die Kompetenz zum Vertragsschluß, zumal wenn sie — wie in der Bundesrepublik — zumindest im Grundsatz mit der Gesetzgebungskompetenz Hand in Hand geht, wirft aber eine Reihe rein innerstaatlicher Einzelprobleme auf, über die sich der auswärtige Partner nicht oder nur kaum informieren kann[238], sondern wohl auch keine Klarheit gewinnen würde, wenn nämlich wesentliche Fragen umstritten sind und eine unterschiedliche Beantwortung erfahren. Hier kann die Rechtsscheinwirkung der Zustimmung helfen. Liegt die Zustimmung der Bundesregierung vor, so setzt sie für den auswärtigen Partnerstaat den Rechtsschein der materiell-rechtlichen Vertragsschließungskompetenz des Bundeslandes. Hat also der fremde Staat keinen Anlaß, aus anderen Gründen Zweifel an der materiell-rechtlichen Zuständigkeit des Bundeslandes zu haben, so kann er sich darauf verlassen, daß ein Handeln „ultra vires" nicht vorliegt. Sollte dies dann doch der Fall sein, so haftet der Bund auf

---

[233] BVerfGE 2, 347 ff.

[234] BVerfGE 2, S. 371: „Im völkerrechtlichen Bereich könnte sie insofern Bedeutung haben, als sie den Rechtsschein dafür schaffen könnte, daß sich das vertragsschließende Land beim Vertragsabschluß innerhalb der Grenzen seiner sachlichen Zuständigkeit gehalten habe."

[235] Vgl. *v. Mangoldt/Klein,* Art. 32 Anm. VI, 8 m. w. N.

[236] *Mosler,* Verfassungen, S. 167, sieht auch die Gefahr einer Intervention in innere Angelegenheiten.

[237] *Mosler,* Verfassungen, S. 167.

[238] Und dies uU auch nicht darf, vgl. *Mosler,* Verfassungen, S. 167.

Schadensersatz[239]. Umgekehrt kann das Fehlen der Zustimmung, wenn dies dem auswärtigen Partner bekannt war, jede Haftung des Bundes ausschließen[240]. Die Bedeutung der Zustimmung als Rechtsschein der materiellen Kompetenzwahrung liegt also vor allem im haftungsrechtlichen Bereich. Denn für die Wirksamkeit des völkerrechtlichen Vertrages kommt es auf den Rechtsschein nicht an. Hat das Land „ultra vires" gehandelt, so fehlt ihm die Völkerrechtssubjektivität und die völkerrechtliche Handlungsfähigkeit, und der Vertrag ist nichtig, und zwar ohne Rücksicht auf den Rechtsschein.

dd) Die Zustimmung und die völkerrechtliche Stellung der Bundesländer

Bei der Untersuchung der konstitutiven Wirkung der Zustimmung wurde bereits ausgeführt, daß die Zustimmung gesondert von der völkerrechtlichen Stellung zu betrachten ist, die die Länder nach dem Grundgesetz einnehmen. Die Zustimmung ist Formerfordernis; dabei ist sie einerseits Instrument der präventiven Kontrolle, andererseits innerstaatliche Wirksamkeitsvoraussetzung für die Länderverträge. Schon dies verdeutlicht, daß die Zustimmung völlig von der völkerrechtlichen Stellung der Länder zu trennen ist. Die Kompetenz mit auswärtigen Staaten Verträge abschließen zu können, sofern eine Zuständigkeit zur Gesetzgebung vorliegt, ist materielles Recht und besteht als solches mit oder ohne Zustimmung der Bundesregierung direkt aus der Verfassung heraus. Die Zustimmung ist zusätzliches Formerfordernis, bedeutet aber weder eine Bestätigung des materiellen Rechts noch begründet sie dieses etwa[241]. Von einer konstitutiven Wirkung der Zustimmung auf die völkerrechtliche Stellung der Länder kann also schon begrifflich nicht die Rede sein[242]. Nicht einmal der Begriff einer deklaratorischen Wirkung ist hier am Platze, denn die Zustimmung hat mit der völkerrechtlichen Stellung der Bundesländer, die allein Ausfluß materiellen Verfassungsrechts ist, überhaupt nichts zu tun.

---

[239] *Klein*, Haftung, S. 176, schließt die Haftung nur aus, wenn das Land eigenmächtig gehandelt hat.

[240] Allerdings wohl nur theoretisch; vgl. *Klein*, Haftung, S. 127; *Verdross*, Haftung, S. 303 ff.

[241] Unzutreffend insoweit *Reichel*, Auswärtige Gewalt, S. 169, der in der Zustimmung „nichts anderes als die Herstellung der völkerrechtlichen Handlungsfähigkeit der Länder" sehen will. Die Zustimmung soll eine Beschränkung des internationalen Status der Länder bewirken. Das kann aber nicht sein. Höchstens das Instrument der Zustimmung in seiner Natur als verfassungsrechtliches Formerfordernis könnte so angesehen werden, nicht aber die Zustimmung selbst. *Reichel* geht auch fehl, wenn er *Rauschning*, S. 37, zitiert (S. 169, FN 76). Dieser spricht an der zitierten Stelle nur allgemein von einer „funktional beschränkten Vertragsfähigkeit".

[242] Das gilt für Völkerrechtssubjektivität wie für die Handlungsfähigkeit.

Die Zustimmung ist daher auch keine Ermächtigung, durch welche die Bundesländer berechtigt würden, die von der Verfassung in Art. 32 III GG eingeräumte Möglichkeit des Vertragsschlusses mit auswärtigen Staaten erst wahrzunehmen. Diese von einigen Autoren vertretene Auffassung[243] muß entschieden abgelehnt werden. Die Rechtsfigur der Ermächtigung paßt nämlich überhaupt nicht hierher. Von einer Ermächtigung kann begrifflich nur gesprochen werden, wenn der Inhaber eines Rechts die Ausübung dieses Rechts einem Dritten durch Rechtsgeschäft überläßt[244]. Typisch für diese Konstruktion ist beispielsweise die Einzugsermächtigung im bürgerlichen Recht. Der Inhaber des Forderungsrechts überläßt dem Dritten den Einzug der Forderung, er ermächtigt ihn, sein Einzugsrecht für ihn auszuüben. Die Zustimmung der Bundesregierung kann mit einer Ermächtigung schon deshalb nichts zu tun haben, weil Rechtsträger des Vertragsschließungsrechts in Art. 32 III GG nicht der Bund, sondern das Bundesland ist. Das Grundgesetz räumt den *Ländern* das Recht ein, unter bestimmten Voraussetzungen mit auswärtigen Staaten Verträge abzuschließen. Die *Länder* sind also im Falle des Art. 32 III GG *Inhaber* des Rechts. Die Zustimmung ist dabei nur eine der erwähnten Voraussetzungen, nämlich für die innerstaatliche Wirksamkeit der Verträge. Mit ihrer Erteilung erhalten die Länder nicht erst das Recht zum Vertragsschluß, sondern es wird ihnen der Weg seiner Ausübung freigemacht. Hier liegt der entscheidende Unterschied zur Ermächtigung. Der Vergleich mit dem Minderjährigenrecht paßt auch hier recht gut: Der in seiner Geschäftsfähigkeit beschränkte Minderjährige ist Inhaber von Rechten, die er aber nur mit Zustimmung seines gesetzlichen Vertreters ausüben kann. Auch hier handelt es sich bei der Zustimmung, mag sie Einwilligung oder Genehmigung sein, nicht um eine Ermächtigung[245]. Die Zustimmung der Bundesregierung gem. Art. 32 III GG bezieht sich immer nur auf den Einzelfall, und betrifft lediglich die Ausübung eines den Ländern materiell zustehenden Rechts. Der Begriff der Ermächtigung durch die Zustimmung paßt also nicht.

Art. 32 III GG bringt vielmehr zum Ausdruck, daß die Zustimmung als Instrument der präventiven Kontrolle nur das Handeln im Einvernehmen mit dem Bund garantieren soll. Es zeigt sich auch im Verhältnis von Art. 32 III GG zu Art. 32 II GG eine gewisse Klimax als Ausdruck der Prärogative des Bundes auf dem Gebiet der auswärtigen Gewalt. In Art. 32 II GG wird bei der Berührung besonderer Landesinteressen nur Benehmen verlangt; eine Zustimmung des betroffenen

---

[243] Vgl. etwa *Hallmayer*, S. 58.

[244] Vgl. *Lange*, Allgemeiner Teil, S. 300.

[245] Ausnahme insoweit § 113 BGB, der aber eine „generelle" Zustimmung meint, also etwas anderes als die Einzelfallzustimmung.

Landes ist nicht erforderlich, eine Beeinträchtigung der Abschlußkompetenz des Bundes nicht gegeben[246]. Im Absatz III des Art. 32 GG wird dort, wo die Länder Vertragsschließungskompetenz haben, also Rechtsträger sind, die Ausübung dieses Rechts wegen der möglichen Interessenkollision mit der Außenpolitik des Bundes an die Voraussetzung des Einvernehmens mit dem Bund als Träger der auswärtigen Gewalt gebunden. Es liegt darin keine Beschränkung des Rechts selbst, sondern nur eine Erschwerung seiner Ausübung vor. Auch am Begriff des Einvernehmens zeigt sich, daß die Zustimmung keine Ermächtigung ist, denn es handelt sich dabei nicht um eine materiell-rechtliche, sondern um eine verfahrensrechtliche Frage. Es kann demnach festgestellt werden, daß die Zustimmung auf die völkerrechtliche Stellung der Bundesländer nach dem Grundgesetz keinen Einfluß hat. Sie kann die — wenn auch materiell beschränkte — Völkerrechtssubjektivität, die die Verfassung den Ländern eingeräumt hat, weder begründen, noch inhaltlich beschränken oder gar aufheben. Das gilt auch für die völkerrechtliche Handlungsfähigkeit, denn auch hier liegt die funktionelle Beschränkung nicht in der Zustimmung selbst, sondern in dem von der Verfassung vorgesehenen grundsätzlichen Formerfordernis der Zustimmung, also im formellen Verfassungsrecht, und nicht im Einzelakt. Eine Ermächtigung scheidet ebenfalls aus, weil im Rahmen des Art. 32 III GG die Länder selbst Rechtsträger sind.

3. Die Bundesregierung als zuständiges Verfassungsorgan

Im nächsten Abschnitt soll der Begriff der Bundesregierung als des in Art. 32 III GG angesprochenen zuständigen Bundesorgans erörtert werden. Besonderer Wert wird dabei gelegt auf die Zuständigkeitsverteilung innerhalb der Bundesregierung, das Zustandekommen der Entscheidung über die Zustimmung und die Beantwortung der Frage, inwieweit der Bundeskanzler hier besondere Rechte hat und gegebenenfalls durchsetzen kann.

a) Der Begriff der Bundesregierung

Gem. Art. 32 III GG bedürfen die Länder zum Abschluß von Verträgen mit auswärtigen Staaten der Zustimmung „der Bundesregierung". Ein Blick auf die Enstehungsgeschichte der Vorschrift zeigt, daß der Begriff „Bundesregierung" hier vor allem verwendet wurde, um die Unklarheit der Rechtslage nach der Weimarer Verfassung zu beseitigen[247]. Dort war in Art. 78 II WRV die Zustimmung des „Reiches"

[246] Zu dieser Frage vgl. auch *Bernhardt*, Verträge, S. 167; aA *v. Mangoldt/Klein*, Art. 32, Anm. II 1.

vorgesehen, und es hatte sich ein Streit darüber entfacht, was darunter zu verstehen sei. Allerdings sah die herrschende Meinung bereits in der Weimarer Zeit die Zustimmung als Exekutiventscheidung an, die vom Reichskanzler und den Reichsministern als Entscheidungsgremium zu treffen war[248]. Die Entscheidung war also Kollegialentscheidung des Kabinetts. Daneben wurde auch die Ansicht vertreten, daß eine Zustimmung durch den zuständigen Ressortminister möglich und ausreichend sei[249]. Nur eine Mindermeinung hielt das „Reich" für den „Reichspräsidenten" und gab diesem allein das Recht zur Erteilung der Zustimmung[250]. Dieser Streit ist nach Inkrafttreten des Grundgesetzes im Kernpunkt erledigt. Durch die Verwendung des Begriffs „Bundesregierung" in Art. 32 III GG glaubte man, endgültig Klarheit geschaffen zu haben. Dies ist insoweit zutreffend, als nun nicht mehr daran gezweifelt werden kann, daß es sich bei der Zustimmung um eine Entscheidung der Exekutive handelt[251]. Dennoch bedarf der Begriff der Bundesregierung einer näheren Klärung, soweit das für Art. 32 III GG von Bedeutung ist.

aa) Der doppelte Begriff der Bundesregierung

Die neuere Staatsrechtslehre hat entscheidend zur Klärung des Begriffs „Bundesregierung" beigetragen. Vor allem *Böckenförde* ist es zu verdanken, hier klarere Abgrenzungen vornehmen zu können[252]. Die Bundesregierung besteht nach dem Grundgesetz aus dem Bundeskanzler, den Bundesministern und ihrem gemeinsamen Gremium, dem Bundeskabinett[253]. Diese zusammen, also Bundeskanzler und Bundesminister, bilden das Bundesorgan Bundesregierung als Gesamtorgan, wobei das Bundeskabinett eingeschlossen ist. Bundeskanzler und Bundesminister als Gremium bilden das Bundeskabinett. Beide, Gesamtorgan und Bundeskabinett, sind, jeweils für sich genommen, „die Bundesregierung". Der Unterschied besteht vor allem darin, daß das Gesamtorgan Bundesregierung für entsprechende Aufgaben und Zuständigkeiten von dem nach seiner inneren Organisationsstruktur zuständigen Einzelorgan der Bundesregierung repräsentiert werden kann. Böcken-

---

247 Vgl. *Anschütz*, Kommentar, Art. 78 Anm. 6, m. w. N.; auch oben II., 1.

248 *Anschütz*, Kommentar, Art. 78 Anm. 6, m. w. N.

249 *Kraus*, Verwaltungsfunktionen, S. 343.

250 *Heckel*, S. 218.

251 Vgl. *Protokoll* des Hauptausschusses des Parl. Rates, 30. Sitzung vom 6. 1. 1949, S. 368.

252 *Böckenförde*, Die Organisationsgewalt im Bereich der Regierung. Eine Untersuchung zum Staatsrecht der Bundesrepublik Deutschland, 1964. Im folgenden zitiert: Organisationsgewalt.

253 Vgl. MDH, Art. 62, RN 21 ff.

förde nennt als typischen Fall das Verhältnis von Bundesregierung und Parlament, wo Anfragen an die Bundesregierung, Sachfragen an den zuständigen Ressortminister oder in Richtlinienfragen solche an den Bundeskanzler gerichtet werden, und von dem jeweils zuständigen Organ „als Bundesregierung“ beantwortet werden[254]. Dabei ist der einzelne Ressortminister oder der Bundeskanzler nicht Vertreter des Kollegiums Bundesregierung, sondern es spricht „die Bundesregierung“. Von diesem Fall begrifflich zu unterscheiden ist jener, wo ein Beschluß des Bundeskabinetts vorliegen muß, z. B. für Gesetzesvorlagen gem. Art. 76 I GG[255]. Hier ist nur eine Kollegialentscheidung von Bundeskanzler und Bundesministern als Bundeskabinett möglich, der Kabinettsbeschluß ist Entscheidung der „Bundesregierung“.

Es läßt sich folgendes Ergebnis festhalten: Handelt die Bundesregierung als Gesamtorgan, so liegt die Prärogative bei dem jeweils kraft der Organisationsgewalt für die Sachentscheidung zuständigen Organ[254]. Dieses ist bei Einzelfragen der zuständige Ressortminister, Bei Fragen, welche die Richtlinien der Politik betreffen, der Bundeskanzler. Diese sprechen jedoch immer eigenständig für die Bundesregierung, niemals im Namen des Kabinetts, denn es liegt ihren Entscheidungen kein Kabinettsbeschluß zugrunde. Ist aber ein Kabinettsbeschluß erforderlich, ist „die Bundesregierung“ nicht mehr das Gesamtorgan, sondern nur noch das Bundeskabinett. Hier werden dann die Entscheidungen nicht mehr vom einzelnen Minister oder dem Bundeskanzler allein getroffen, sondern es liegt ein mehrheitlich gefaßter Beschluß vor. Über die Verfahrensweise und die Bedeutung der Geschäftsordnung der Bundesregierung[256] in diesem Zusammenhang wird noch zu sprechen sein. Für den augenblicklichen Stand der Untersuchung ist nur festzustellen, daß das deutsche Staatrecht einen doppelten Begriff der Bundesregierung kennt, nämlich den des Gesamtorgans und den des Kollegiums, des Bundeskabinetts[257]. Für die Zustimmung der Bundesregierung gem. Art. 32 III GG ist es von großer Wichtigkeit, welcher Begriff der Bundesregierung hier gemeint ist. War in der Weimarer Zeit bereits die Ansicht vertreten worden, die Exekutiventscheidung der Zustimmung könne auch vom zuständigen Ressortminister, jedenfalls aber auch vom Reichskanzler allein getroffen werden, so kann dieser Auffassung für das Grundgesetz jedenfalls solange nicht klar widersprochen werden, als nicht geklärt ist, ob die Zustimmung eine Entscheidung des Gesamtorgans Bundesregierung ist mit der Folge, daß tatsächlich eine Entscheidung durch das im Einzelfall zuständige Bundesorgan eigenständig für die Bundesregierung getroffen werden könnte, oder ob die Zustimmung Kollegialentscheidung ist, der ein Beschluß des Bundes-

---

[254] *Böckenförde*, Organisationsgewalt, S. 134 ff.; insbes. S. 138, FN 40.
[255] MDH, Art. 76 RN 8.

kabinetts als Bundesregierung zugrunde liegen muß[258]. Daher ist eine grundsätzliche Klärung des Begriffs Bundesregierung für Art. 32 III GG von entscheidender Bedeutung.

bb) Die Verwendung des Begriffs „Bundesregierung" im Grundgesetz

Eine in Einzelheiten gehende Untersuchung des Begriffs der „Bundesregierung", wie er in den Artikeln des Grundgesetzes Verwendung findet, würde weit über den Rahmen der Arbeit hinaus führen[259]. Es ist deshalb notwendig, sich auf die Frage zu beschränken, ob anhand einzelner ausgewählter Vorschriften des Grundgesetzes eine Unterscheidung zwischen dem Gesamtorgan „Bundesregierung" und dem Bundeskabinett als Kollegium erkennbar ist, und ob sich daraus allgemeine Schlußfolgerungen ziehen lassen. Dabei wird vorausgesetzt, daß die zitierte Unterscheidung dogmatisch gerechtfertigt ist und nur darauf abgestellt, in der Verfassung selbst Hinweise zu finden, die eine Entscheidung im Einzelfall erleichtern.

Eine Legaldefinition des Begriffs „Bundesregierung" gibt das Grundgesetz in Art. 62 GG[260]. Dort heißt es: „Die Bundesregierung besteht aus dem Bundeskanzler und aus den Bundesministern." Über einen doppelten Begriff der Bundesregierung sagt diese Definition noch nichts aus. Es wird vielmehr suggeriert, daß diese Legaldefinition, wie im bürgerlichen Recht gang und gebe, im Grundgesetz stets Platz greift, wo der Begriff Bundesregierung Verwendung findet. Art. 62 GG spricht also nicht für eine grundsätzliche Unterscheidung des Begriffs der Bundesregierung innerhalb der Verfassung[261]. Mehr Klarheit läßt sich aber bereits gewinnen, wenn man Art. 65 GG in die Untersuchung einbezieht. Im Satz 2 der Vorschrift ist bestimmt: „Über Meinungsverschiedenheiten zwischen den Bundesministern entscheidet die Bundesregierung." Unter Einbeziehung der Legaldefinition des Art. 62 GG heißt dieser Satz: „Über Meinungsverschiedenheiten zwischen den Bundesministern entscheiden der Bundeskanzler und die Bundesminister."

---

[256] Im folgenden GOBR abgekürzt.

[257] *Böckenförde,* Organisationsgewalt, S. 138, FN 40.

[258] Die herrschende Meinung stellt sich meist ohne nähere Begründung auf den Standpunkt des Kabinettbeschlusses; Grund hierfür dürfte aber in erster Linie sein, daß der doppelte Begriff der Bundesregierung nicht verarbeitet wurde. Vgl. auch *Kraus,* Verwaltungsfunktionen, S. 343 und Kulturabkommen, S. 425, der auch für das GG an seinen Zweifeln festhält.

[259] Eine solche Untersuchung ist, soweit ersichtlich, noch nicht durchgeführt worden.

[260] Vgl. MDH Art. 62 RN 22.

[261] Art. 62 GG spricht aber auch nicht dagegen, er enthält darüber vielmehr gar keine Aussage.

Dieser Satz ist jedoch erst dann sinnvoll, wenn man ein „gemeinsam“ hinzufügt. Es ist hier nämlich eindeutig eine Kollegialentscheidung angesprochen, die das Bundeskabinett durch Beschluß herbeiführt. In Art. 65 Satz 2 GG heißt also „Bundesregierung“ eigentlich „Bundeskabinett“. Dieses besteht aus dem Bundeskanzler und den Bundesministern als Gremium. Nur eine durch Zusammenwirken dieser Mitglieder des Gremiums zustandegekommene Entscheidung, ein Kabinettsbeschluß, ist eine Entscheidung „der Bundesregierung“. Sieht man Art. 62 GG so, läßt sich eine Unterscheidung begründen. In Art. 62 GG wird nur definiert, aus welchen Bundesorganen die Bundesregierung besteht, nämlich aus dem Bundeskanzler und den Bundesministern. Sie bilden „die Bundesregierung“, nämlich rein *personell*. Damit ist noch keine Aussage darüber gemacht, wie sich die Bundesregierung *strukturell* zusammensetzt. Verdeutlicht wird diese Unterscheidung noch, wenn man Art. 58 Satz 1 GG heranzieht. Dort heißt es: „Anordnungen und Verfügungen des Bundespräsidenten bedürfen zu ihrer Gültigkeit der Gegenzeichnung durch den Bundeskanzler oder durch den zuständigen Bundesminister.“ Wendet man hier die Legaldefinition des Art. 62 GG in umgekehrter Form an, so bedürfen die Anordnungen und Verfügungen des Bundespräsidenten der Gegenzeichnung „durch die Bundesregierung“, denn das sind Bundeskanzler und Ressortminister gem. Art. 62 GG. Sie sind es aber in Art. 58 Satz 1 GG nicht in ihrer Gesamtheit als Kollegium, sondern nur als Organe des Gesamtorgans, die eigenständig für das Gesamtorgan handeln können[262].

Das Grundgesetz unterscheidet also, wenn auch nicht begrifflich eindeutig, zwischen dem Gesamtorgan Bundesregierung und dem Kabinett. Schwierigkeiten bereitet nur die Erkennbarkeit. Die Legaldefinition des Art. 62 GG gibt keine Hinweise, nur der Vergleich mit anderen Vorschriften läßt den Schluß auf eine grundsätzliche Unterscheidung zwischen Gesamtorgan und Kollegium zu. Dabei fällt es wesentlich leichter, die Stellen zu finden, wo „die Bundesregierung“ als Kollegium verstanden sein soll. Indiz für eine solche Verwendung des Begriffs Bundesregierung ist dabei der Beschluß. Wird ein Beschluß der Bundesregierung verlangt, so müssen Bundeskanzler und Bundesminister gemeinsam handeln; es beschließt die Bundesregierung als Kollegium, also das Bundeskabinett. Solche Beschlüsse werden in etlichen Verfassungsvorschriften gefordert[263]. Dabei ist am Kriterium des Beschlusses

---

[262] Das Wort „oder“ darf hier nicht überbewertet werden; vgl. MDH Art. 58 RN 5.

[263] Vgl. Art. 65 Satz 3 GG für die GOBR, Art. 76. Abs. I GG für Gesetzesvorlagen, Art. 81 GG für den Antrag auf Erklärung des Gesetzgebungsnotstandes, Art. 37 GG für die Anordnung des Bundeszwanges; MDH Art. 65, RN 6.

immer klar zu erkennen, daß die Bundesregierung als Bundeskabinett zu verstehen und zu lesen ist. Ein Gegenbeispiel, wo das Kollegium keine Rolle spielt, läßt sich aus Art. 53 a GG über die Zusammensetzung des Gemeinsamen Ausschusses ablesen. Absatz I des Art. 53 a GG bestimmt, daß Mitglieder des Gemeinsamen Ausschusses nicht „der Bundesregierung" angehören dürfen. Damit kann nur gemeint sein, daß sie nicht Organ des Gesamtorgans „Bundesregierung" sein dürfen, also weder Bundeskanzler noch Bundesminister. Es wird auf das Bundeskabinett hier nicht strukturell, sondern rein personell Bezug genommen.

Diese Ausführungen mögen hier genügen. Eine kurze Zusammenfassung des Untersuchungsergebnisses führt zu der Feststellung, daß im Grundgesetz zwar nicht definitionsmäßig aber doch inhaltlich eine Unterscheidung zwischen der „Bundesregierung" als Gesamtorgan und der „Bundesregierung" als Bundeskabinett getroffen ist. Diese Unterscheidung tritt in einzelnen Vorschriften klar hervor, ist aber grundsätzlich nicht ausdrücklich geregelt. Eine Deutung des Begriffs „Bundesregierung" als „Bundeskabinett" kommt immer dann in Frage, wenn eine Beschlußfassung erforderlich ist. Am deutlichsten zeigt sich der Unterschied bei dem Beschluß über die GOBR in Art. 65 Satz 3 GG. Kein Mitglied der Bundesregierung als Gesamtorgan könnte in diesem Bereich eigenständig handeln. Es ist ein gemeinsames Handeln durch das Bundeskabinett erforderlich.

Diese Überlegungen ergeben noch keine allgemeine Regel für die Verwendung des Begriffs „Bundesregierung" im Grundgesetz, können aber als Auslegungskriterien im Einzelfall herangezogen werden. Es spricht immer dann etwas für eine Kabinettsentscheidung, wenn weder der Bundeskanzler allein noch ein Bundesminister eigenständig zum Handeln berufen sind.

cc) Die Bedeutung des Begriffs „Bundesregierung" in Art. 32 III GG

Die Untersuchung des Begriffs „Bundesregierung" und seiner Verwendung im Grundgesetz hat gezeigt, daß zwar inhaltlich eine Unterscheidung zwischen Gesamtorgan und Kollegialorgan in der Verfassung gemacht wird, diese jedoch verbal nicht zum Ausdruck kommt. Das Grundgesetz verwendet den Begriff „Bundesregierung" nur in seiner in der Legaldefinition des Art. 62 GG festgelegten *personellen*, nicht aber auch in seiner *strukturellen* Funktion. Das bedingt für die Einzelfallentscheidung eine Auslegung. Als Auslegungskriterien können die oben gefundenen allgemeinen Feststellungen herangezogen werden. Es geht nun um die Beantwortung der Frage, in welchem Sinn das Wort „Bundesregierung" in Art. 32 III GG verstanden werden soll.

Eine verbale Interpretation kann, wie dargelegt, hier nicht weiterhelfen. Es sei darum gleich auf den Zweck der Bestimmung zurückgegriffen. Dabei soll die Zustimmung als Akt der „präventiven Bundesaufsicht" im Vordergrund stehen[264], der die Koordinierung der Außenbeziehungen von Bund und Ländern garantiert. Diese Koordinierung ist keine Rechtsfrage, sondern eine rein politische Frage, denn auf das materielle Verfassungsrecht hat die Zustimmung keinen Einfluß[265]. Zieht man dies in Betracht, so ist die Zustimmung in erster Linie eine politische Entscheidung. Das kann zweierlei bedeuten. Erstens kann sie eine politisch grundsätzliche Entscheidung sein, die zugleich eine außenpolitisch wichtige Entscheidung der Bundesrepublik überhaupt darstellt. Dann bewegt man sich in einer Sphäre, wo die Richtlinien der Politik nicht mehr unbeachtet bleiben können. Dieser Fall soll jedoch im Abschnitt über den Bundeskanzler besprochen werden. Zweitens kann die Zustimmung aber auch politische Entscheidung einfacherer Art sein. Das kann der Fall sein, wenn es lediglich um eine Regelung von Einzelfragen geht, der Ländervertrag im übrigen aber mit einem Partner abgeschlossen wird, zu dem die Bundesrepublik beste Beziehungen pflegt. Hier werden Richtlinienfragen in der Regel nicht berührt, es geht lediglich um eine politische Sachentscheidung. Eine weitere Bedeutung der Zustimmung kann hier nicht außer acht gelassen werden: Die Zustimmung ist innerstaatliche Wirksamkeitsvoraussetzung der Länderverträge. Sie rückt damit in die Nähe des Gesetzgebungs- und Verordnungsrechts[266]. Diese Eigenschaften der Entscheidung über die Zustimmungserteilung bieten einen guten Anhaltspunkt für die Auslegung des Begriffs „Bundesregierung" in diesem Zusammenhang.

Entscheidungen von allgemeiner politischer Bedeutung, die nicht Richtlinienfragen berühren, sind einer eigenständigen Beurteilung durch nur *ein* Mitglied des Gesamtorgans Bundesregierung nicht zugänglich. Die gegebene Entscheidungsform ist hier die gemeinsame. Gerade die Eigenart der Zustimmung gem. Art. 32 III GG mit ihren Wirkungen im Innern aber auch nach außen läßt hier die Bundesregierung als Gremium das „richtige" Entscheidungsorgan sein. Als Stütze dieser Argumentation kann man auch anführen, daß bei der unklaren Verwendung des Begriffs „Bundesregierung" im Grundgesetz die Anzahl der Fälle, wo darunter das Bundeskabinett verstanden wird, bei weitem überwiegt. Es müßte sich also aus dem Sinn der Vorschrift des Art. 32 III GG eindeutig ergeben, daß eine Kabinettsentscheidung im

---

[264] Vgl. BVerfGE 2, 347 (370).

[265] Vgl. oben II., 2., b), aa) und b), dd).

[266] In dem Sinne, als die Bundesregierung hier über die Wirksamkeit im innerstaatlichen Bereich entscheidet.

besonderen Fall sinnlos oder nicht notwendig wäre, wollte man hier mit der „Bundesregierung“ das Gesamtorgan angesprochen sehen[267]. Gerade das Gegenteil ist aber bei Art. 32 III GG der Fall. Selbst wenn in dem Ländervertrag eine Materie behandelt wird, für die ein Ministerium besteht, man denke etwa an das Ministerium für Bildung und Wissenschaft oder an die „Allzuständigkeit“ des Auswärtigen Amtes[268], so kann doch der entsprechende Bundesminister nicht eigenständig darüber entscheiden, ob gesamtpolitisch gesehen der in der Diskussion stehende Ländervertrag in die außenpolitische Generallinie der Bundesrepublik einzuordnen ist. Hält auch ein Bundesminister dafür oder dagegen, so müßte doch im Zweifel immer der Bundesaußenminister dazu Stellung nehmen, und wenn dann Meinungsverschiedenheiten entstehen, bleibt ohnehin nur die Kabinettsentscheidung als einzige Lösungsmöglichkeit[269]. Es ist also nicht nur sinnvoll, hier von vornherein eine Kabinettsentscheidung anzunehmen, sondern sie wird in der Praxis auch nicht zu umgehen sein, wenn man anderer Auffassung ist[270]. Die hier gesammelten Indizien lassen demnach den Schluß zu, daß mit der „Bundesregierung“ in Art. 32 III GG das Bundeskabinett gemeint ist; das Bundeskabinett als Gremium aus Bundeskanzler und Bundesministern trifft also die Entscheidung über Erteilung oder Versagung der Zustimmung „der Bundesregierung“ gem. Art. 32 III GG.

b) Die Bundesregierung als Entscheidungsorgan

Es läßt sich nunmehr präzisieren, wer die Entscheidung über die Zustimmung gem. Art. 32 III GG zu treffen hat. Entscheidungsorgan ist die Bundesregierung in Form des Bundeskabinetts. Damit bewegt sich die Entscheidung über die Zustimmungserteilung zu Länderverträgen mit auswärtigen Staaten im Bereich der Kabinettsentscheidungen, für die besondere Regeln gelten. Darüber soll im folgenden kurz gehandelt werden.

aa) Die Bedeutung der Geschäftsordnung der Bundesregierung in diesem Zusammenhang

Die Geschäftsordnung der Bundesregierung (GOBR) ist bis in die jüngere Zeit in der staats- und verfassungsrechtlichen Literatur sehr

[267] Herrschende Meinung, aber ohne Begründung. Eine historische Begründung gibt es nicht. Zurecht zweifelnd also *Kraus*, Kulturabkommen, S. 425, der den Begriff der Bundesregierung nicht untersucht.

[268] Vgl. dazu u. a. *Wolgast*, S. 47 ff.; die Ausführungen haben auch heute noch Bedeutung.

[269] Art. 65 Satz 2 GG.

[270] Soweit ersichtlich, wird eine solche Auffassung nicht vertreten. *Rudolf*, Internationale Beziehungen, S. 69, übergeht das Problem in einem Nebensatz; vgl. auch MDH Art. 32 RN 58.

stiefmütterlich behandelt worden[271]. Sie stand im Schatten der parlamentarischen Geschäftsordnungen, vor allem der Geschäftsordnung des Bundestages. Diese verhältnismäßige Vernachlässigung hat dazu geführt, daß viele auf die parlamentarischen Geschäftsordnungen zutreffende Charakterisierungen auch auf die GOBR angewendet worden sind, jedoch zu Unrecht. In erster Linie ist es der Rechtscharakter der GOBR, der immer wieder Schwierigkeiten gemacht hat und bis heute im Schrifttum umstritten ist. Jedoch zeichnet sich ab, daß die noch vor nicht allzu langer Zeit von der herrschenden Meinung vertretene Charakterisierung der GOBR als „autonome Satzung" sich nicht halten läßt. Das hängt weniger mit der in Art. 65 Satz 4 GG vorgesehenen Genehmigung durch den Bundespräsidenten zusammen, als vielmehr mit dem Umstand, daß der in der „autonomen Satzung" verwendete Autonomiebegriff auf die Bundesregierung nicht zutrifft[272].

Kann man bei den parlamentarischen Geschäftsordnungen im Hinblick auf die Eigenschaft des Parlaments als Inhaber des *„pouvoir constituant"* zumindest rechtstheoretisch einen Autonomiebegriff anerkennen, der von dem Gedanken der Volksrepräsentation getragen wird[273] und das Recht zu selbständigen, autonomen Regelung von Geschäfts- und Verfahrensangelegenheiten beinhaltet, so fehlt bei der Exekutive dafür jeder Anknüpfungspunkt[274]. Hier kann die Geschäftsordnung nicht mehr als Ausfluß eines Rechtes der Selbstkonstituierung gesehen werden, vielmehr ist sie lediglich Reglement der inneren Organisation. Diese ist jedoch, wie *Böckenförde*[275] zutreffend ausführt, „nicht irgendeine technische Verfahrensregelung, sondern ein Teil der Verfassungsorganisation selbst". Unter diesen Gesichtspunkten ist eine Charakterisierung der GOBR als „autonome Satzung" verfehlt; sie ist weder rechtstheoretisch noch staatsrechtlich haltbar.

Die Versuche, hier Alternativen zu bieten, sind recht vielfältig und können hier im einzelnen nicht verfolgt werden[276]. Letzten Endes führt kein Weg daran vorbei zu bekennen, daß die GOBR nicht in die bekannten Kategorien des Staats- oder Verwaltungsrechts einzuordnen ist. Mag man die GOBR nun als „Rechtsinstitut sui generis" bezeich-

---

[271] Vgl. *Altmann*, DÖV 56, S. 751 ff.; *Bernau*, Geschäftsordnungen, 1955; *Schneider*, Geschäftsordnungen, S. 303 ff.; *Böckenförde*, Organisationsgewalt, S. 115 ff.

[272] *Böckenförde*, Organisationsgewalt, S. 115 ff.

[273] *Böckenförde*, Organisationsgewalt, S. 117; vgl. auch *Rausch*, Repräsentivverfassung.

[274] *Böckenförde*, Organisationsgewalt, S. 116.

[275] Ebd., S. 119.

[276] Vgl. auch *Wolff*, Verwaltungsrecht, S. 123 m. w. N.

nen[277] oder will man sie als „Verfassungsrechtliche Sonderverordnung" charakterisieren[278], wichtig und für den weiteren Gang der Untersuchung entscheidend ist nur, daß die GOBR — wenn auch nur ergänzendes — Verfassungsrecht darstellt. Dies hat *Böckenförde* überzeugend bewiesen[279]. Seine Charakterisierung der GOBR als „Verfassungssatzung" faßt überdies die Eigenschaften der GOBR zusammen[280]: Es handelt sich einerseits um Verfassungsrecht, andererseits aber wird der auf der Hand liegende Charakter der GOBR als Satzung im verwaltungsrechtlichen Sinne nicht geleugnet; es wird lediglich eine notwendige Alternative zur autonomen Satzung angeboten. Diese theoretischen Betrachtungen zum Rechtscharakter der GOBR sind auch für die Zustimmung der Bundesregierung gem. Art. 32 III GG von Bedeutung, weil es sich dabei um eine Kabinettsentscheidung handelt, die aufgrund der Vorschriften der GOBR zustandekommt. Erkennt man die GOBR als ergänzendes Verfassungsrecht an, so kommen ihre Bestimmungen auf die Zustimmung der Bundesregierung gem. Art. 32 III GG zur Anwendung. Das Zustimmungsverfahren richtet sich, soweit es um Verfahrensfragen im Bereich der Bundesregierung geht, nach den Bestimmungen der GOBR. Innerhalb dieser ist *sedes materiae* § 15 GOBR. Diese Vorschrift ist eine Generalklausel für Kabinettsangelegenheiten, der noch ein umfangreicher Katalog angefügt ist. Wegen ihres Umfangs ist diese Generalklausel vielfach verfassungsrechtlichen Bedenken begegnet[281]. Vor allem sieht ein Teil der Staatsrechtslehre darin eine unzulässige Einengung der selbständigen und eigenverantwortlichen Leitung der Geschäftsbereiche durch die Bundesminister[282]. Dies mag für einzelne Bestimmungen des § 15 GOBR zutreffend sein, kann hier aber nicht weiter verfolgt werden und ist auch für die Zustimmung gem. Art. 32 III GG nicht von besonderem Interesse. Denn schon aus dem Grundgesetz selbst läßt sich herleiten, daß es sich bei der Zustimmung zu den Länderverträgen mit auswärtigen Staaten nicht um einen Ressortbereich sondern um eine allgemeine politische Sachentscheidung handelt, zu der das Bundeskabinett berufen ist[283]. Die GOBR stellt somit mit ihrem § 15 in diesem Zusammenhang lediglich eine Bestätigung materiellen Verfassungsrechts dar. § 15 I GOBR schreibt vor, daß der Bundesregierung — als Bundeskabinett — zur Beratung und Beschlußfassung alle Angelegenheiten von allgemeiner außen- oder

277 So *Bernau*, S. 120.

278 Vgl. *Böckenförde*, Organisationsgewalt, S. 122, FN 30.

279 *Böckenförde*, ebd., S. 119.

280 *Böckenförde*, ebd., S. 122 f.

281 *Honnacker/Grimm*, § 15, zu Abs. 2, Anm. 3.

282 *Böckenförde*, Organisationsgewalt, S. 209 f.

283 Vgl. oben II., 3., a), cc).

innenpolitischer Bedeutung ... zu unterbreiten sind[284]. In Ziffer e) dieser Vorschrift wird das nochmals für alle Angelegenheiten verlangt, „für welche das Grundgesetz ... dieses vorschreibt". Sowohl die Auslegung des Art. 32 III GG selbst als auch § 15 GOBR lassen also keinen Zweifel daran, daß für die Zustimmung der Bundesregierung ein Kabinettsbeschluß herbeizuführen ist, wobei die internen Verfahrensvorschriften sich nach der GOBR als ergänzendem Verfassungsrecht richten. Eine Einschränkung des Ressortprinzips ist in diesem Fall nicht gegeben, weil kein Ressort für diese Frage allein zuständig ist. Es kann also gelten, daß sich der Zustimmungsmodus nach der GOBR orientiert. Die einzelnen Punkte sollen noch besprochen werden.

bb) Die Entscheidungsform über die Zustimmung der Bundesregierung gem. Art. 32 III GG

Die Zustimmung der Bundesregierung zu Länderverträgen mit auswärtigen Staaten gem. Art. 32 III GG ist Kabinettsangelegenheit und richtet sich demgemäß nach den für diese geltenden Vorschriften, die in den §§ 15 ff GOBR niedergelegt sind. Das Verfahren bei der Behandlung von Kabinettsangelegenheiten ist einerseits zu bekannt, um an dieser Stelle ausführlich behandelt zu werden, andererseits aber auch zu vielfältig, um alle Möglichkeiten gerafft darstellen zu können. Es sei daher auf eine eingehende Darstellung verzichtet, und es sollen nur die Fragen erörtert werden, die mit dem Thema der Arbeit in unmittelbarem Zusammenhang stehen. Zunächst ist die Entscheidungsform angesprochen. Aus § 15 GOBR ergibt sich, daß alle Angelegenheiten, für welche das Grundgesetz dieses vorschreibt, der Bundesregierung zur Beratung und *Beschlußfassung* zu unterbreiten sind. Ist also ein Vertrag eines Bundeslandes mit einem auswärtigen Staat im Stadium der Abschlußreife[285], so wird die Bundesregierung davon unterrichtet, und ihr der Vertragstext und alle vom Vertragsinhalt umfaßten Zusätze mit dem Ersuchen um Zustimmung unterbreitet. An die darauf folgende Beratung des Bundeskabinetts ergeht anschließend der Kabinettsbeschluß, der die Zustimmung der Bundesregierung ausspricht oder versagt[286]. Der Kabinettsbeschluß kommt dabei nach dem Verfahren der GOBR zustande, also gem. § 20 GOBR „in gemeinschaftlicher Sitzung", wobei vom Mündlichkeitsprinzip ausgegangen wird. Für Kabinettsbeschlüsse,

[284] *Honnacker/Grimm*, § 15, zu Abs. 1, Anm. 2, äußert allerdings berechtigt Überraschung, wenn die Kabinettsangelegenheiten allein an Art. 65 Satz 3 GG gemessen werden sollen. Es wird mit Recht auch auf andere Bestimmungen des GG zurückgegriffen. Leider ist Art. 32 III GG in diesen Katalog nicht aufgenommen worden, obwohl er durchaus hierher gehört hätte.

[285] Vgl. oben II., 2., a), bb).

[286] Der Verkehr mit dem ersuchenden Land wickelt sich über das Auswärtige Amt ab. Eine Versagung der Zustimmung durch Kabinettsbeschluß ist dem Verf. nicht bekannt, aber immerhin möglich.

wie den der Zustimmung zu Länderverträgen gem. Art. 32 III GG, ist dies der am besten geeignete und auch schnellste Weg, von dem hier als Normalfall gesprochen werden soll. Der Beschluß kommt gemäß § 24 II GOBR mit Stimmenmehrheit zustande. Jedoch besitzt der Vorsitzende, gemäß § 22 I GOBR in Übereinstimmung mit Art. 65 Satz 4 GG der Bundeskanzler oder sein Vertreter, ein qualifiziertes Stimmrecht nach § 24 II Satz 2 GOBR. Bei Stimmengleichheit gibt also sein Votum den Ausschlag. Die Regierungspraxis geht aber dahin, eine förmliche Abstimmung nur dann vorzunehmen, wenn keine Einigkeit unter den Kabinettsmitgliedern besteht[287]. Im übrigen genügt eine Beschlußfassung durch konkludentes Verhalten. Hat also kein Kabinettsmitglied Einwände gegen eine Zustimmung zu dem vorgelegten Ländervertrag, so erfolgt eine Zustimmung auch ohne förmlichen Kabinettsbeschluß. Nach außen ist dieser stillschweigend zustandegekommene Entscheid selbstverständlich vollgültiger Kabinettsbeschluß.

cc) Die Bekanntmachung der Entscheidung über die Zustimmung

Es geht hier noch nicht um die Mitteilung an das ersuchende Bundesland, sondern um die konkrete Fassung des Kabinettsbeschlusses, der gem. § 25 GOBR im Wortlaut festzulegen ist. Diese Vorschrift wird in der Regierungspraxis jedoch selten angewendet[288]. Grund hierfür ist, daß in der Regel einer Kabinettsvorlage bereits eine vorformulierte Zustimmung als Beschlußfassungstext beigefügt ist, auf die dann einfach im Protokoll Bezug genommen werden kann. Dabei spielt die Verfahrensökonomie eine nicht unbedeutende Rolle. So kommt es zu der eigentlich in § 25 GOBR vorgeschriebenen Festlegung der Kabinettsbeschlüsse im Wortlaut praktisch nur dann, wenn eine solche wörtliche Formulierung erst in der Kabinettssitzung festgelegt wird. Das kann bei wichtigen außenpolitischen Stellungnahmen oder Erklärungen, wo es auf jedes Wort ankommt, der Fall sein. Für die Zustimmung zu einem Ländervertrag mit einem auswärtigen Staat gilt folgendes: Ist das Kabinett sich darüber einig, daß dem Vertrag zugestimmt werden soll und keine weiteren Fragen offen sind, kommt die Zustimmung im abgekürzten Verfahren zustande. Der Beschluß hat dann etwa folgenden Wortlaut: „Die Bundesregierung stimmt dem Abschluß des mit dem Gesuch im Entwurf übersandten Vertrages zwischen der . . . Landesregierung und der . . . Regierung über . . . gemäß Art. 32 III GG zu[289]“. Es ist jedoch auch denkbar, daß das Kabinett Änderungsvorschläge hat

---

[287] *Honnacker/Grimm*, § 24, zu Abs. 2, Anm. 8.

[288] *Honnacker/Grimm*, § 25, Anm. 2.

[289] So der Wortlaut der Zustimmungserklärungen der Bundesregierung zu verschiedenen Verträgen des Freistaates Bayern.

oder eine Zustimmung überhaupt von gewissen Bedingungen abhängig machen will. In diesem Fall kann eine Formulierung des Zustimmungsbeschlusses notwendig sein[290]. Ist der Kabinettsbeschluß formuliert, also in der Regel nur im Protokoll bestätigt, so besteht nach § 27 II GOBR noch die Möglichkeit, daß ein Kabinettsmitglied innerhalb von drei Tagen Einwendungen vorbringt. Erfolgt dies nicht, gilt das Protokoll als genehmigt. Damit liegt die Zustimmung im Wortlaut fest. Eine Weiterleitung an Organe der Legislative oder den Bundespräsidenten findet nicht statt, da die Bundesregierung kraft materiellen Verfassungsrechts gemäß Art. 32 III GG allein zur Entscheidung berufen ist. Der so ergangene Kabinettsbeschluß wird nun durch das Auswärtige Amt dem ersuchenden Bundesland in einem Schreiben übermittelt.

c) Der Bundeskanzler und sein Einfluß auf die Zustimmung zu den Länderverträgen gem. Art. 32 III GG

Dem Bundeskanzler kommt als Regierungschef im Verfassungssystem der Bundesrepublik Deutschland eine besondere Bedeutung zu. Er bestimmt die Richtlinien der Politik und ist Chef der Exekutive und Leiter der Bundesregierung. Als Vorsitzender des Bundeskabinetts besitzt er das bereits erwähnte qualifizierte Stimmrecht. Im vorausgegangenen Abschnitt ist dargelegt worden, wie im Regelfall die Entscheidung über die Zustimmung der Bundesregierung zu einem Ländervertrag mit einem auswärtigen Staat zustandekommt. Hier soll nun untersucht werden, wie sich die Situation gestaltet, wenn der Bundeskanzler Einfluß

---

[290] Es kommt durchaus vor, daß die Bundesregierung in eine Zustimmungserklärung Bedingungen oder Erklärungen aufnimmt. So wurde z. B. bei der Zustimmung der Bundesregierung zu dem Abkommen über den Schutz des Bodensees gegen Verunreinigungen zwischen Bayern, Baden-Württemberg, Österreich und der Schweiz, das am 27. 10. 1960 unterzeichnet wurde und am 10. 11. 1961 in Kraft getreten ist, der Bayerischen Staatsregierung mitgeteilt, die Bundesregierung habe dem Entwurf allerdings unter der Voraussetzung zugestimmt, daß sich das Land Baden-Württemberg und der Freistaat Bayern *verpflichteten*, 1. in der Bodenseeschutzkommission auf eine Angleichung der Gewässerschutzvorschriften sämtlicher Vertragsparteien hinzuwirken, 2. das Übereinkommen nach Art. 9 II *auf Wunsch der Bundesregierung zu kündigen*, wenn Hochrhein oder Bodensee Bundeswasserstraße werden sollten, 3. in die zu erlassende Geschäftsordnung eine Bestimmung aufzunehmen, nach der *Beobachter der Bundesregierung* auch an den gemeinsamen Beratungen der Sachverständigen *teilnehmen können*.

Darüber hinaus wurde um eine Bestätigung gebeten, daß Bayern sich an diese Bedingungen halten werde.

Dem am 25. 3. 1957 unterzeichneten Abkommen zwischen Bayern und Österreich über die Anwendung der Salinenkonvention vom 18. 3. 1829 hat die Bundesregierung am 17. 9. 1958 (also erst nachträglich!) durch Kabinettsbeschluß zugestimmt. In der Zustimmung wird erklärt, die Bundesregierung gehe davon aus, daß durch das Abkommen Zölle, Steuern und Abgaben . . . nicht berührt werden, und daß es sich . . . um Vereinbarungen im Rahmen eines bereits durch frühere Verträge begründeten Rechtszustandes handele.

auf die Entscheidung nehmen will. Das wird vor allem dann interessant, wenn die Zustimmung nicht einheitlich beurteilt wird, also Meinungsverschiedenheiten im Kabinett bestehen. Dann wird sich zeigen, welches Gewicht der Stimme des Bundeskanzlers beigemessen werden kann, und ob es möglich ist, daß er auch entgegen der Mehrheit der Stimmen des Kabinetts eventuell die Entscheidung über die Zustimmung an sich ziehen kann. Gerade der bereits angedeuteten Möglichkeit, über ein Bundesland und das Instrument der Zustimmung auf „kaltem Wege", also unter Umgehung des Bundestages, Außenpolitik zu machen[291], kann dabei noch besondere Bedeutung zukommen[292].

aa) Der Bundeskanzler als Bundesorgan

Für eine Untersuchung, wie weit der Bundeskanzler Einfluß auf die Entscheidung über die Zustimmung gem. Art. 32 III GG nehmen und ob er sie eventuell ganz an sich ziehen kann, ist es unerläßlich, einige Bemerkungen über die Stellung des Bundeskanzlers im Grundgesetz und innerhalb der Bundesregierung voranzustellen. Da es sich hierbei um bekannte und meist ausdiskutierte Probleme handelt, sei hier eine geraffte Darstellung erlaubt, die nur den Zweck verfolgt, einen Überblick über die rechtlichen Möglichkeiten des Bundeskanzlers, seine eigene politische Ansicht durchzusetzen, zu geben.

Ausgangspunkt der Betrachtung ist Art. 65 GG. In dieser Zentralvorschrift werden die Rechte des Bundeskanzlers festgelegt. Dabei ist vor allem die Richtlinienkompetenz zu nennen. Sie erlaubt es dem Bundeskanzler, selbständig und in eigener Verantwortung die Richtlinien der Politik zu bestimmen[293]. Ihr gegenüber steht das Ressortprinzip, demgemäß jeder Bundesminister seinen Geschäftsbereich ebenfalls selbständig und eigenverantwortlich leitet[294]. Die Richtlinienkompetenz des Bundeskanzlers darf jedenfalls das Ressortprinzip nicht aufheben. Außer der Richtlinienkompetenz gibt Art. 65 Satz 4 GG dem Bundeskanzler die Leitung der Bundesregierung in die Hand. In Ergänzung hierzu legen die §§ 2 bis 6 GOBR nähere Befugnisse des Bundeskanzlers fest, insbesondere hinsichtlich der Einheitlichkeit der Geschäftsführung der Regierung (§ 2 GOBR) und der Information (§§ 3 und 4 GOBR). Ferner ist der Bundeskanzler Träger der Organisationsgewalt innerhalb der

---

291 Vgl. oben S. 32 f.; auch *Angerer*, S. 114.

292 Zugegebenermaßen kann dabei die Erörterung etwas ins Theoretische abgleiten, aber gerade angesichts von Koalitionsregierungen kann es immerhin doch vorkommen, daß sich im Kabinett bei einer solchen Zustimmungsfrage die Geister scheiden.

293 MDH, Art. 65 RN 1 (Kanzlerprinzip), *Gross*, Außenpolitik, S. 87.

294 MDH, Art. 65 RN 4.

Regierung[295]. Kraft dieser Organisationsgewalt bestimmt er Anzahl und Geschäftsbereich der Bundesministerien, nicht aber ihre innere Strukturierung, die nach dem Ressortprinzip in die Zuständigkeit der einzelnen Bundesminister fällt[296]. Es kann also festgestellt werden, daß der Bundeskanzler mit sehr weitgehenden Rechten ausgestattet ist, die es ihm erlauben, jederzeit gestaltend in das Regierungsgeschehen einzugreifen. Seine verfassungsrechtliche Stellung, die in Art. 65 GG festgelegt ist, wird noch verstärkt durch Art. 63, 64 und 67 GG. Ist der Bundeskanzler einmal gewählt, ist seine Position nur sehr schwer angreifbar. Er ist vor allem unabhängig von einer Entscheidung des Bundespräsidenten, der ihn nach der Wahl ernennen muß[297]. Der Bundeskanzler ist weiter frei in der Wahl seiner Minister, solange nicht personelle Gründe dem Bundespräsidenten das Recht geben, ihre Ernennung zu verweigern[298]. Schließlich bildet das in Art. 67 GG verankerte Mißtrauensvotum eine nur schwer überwindbare Barriere[299]. Der Bundeskanzler ist also das mit den umfassendsten Rechten ausgestattete Bundesorgan. Seine Stimme muß bei Regierungsentscheidungen von ausschlaggebender Bedeutung sein. Ob sie bei der Entscheidung über eine Zustimmung gem. Art. 32 III GG sogar Übergewicht hat, wird im folgenden zu klären sein.

bb) Die Stellung des Bundeskanzlers innerhalb der Bundesregierung

Es soll hier vor allem gefragt werden, welchen Einfluß der Bundeskanzler auf Entscheidungen der Bundesregierung *rechtlich* nehmen kann. Nach den praktischen Möglichkeiten der Einflußnahme zu forschen, dürfte angesichts der politischen Stellung des Bundeskanzlers überflüssig sein[300]. Grundlage ist hier einmal die GOBR als lex specialis, außerdem natürlich immer das Grundgesetz[301]. Die Vorschriften der GOBR präzisieren die im Grundgesetz festgelegten Rechte des Bundeskanzlers, und sie füllen die in der Verfassung oft nur rahmenartig umschriebenen Kompetenzen aus[302]. Für die Stellung des Bundeskanzlers in der Regierung ist ein Anhaltspunkt in § 9 Satz 1 GOBR gegeben: „Der Geschäftsbereich der einzelnen Bundesminister wird in den Grund-

---

[295] *Böckenförde*, Organisationsgewalt, S. 139 ff.

[296] *Böckenförde*, ebd., spricht vom „materiellen Kabinettsbildungsrecht".

[297] MDH Art. 63 RN 7.

[298] *Böckenförde*, Organisationsgewalt, S. 142; MDH Art. 64 RN 1.

[299] MDH Art. 67 RN 1.

[300] Häufig wird der Bundeskanzler auch Vorsitzender der Regierungspartei sein.

[301] Vgl. *Böckenförde*, Organisationsgewalt, S. 119 ff.

[302] *Böckenförde*, Organisationsgewalt, S. 120.

zügen durch den Bundeskanzler festgelegt." Diese Bestimmung ist Ausfluß des materiellen Kabinettsbildungsrechts des Bundeskanzlers[303]. Der Bundeskanzler kann also selbst bestimmen, wer Mitglied des Kabinetts werden soll. Über § 1 GOBR wird dann die Richtlinienkompetenz in die Bundesregierung hineingetragen; die Bundesminister haben die vom Kanzler festgelegten Richtlinien der Politik in ihrem Geschäftsbereich selbständig und eigenverantwortlich zu verwirklichen. Über Zweifelsfragen entscheidet der Kanzler selbst[304]. Er hat auch das Recht, auf die Durchführung der Richtlinien zu achten[305]. Gemäß § 2 GOBR wirkt der Bundeskanzler auf die Einheitlichkeit der Geschäftsführung innerhalb der Regierung hin. Hier ist in Korrelation zu den Richtlinien der Politik der formelle Bereich erfaßt[306]. § 3 GOBR gibt dem Bundeskanzler ein ergänzendes Informationsrecht, indem die Bundesminister ihn über Maßnahmen und Vorhaben unterrichten, die für die Bestimmung der Richtlinien der Politik und die Leitung der Geschäfte der Bundesregierung von Bedeutung sind. Hält ein Bundesminister eine Erweiterung oder Änderung der Richtlinien der Politik für erforderlich, so ist er verpflichtet, dem Bundeskanzler gem. § 4 GOBR davon Mitteilung zu machen und seine Entscheidung zu erbitten. Im übrigen leitet der Bundeskanzler die Geschäfte der Bundesregierung (§ 6 GOBR, Art. 65 Satz 4 GG). Er ist Vorsitzender des Bundeskabinetts (§ 22 GOBR) und besitzt in dieser Eigenschaft das qualifizierte Stimmrecht des § 24 II Satz 2 GOBR. Schließlich hat er das Recht, den Wortlaut der Kabinettsbeschlüsse festzulegen (§ 25 GOBR)[307].

Aus alledem ergibt sich, daß der Bundeskanzler im Kabinett weit mehr als primus inter pares ist. Er hat vielmehr eine mit umfassenden Rechten ausgestattete Position inne, die der des Reichspräsidenten der Weimarer Zeit oder des Reichskanzlers von 1871 durchaus vergleichbar ist. Das ihm zur Verfügung stehende Instrumentarium wird noch ergänzt durch das Recht, eigene Arbeitsstäbe zu bilden, die ihn bei der Verwirklichung der Richtlinien seiner Politik unterstützen[308]. Der Bundeskanzler hat zwar grundsätzlich kein Ressort, jedoch ist sein eigenster Aufgabenbereich, die Festlegung und Verfolgung der Richtlinien der Politik, in der Praxis sein „Ressort", wo er nicht nur das allgemeine Organisationsrecht, also die materielle Organisationsgewalt, innehat, sondern auch die strukturelle Organisation wie ein Ressortminister re-

---

[303] *Böckenförde,* Organisationsgewalt, S. 139 ff.

[304] *Honnacker/Grimm,* § 1 Anm. 2; der Kanzler ist Inhaber der Kompetenzkompetenz, *Böckenförde,* Organisationsgewalt, S. 206.

[305] *Honnacker/Grimm,* § 1 Anm. 8 f.

[306] *Honnacker/Grimm,* § 1 Anm. 1.

[307] *Honnacker/Grimm,* § 25 Anm. 1 ff.

[308] *Böckenförde,* Organisationsgewalt, S. 143.

geln kann[309]. Darüber hinaus kann er als leitender Regierungschef auch Kabinetts- und Ministerausschüsse ins Leben rufen, in denen er grundsätzlich den Vorsitz hat[310]. Diese starke Stellung des Bundeskanzlers innerhalb der Bundesregierung legt den Schluß nahe, daß es eine Regierungsentscheidung gegen seinen Willen nur schwer, wenn nicht gar überhaupt nicht geben kann. Ob daraus auch geschlossen werden kann, daß der Bundeskanzler allein gegen den Willen aller anderen Kabinettsmitglieder eine Regierungsentscheidung treffen kann, soll sich bei der nachfolgenden Untersuchung des möglichen Zugriffs auf die Zustimmungsentscheidung nach Art. 32 III GG erweisen.

cc) Die Entscheidung über die Zustimmung der Bundesregierung zu Länderverträgen mit auswärtigen Staaten unter besonderer Berücksichtigung der Richtlinienkompetenz des Bundeskanzlers

Der für die Erteilung der Zustimmung gem. Art. 32 III GG notwendige Kabinettsbeschluß kommt gem. § 24 II GOBR mit Stimmenmehrheit zustande. Grundsätzlich ist also der Bundeskanzler hier primus inter pares. Allerdings nur so lange, als nicht die Situation der Stimmengleichheit auftritt, wo ihm ein qualifiziertes Stimmrecht gegeben ist. Das bedeutet, daß in diesem Fall die Stimme des Bundeskanzlers den Ausschlag gibt[311]. Ist hingegen die absolute Mehrheit der Kabinettsmitglieder nicht der Auffassung des Bundeskanzlers, so können sie ihn überstimmen. Dies dürfte aber wohl in der Praxis nicht vorkommen, denn selbst in einer Koalitionsregierung wird der Bundeskanzler sicher von der stärksten Fraktion gestellt, die dann auch mehr Minister im Kabinett hat. Theoretisch kann aber eine solche Abstimmungsniederlage des Bundeskanzlers einmal vorkommen. Interessant ist indes der Fall, wo der Bundeskanzler entgegen dem Willen der Kabinettsmitglieder allein entscheiden will und daher versucht, die Entscheidung zur Richtlinienfrage zu machen. Gelingt das, entscheidet er allein über die Erteilung der Zustimmung gem. Art. 32 III GG. Ob die Zustimmung der Bundesregierung zu einem Ländervertrag mit einem auswärtigen Staat aber überhaupt Richtlinienfrage sein kann, soll im folgenden näher geprüft werden.

Gem. Art. 65 Satz 1 GG bestimmt der Bundeskanzler die Richtlinien der Politik. Diese Rahmenvorschrift hat in der GOBR eine deutliche Ausfüllung erfahren, die dem Bundeskanzler in Richtlinienfragen mit einem umfassenden Kreis von Rechten ausstatten, über deren Umfang

---

309 Vgl. *Böckenförde*, Organisationsgewalt, S. 143 f.

310 *Honnacker/Grimm*, § 2 Anm. 7; Anhang zu § 15.

311 *Honnacker/Grimm*, § 24, Anm. 6.

bereits gesprochen wurde[312]. Hinzu kommt, daß der Kanzler, abgesehen von der Möglichkeit, wegen Streitigkeiten in Richtlinienfragen einen (oder auch mehrere) Minister zu entlassen, selbst bestimmt, was eine Richtlinie ist. Er ist Inhaber der Kompetenzkompetenz[313]. Seine Interpretation der Richtlinien ist verbindlich. Grenzen sind dem nur gesetzt, wo das verfassungsrechtliche Richtlinienbestimmungsrecht selbst tangiert ist. Hier entscheidet das Bundesverfassungsgericht im Organstreitverfahren des Art. 93 I Nr. 1 GG[314].

Für die Zustimmung zu einem Ländervertrag mit einem auswärtigen Staat ist zunächst zu untersuchen, ob es sich dabei nicht stets um eine Frage handelt, die Richtlinien der Politik berührt. Diese Aufgabe kann nur gelöst werden, wenn es gelingt, den Begriff der „Richtlinie" zu definieren. Eine eingehende Erörterung des Begriffs fehlt in der Literatur fast völlig[315]. Es soll also versucht werden, für den hier erforderlichen Fragenkreis eine Klärung des Richtlinienbegriffs als Arbeitshypothese herbeizuführen. Angesichts der Schwierigkeiten, die jede Auslegung derart allgemeiner Begriffe aufwirft, erscheint es am zweckmäßigsten, sich zunächst an den Wortlaut zu halten. Das Wort „Richtlinie" ist eine sprachliche Zusammensetzung und Zusammenziehung der Begriffe „Richtung" und „Linie". Unter Richtung kann man dabei die von einem bestimmten Punkt ausgehende Hinwendung zu einem Ziel verstehen[316]. Dabei bezeichnet die Richtung nicht einen genauen Weg, sondern beschreibt lediglich die Tendenz einer Summe möglicher Wege, die zu dem Ziel hinführen[317]. Es ist indes nicht notwendig, daß bereits ein konkreter Zielbegriff existiert. Es genügt vielmehr ein Zielbegriff, der nur so differenziert ist, daß die Divergenz der vom Ausgangspunkt wegführenden Wege ein bestimmtes Maß nicht überschreitet. Die Richtung ist somit ein abstrakter Begriff, der eine allgemeine Tendenz kennzeichnet. Besonderes Merkmal ist die Bandbreite der möglichen Wege, die dieser Tendenz folgen. Umschreibt man „Linie" als „Leitfaden", so ist die Richtlinie ein Leitfaden, der die gewünschte allgemeine Tendenz kennzeichnet. Sie ist dem Wegweiser vergleichbar, von dem aus sich eine gedachte Linie zum Ziel erstreckt.

Mit dieser Umschreibung des Richtlinienbegriffes ist zweierlei gewonnen: Einmal ergibt sie eine positive Aussage: Richtlinien sind etwas

---

312 Vgl. oben II., 3., c), aa), bb).

313 *Böckenförde*, Organisationsgewalt, S. 206.

314 *Honnacker/Grimm*, § 2, Anm. 2.

315 Vgl. MDH, Art. 65 RN 1; *Maunz*, BayVBl. 56, S. 261 ff.

316 Natürlich ist auch die umgekehrte Sicht möglich, nämlich die Herwendung zu einem bestimmten Punkt.

317 Vgl. auch den psychologischen Begriff der Richtungsdispositionen.

Allgemeines, Prinzipielles, die auf eine bestimmte Tendenz weisen. Es ergibt sich aber auch eine negative Aussage: Richtlinien sind nicht bestimmte Hinweise auf einen einzig möglichen Weg, sie enthalten noch keine Konkretisierung auf einen Einzelfall. Auf die Richtlinien der Politik läßt sich das Ergebnis dieses Exkurses anwenden und führt zu folgender Aussage: Mit der Bestimmung der Richtlinien der Politik gibt der Bundeskanzler Hinweise auf die allgemeinen Ziele seiner Politik. Diese Hinweise sind genereller Art und nicht einzelfallbezogen. Die Bundesminister sind gehalten, diese Ziele zu verfolgen und die allgemeinen Hinweise zu beachten. Der Bundeskanzler kann aber aus den Richtlinien nicht mehr machen, als sie sind. Er ist auch kraft der Richtlinienkompetenz nicht befugt, einzelne Sachentscheidungen oder konkrete Fallentscheidungen im Entscheidungsbereich der Ressortminister zu treffen. Damit würde er das Ressortprinzip verletzen[318]. Hieraus folgt für die Zustimmung zu Länderverträgen mit auswärtigen Staaten, daß sie jedenfalls nicht, wie eingangs der Untersuchung gefragt, immer und aus ihrer Natur heraus Richtlinienentscheidung sein kann, denn sie ist Einzelfallentscheidung. Im Bereich der Richtlinienfragen spielt sie nur dann eine Rolle, wenn ihre Erteilung oder Versagung mit echten Richtlinien in Berührung kommt. Dabei ist ein strenger Maßstab anzulegen, denn es handelt sich um eine Ausnahme, und wollte man hier großzügig sein, würde das Kollegialprinzip zerstört[319]. Es muß also darauf ankommen, ob die Zustimmung zu einem Ländervertrag mit einem auswärtigen Staat geeignet ist, die Richtlinien der Politik zu beeinträchtigen, die der Bundeskanzler bereits *vor* Kenntnis von dem Vertrag festgelegt hat. Der Bundeskanzler kann die Zustimmung nicht zur Richtlinienfrage erheben, indem er erst für den konkreten Einzelfall neue Richtlinien aufstellt. Solchen „Richtlinien" fehlt das Merkmal des Allgemeinen, sie sind in Wirklichkeit Maßnahmen im Einzelfall. Ihnen ist der Richtliniencharakter abzusprechen. Der Bundeskanzler kann nur dann eine Entscheidung zur Richtlinienfrage machen, wenn sie mit den bereits vorhandenen Richtlinien seiner Politik zu kollidieren droht[320]. Für die Zustimmung zu einem Ländervertrag erscheint dies nur im Fall großer außenpolitischer Bedeutung möglich. Würde der Ländervertrag die Außenpolitik des Bundeskanzlers stören oder beeinträchtigen, und wollen ihn die anderen Kabinettsmitglieder dennoch billigen und die

---

318 *Honnacker/Grimm*, § 1 Anm. 6; vgl. auch die notwendigen Kabinettsbeschlüsse, MDH Art. 65 RN 6.

319 MDH Art. 65 RN 1 und 6; ebd., RN 11 betont die Gefahr, die in einer so allgemeinen Feststellung liegt, hier zu wenig.

320 Hierbei wird man es auch gelten lassen können, wenn es sich nur um generelle Vorstellungen handelt; etwa würde die Absicht, sich im Konflikt zwischen Israel und den arabischen Staaten neutral zu verhalten ausreichen, sich Entscheidungen über Kontake in diesem Bereich vozubehalten.

Zustimmung durch Mehrheitsentscheidung herbeiführen, dann ist der Bundeskanzler zu einer Richtlinienentscheidung befugt. Das gleiche gilt für den umgekehrten Sachverhalt, daß nämlich der Bundeskanzler einen Ländervertrag wünscht, ihn die anderen Kabinettsmitglieder aber mißbilligen. Im übrigen muß die Richtlinienentscheidung als *ultima ratio* betont werden. Kann der Bundeskanzler die gewünschte Entscheidung im Kabinett herbeiführen ohne Richtlinienfragen heranzuziehen, so darf er die Kabinettsentscheidung nicht vorwegnehmen.

Gegen diese bewußt einengende Interpretation des Richtlinienbegriffs lassen sich gewichtige Argumente ins Feld führen, die auch nicht unterschlagen werden sollen. So steht außer Zweifel, daß der Bundeskanzler durch den konkreten Einzelfall erst veranlaßt werden kann, eine neue, „echte" Richtlinie festzulegen. Außerdem ist er allein für die Politik der Bundesregierung verantwortlich, nicht aber der einzelne Ressortminister, so daß durchaus ein berechtigter Anspruch bestehen könnte, sich in wichtigen — zumal die Außenpolitik berührenden — Angelegenheiten die Richtlinienentscheidung vorzubehalten, auch wenn es sich um einen Einzelfall handelt. Gestützt wird dieses Argument noch dadurch, daß gerade die Außenpolitik schon seit jeher im besonderen Interesse eines jeden Bundeskanzlers stand, und sich hier die Grenze zwischen Richtlinien- und Einzelfallentscheidung — schon wegen der Möglichkeit oft unvorhersehbar und gleichsam „über Nacht" wechselnder Konstellationen — nur schwer ziehen läßt oder gar unklärbar verwischt ist. Dies alles vermag aber nichts daran zu ändern, daß auch der Richtlinienkompetenz des Bundeskanzlers Schranken gesetzt sein müssen, will man nicht sein in der Verfassung ohnehin vorgesehenes Übergewicht endgültig kopflastig werden lassen. Sich allein an der zugegebenermaßen dorthin tendierenden Regierungspraxis zu orientieren, hieße das Sollen dem Sein weichen lassen. Für die Entscheidung über die Zustimmung nach Art. 32 III GG gilt daher auch in Anbetracht der berechtigten Einwände, daß jedenfalls damit keine Richtlinienfrage eo ipso angesprochen ist.

Ein letzter und wichtiger Punkt soll an dieser Stelle noch erörtert werden. Auch die Richtlinienentscheidung ist an die Verfassung[321] gebunden. Für die Zustimmung zu einem Ländervertrag bedeutet dies, daß — unbeschadet politischer Einwände — auch keine verfassungsrechtlichen Bedenken gegen der Vertrag bestehen dürfen. Sollte der Bundeskanzler ausnahmsweise also einmal berechtigt sein, eine Zustimmung zu einem Ländervertrag zur Richtlinienfrage zu erklären, kann er dadurch nichts daran ändern, daß der geplante Ländervertrag z. B. gegen Art. 59 GG verstößt, weil er in Wirklichkeit politische An-

---

[321] *Honnacker/Grimm*, § 1 Anm. 6.

gelegenheiten des *Bundes* regelt und nicht die des nur vorgeschobenen Landes, und die Zustimmung daher überhaupt nicht erteilt werden darf.

Grundsätzlich sind jedenfalls an einer Erhebung zur Richtlinienfrage strenge Maßstäbe anzulegen. Eine nachgiebigere Beurteilung würde dazu führen, daß jede Kabinettsentscheidung mit einer gewissen politischen Relevanz über dieses Vehikel dem eigentlichen Entscheidungsgremium entzogen werden könnte. Auch wäre die selbständige und eigenverantwortliche Leitung der Einzelressorts durch die Bundesminister nicht mehr gewährleistet. Eine ausdehnende Behandlung der Richtlinienkompetenz würde also die gesamte Organisation innerhalb der Regierung durcheinanderbringen. Da es anerkannt ist, daß der Kanzler in Richtlinienfragen faktisch allein regiert[322], und ihm dann nur durch Gesetz und Recht gem. Art. 20 III GG Grenzen gesetzt sind, müssen die Richtlinien ihre Grenze in sich selbst haben. Zusammenfassend kann also festgestellt werden, daß die Zustimmung zu Länderverträgen mit auswärtigen Staaten grundsätzlich keine Richtlinienfrage ist. Ihre Erhebung zu einer solchen ist an strenge Voraussetzungen gebunden. Liegen diese nicht vor, bleibt die Zustimmung Kabinettsentscheidung, die einer selbständigen Erledigung durch den Bundeskanzler entzogen ist.

4. Die rechtliche Beurteilung der Zustimmung der Bundesregierung zu Verträgen der Bundesländer mit auswärtigen Staaten gemäß Art. 32 III GG

Bisher wurde untersucht, welche Bedeutung die Zustimmung gem. Art. 32 III GG in rechtspolitischer Sicht hat, welche innerstaatlichen und völkerrechtlichen Wirkungen sie hervorbringt, und wo die Entscheidungszuständigkeit über Erteilung oder Versagung der Zustimmung zu suchen ist. Im folgenden Abschnitt geht es nun um die Frage, wie die Zustimmung rechtlich zu beurteilen ist, und welche Anforderungen an ihre formelle und materielle Wirksamkeit zu stellen sind. An den Abschluß der Untersuchung werden Fragen der richterlichen Überprüfung gestellt.

a) Die Rechtsnatur der Zustimmung gem. Art. 32 III GG

Ausgangspunkt der rechtlichen Beurteilung der Zustimmung soll der Versuch sein, die Rechtsnatur der Zustimmung gem. Art. 32 III GG zu bestimmen. Dieses Unterfangen bereitet einige Schwierigkeiten. Zu-

---

[322] Abgesehen von den notwendigen Kollegialbeschlüssen, vgl. MDH Art. 65 RN 6, ist die Rangfolge der Regierungsentscheidungen folgende: Richtlinien der Politik — qualifizierte Ministerentscheidungen (z. B. Art. 65 a, 112 GG) — Kabinettsbeschlüsse — „normale" Ministerentscheidungen; vgl. MDH, RN 14.

nächst muß Klarheit darüber gewonnen werden, was hier unter Rechtsnatur verstanden werden soll. Im allgemeinen juristischen Sprachgebrauch versteht man unter „Rechtsnatur“[323] die Einordnung tatsächlicher Phänomene in rechtliche Kategorien. So wurde z. B. die GOBR als „Satzung“ bezeichnet[324]. An der GOBR konnte aber gleichzeitig die Besonderheit festgestellt werden, daß die Charakterisierung als „Satzung“ allein unzureichend war. Es bedurfte vielmehr noch einer zusätzlichen, genaueren Spezifizierung, die durch die von *Böckenförde*[325] übernommene Bezeichnung als „Verfassungssatzung“ vorgenommen wurde. Das Beispiel zeigt, daß die „gängigen“ rechtlichen Kategorien zwar zugrunde gelegt werden können, es aber vorkommen kann, daß sie zu einer spezifischen Bestimmung des Rechtscharakters nicht ausreichen und eine weitere Differenzierung notwendig wird. Je einfacher nun das tatsächliche Phänomen in der Praxis erscheint, desto schwieriger wird häufig die rechtliche Einordnung. Bei der Zustimmung gem. Art. 32 III GG kommt hinzu, daß sie, wie die bisherigen Ausführungen gezeigt haben, verschiedene Bedeutungen und Wirkungen haben kann. Es kommen also dementsprechend auch verschiedene Charakterisierungen in Betracht. Erst wenn diese nebeneinandergestellt und verglichen sind, läßt sich ein Gesamteindruck gewinnen, aufgrund dessen dann eine Einordnung in eine bestimmte rechtliche Kategorie versucht werden kann. Der Begriff der Rechtsnatur wird daher zunächst weit zu fassen sein, um alle Aspekte der Beurteilung berücksichtigen zu können.

aa) Einführender Überblick

Es sollen zunächst die verschiedenen Aspekte der Rechtsnatur der Zustimmung der Bundesregierung zusammengestellt werden. Dabei erscheint es sinnvoll, in der bereits eingehaltenen Reihenfolge von der Bedeutung über die Wirkungen bis zum Zustandekommen der Zustimmung fortzufahren.

Die wichtigste Bedeutung der Zustimmung liegt in ihrer Kontroll- und Koordinierungsfunktion außenpolitischer Aktivitäten der Bundesländer mit Außenwirkung und der Außenpolitik des Bundes[326]. Aus dieser Bedeutung läßt sich für die Rechtsnatur folgern, daß sie jedenfalls etwas mit der Staatsleitung zu tun hat. Die Zustimmung stellt einen Akt der Bundesregierung dar, der einem Bundesland gestattet oder verbietet, von seinem verfassungsmäßigen Recht des Vertragsschlusses mit auswärtigen Staaten Gebrauch zu machen. Dieser Akt selbst ist

---

[323] Der Begriff wird hier synonym mit „Rechtscharakter“ verwendet.

[324] Vgl. oben II., 3., b), aa).

[325] *Böckenförde*, Organisationsgewalt, S. 122.

[326] Vgl. oben II., 1.

wiederum verfassungsmäßiges Recht der Bundesregierung. Hierher gehören die Begriffe „staatsleitender Akt“[327], „Akt der präventiven Bundesaufsicht“[328] oder „nihil obstat“[329], wie sie in Rechtsprechung und Literatur Verwendung gefunden haben. Naturgemäß wird diesem Bereich auch die größte Bedeutung beigemessen. Grund dafür dürfte sein, daß die Praxis nicht von komplizierten rechtlichen Klassifizierungen ausgeht, sondern von einem einfachen Tatbestand. Ein Ländervertrag mit einem auswärtigen Staat ist geplant, das Land ersucht rechtzeitig um Zustimmung durch die Bundesregierung, und diese Zustimmung wird durch einen Kabinettsbeschluß zum gegebenen Zeitpunkt erteilt. Hält man sich diesen einfachen Ablauf, dem hier durchaus die Bezeichnung „Normalfall“ nicht abgesprochen werden soll, vor Augen, so erscheint es ganz natürlich, die Zustimmung der Bundesregierung in erster Linie als ein *„nihil obstat“* zu sehen. Die Bundesregierung hat nichts gegen einen Vertragsschluß, die Zustimmung wird als bloße Formalität behandelt und auch so klassifiziert. Im gegenteiligen Fall hat die Bundesregierung Einwände, diese kommen aber nicht so spät, sondern bereits dann zur Sprache, wenn das betreffende Bundesland die Zustimmungsaussichten abklärt. Dann wird sich entweder ein Kompromiß über den Vertragsinhalt finden lassen, oder der Vertrag unterbleibt ganz oder wird gegebenenfalls vom Bund selbst abgeschlossen. Auch hier tauchen keine weiteren Probleme auf, aus dem *„nihil obstat“* wird lediglich ein *„aliquid obstat“*. Es ist also nicht weiter erstaunlich, wenn sich ein großer Teil der Staatsrechtslehre und auch das Bundesverfassungsgericht damit begnügen, eine über diesen Bereich hinausgehende Charakterisierung der Zustimmung gar nicht vorzunehmen. Es gibt jedoch noch weitere Aspekte.

Betrachtet man die Wirkungen der Zustimmung, so kann man zwi-schen solchen im innerstaatlichen Bereich und nach Außen unterscheiden. Im innerstaatlichen Bereich liegt der Schwerpunkt auf der innerstaatlichen Wirksamkeit der Länderverträge, also der Möglichkeit der Umsetzung in innerstaatliches Recht. Die Wirkung nach Außen beschränkt sich auf Rechtsscheinsgesichtspunkte und Haftungsfragen. Die innerstaatliche Wirkung der Zustimmung, nämlich die Herbeiführung der Wirksamkeit des Vertrages, ist aber mehr als reiner staatsleitender Akt. Gerade die Möglichkeit der Genehmigung[330] zeigt, daß hier ein Mehr gegenüber einem bloßen„nihil obstat“ vorliegt. Im völkerrechtlichen Bereich taucht die Frage auf, welche Beziehungen zwischen der Zustimmung und der auswärtigen Gewalt bestehen, ob also die Zu-

[327] *Schmidt/Bleibtreu/Klein*, Art. 32 Ziff. 11.
[328] *Geiger*, S. 341; BVerfGE 2, 347 (370).
[329] BVerfGE 2, 347 (371); *Hallmayer*, S. 58 ff.
[330] Vgl. oben II., 2., a), cc).

stimmung als Akt der auswärtigen Gewalt angesehen werden kann[331]. Eine solche Betrachtungsweise hätte auch wieder Rückwirkungen auf die innerstaatliche Bedeutung der Zustimmung. Letztlich sind auch formale Aspekte zu nennen. Die Zustimmung ergeht durch Kabinettsbeschluß. Sie steht damit in engem Zusammenhang mit anderen Regierungsentscheidungen. Als Richtlinienentscheidung im Ausnahmefall ist sie sogar Alleinentscheidung des Bundeskanzlers.

Aus der Aufzählung der verschiedenen Betrachtungsmöglichkeiten läßt sich erkennen, daß aus einem Bereich allein eine umfassende Charakterisierung der Zustimmung sicher nicht möglich ist. Erst eine Abstufung der Bereiche und eine differenzierende Betrachtungsweise können der Rechtsnatur der Zustimmung näher führen.

bb) Die Zustimmung als staatsleitender Akt

Entsprechend der Reihenfolge Bedeutung, Wirkung und Zustandekommen der Zustimmung soll mit einer Untersuchung der Zustimmung als staatsleitender Akt begonnen werden. Das Bundesverfassungsgericht hat dazu in seinem Urteil zum *Kehler Hafenvertrag* ausgeführt, die Zustimmung sei ein „Akt der Regierung im Sinne der Leitung der Staatsgeschäfte", der sich zwar auf die Betätigung eines Landes im auswärtigen Bereich beziehe, aber kein Akt der auswärtigen Gewalt sei. Die Bundesregierung übe vielmehr durch die Zustimmung eine „präventive Bundesaufsicht" aus, damit ein Widerstreit von Bundes- und Länderinteressen verhindert werde[332]. Ähnliche Formulierungen finden sich bei vielen Autoren, soweit überhaupt auf die Rechtsnatur der Zustimmung eingegangen wird[333]. Eine solche Charakterisierung der Zustimmung orientiert sich in erster Linie an ihrem Zweck. Es ist nicht zu bestreiten, daß die Zustimmung der Bundesregierung zu Länderverträgen mit dem Ausland den Zweck haben soll, Bundes- und Länderinteressen zu koordinieren, also dadurch Ausdruck und Instrument des bundesstaatlichen Prinzips ist und deshalb auch einen internen Akt bundesstaatlicher Ordnung (nämlich der Verfassungsordnung) darstellt. Ebenso liegt auf der Hand, daß auch eine Bezeichnung als „Mittel der präventiven Bundesaufsicht" nicht unrichtig sein kann. Daß der Bund zur Ausübung der Bundesaufsicht auch auf diesem Gebiet befugt ist, wurde bereits erwähnt[334]. Auch die „präventive" Bundesaufsicht macht keine Probleme, da der Bund ja zu einem Zeitpunkt zustimmen muß,

---

[331] So *Mosler*, VVDStRL 12, S. 240 (Diskussionsbeitrag).

[332] BVerfGE 2, 347 (370).

[333] Vgl. *v. Mangoldt/Klein*, Art. 32 Anm. VI 5 d; *Menzel*, Auswärtige Gewalt, S. 341.

[334] Vgl. *v. Mangoldt*, Bundesaufsicht, S. 68 f.

wo der Vertrag noch nicht in Kraft getreten ist. An der Charakterisierung der Zustimmung durch diese Umschreibungen ist also prinzipiell nichts auszusetzen. Für die Bestimmung der Rechtsnatur der Zustimmung geben sie indes so gut wie keinen Anhaltspunkt. Sie beschreiben lediglich Zweck und Bedeutung der Zustimmung, wie dies zu Anfang des Kapitels bereits unternommen wurde[335]. Es ist auch sehr fraglich, ob sich aus einer solchen Betrachtungsweise Kriterien für die Rechtsnatur gewinnen lassen. Denn eine Charakterisierung der Zustimmung als „staatsleitender Akt" oder eine ähnliche Bezeichnung gestatten keine Einordnung in rechtliche Kategorien, es sei denn, man erkenne eine Kategorie der „staatsleitenden Akte" an. Bevor aber nach solchen Kategorien „sui generis" gesucht werden darf, müssen die anderen vorhandenen Möglichkeiten erschöpft sein. Zu der Einordnung der Zustimmung als „staatsleitender Akt" ist also zu bemerken, daß sie durchaus zutreffend ist und dem Zweck und der Bedeutung der Zustimmung auch recht gut entspricht, für eine Bestimmung ihrer Rechtsnatur jedoch zunächst nichts aussagt. Ebensogut könnte man die Zustimmung als „politische Entscheidung mit rechtlichen Wirkungen" bezeichnen, ohne damit aber eine rechtliche Einordnung vorgenommen zu haben.

cc) Die Zustimmung als Willenserklärung der Bundesregierung unter besonderer Berücksichtigung der Ermächtigung und des Gestaltungsrechts

Läßt sich aus der Bezeichnung „staatsleitender Akt" nichts für die Rechtsnatur der Zustimmung gewinnen, so kommt eine Beschränkung auf den Aussagewert der Zustimmung in Betracht, wobei ihre besonderen innerstaatlichen und völkerrechtlichen Wirkungen zu berücksichtigen sind. Zweifelsfrei ist die Zustimmung Äußerung des Willens der Bundesregierung. Sie ist auch rechtlich relevant, denn sie schafft die Voraussetzung für die innerstaatliche Vollziehbarkeit der Länderverträge. Damit erfüllt sie die Voraussetzungen der Willenserklärung. In diesem Sinne ist auch das „nihil obstat" des Bundesverfassungsgerichts zu verstehen. Mittels der Zustimmung sagt die Bundesregierung zu dem Ländervertrag „Ja" oder „Nein". Damit ist das erste Kriterium für eine rechtliche Beurteilung der Zustimmung gewonnen. Die Zustimmung ist Willenserklärung eines obersten Bundesorgans. Dennoch bleibt diese Charakterisierung als Willenserklärung natürlich unvollkommen, denn damit ist erst die unterste Stufe und allgemeinste Kennzeichnung erreicht. Als Willenserklärung eines Bundesorgans läßt sich schlicht alles bezeichnen, was in irgend einer Form rechtlich relevant von einem Bundesorgan kundgetan wird. Sogar ein Gesetz kann man unter diesen

---

[335] Vgl. oben II., 1.

Voraussetzungen als Willenserklärung der gesetzgebenden Körperschaften bezeichnen. Bezeichnet man also die Zustimmung als „nihil obstat“, „placet“ oder mit einer ähnlichen Umschreibung, so ist damit nichts weiter gewonnen, als die banale Feststellung, daß die Bundesregierung damit ihrem Willen bezüglich des Ländervertrages Ausdruck verliehen hat.

Für eine Untersuchung der Rechtsnatur der Zustimmung gibt die Bezeichnung als Willenserklärung allenfalls den Anstoß, eine nähere Definition zu versuchen. Dabei kann es sich vor allem darum handeln, eine Aussage über die Art der Willenserklärung und ihre Form zu machen. Die Art der Willenserklärung ist nicht schwer zu kennzeichnen, sagt doch das Wort „Zustimmung“ selbst genügend darüber aus. Aus einer weiteren Differenzierung, etwa in die Kategorien „Einwilligung“ und „Genehmigung“ kann für die Rechtsnatur nichts hergeleitet werden, denn es geht um eine Differenzierung des Begriffs „Willenserklärung“, nicht um eine solche der Zustimmung. Ein Ansatzpunkt wäre immerhin die Qualifizierung der Zustimmung als Ermächtigung. Dazu wurde oben bereits festgestellt, daß eine solche Rechtsfigfiur nicht paßt[336]. Die Ermächtigung ist Überlassung der Rechtsausübung durch den Rechtsinhaber an einen Dritten, der Bund aber beim Vertragsschließungsrecht der *Länder* nicht Rechtsinhaber. Von einer Ermächtigung der Länder durch den Bund kann also nicht die Rede sein. Der Bund kann das Land nicht ermächtigen, sein eigenes Recht auszuüben[337]. Das gilt auch für die Auffassung, die Zustimmung sei eine Ermächtigung zur Ratifikation des Vertrages[338]. Bereits die Überlegung, daß das Land den Vertrag auch ohne die Zustimmung der Bundesregierung — jedenfalls völkerrechtlich — in Kraft setzen könnte, zeigt, daß auch das Recht der Ratifikation als Ausfluß des Vertragsschließungsrechts beim Land liegt. Wenn Art. 32 III GG von „abschließen“ spricht, so ist darunter zu verstehen, daß das Land auch berechtigt ist, den entsprechenden Vertrag in Kraft zu setzen, und wo dies vorgesehen ist, auch durch die Ratifikation[339]. Das Land vollzieht also auch die Ratifikation aus eigenem Recht. Es kann hierzu nicht von der Bundesregierung ermächtigt werden.

Es soll noch der Sonderfall herangezogen werden, der eintritt, wenn die Bundesregierung einen zwar völkerrechtlich wirksamen, innerstaatlich aber mangels rechtzeitiger Zustimmung schwebend unwirksamen Ländervertrag durch Genehmigung vollziehbar macht und ihm dadurch

---

336 Vgl. oben II., 2., b), dd).

337 Vgl. aber unten die Ausführungen zu Art. 71 GG, II., 4., a), ff).

338 So *Hallmayer*, S. 58.

339 Die Bundesregierung legt allerdings Wert darauf, daß die jeweiligen Ratifikationsurkunden in *Bonn* ausgetauscht werden.

ex tunc Wirksamkeit verleiht. Hier wird deutlich, daß gegenüber einer einfachen Willenserklärung ein Mehr vorliegt. Denn zumindest für den Fall einer solchen „Heilung" hat die Zustimmung de facto Gestaltungswirkung. Mit ihrer Erteilung hat es die Bundesregierung in der Hand, den schwebend unwirksamen Vertrag innerstaatlich in Kraft treten zu lassen. Man könnte also im Spezialfall der Genehmigung die Zustimmung als „Gestaltungsrecht" ansehen, und zwar in dem Sinne, daß die Bundesregierung durch einseitige Erklärung das Rechtsverhältnis zwischen dem auswärtigen Staat und dem Bundesland innerstaatlich in Wirkung setzen kann. Zwar ist das die praktische Auswirkung einer Genehmigung, mit einem echten Gestaltungsrecht hat diese jedoch nichts gemein. Auch das Gestaltungsrecht setzt voraus, auf ein Rechtsverhältnis einwirken zu können, an dem der das Gestaltungsrecht Ausübende selbst beteiligt ist, z. B. die Kündigung eines Miet- oder Dienstverhältnisses. Schon das ist bei der Genehmigung durch die Bundesregierung nicht der Fall, denn Vertragspartner sind nur das Land und der fremde Staat. Außerdem hat auch nach einer Genehmigung der Vertrag innerstaatlich seinen Geltungsgrund in der Vertragsfähigkeit des Bundeslandes als Inhaber des materiellen Vertragsschließungsrechts und nicht in der nachträglichen Zustimmung der Bundesregierung, die nur auf die Anwendbarkeit des Vertrages Einfluß hat[340]. Die Zustimmung kann also auch nicht unter dem Aspekt eines Gestaltungsrechts gesehen werden.

Über die Form der Willenserklärung der Bundesregierung ist nur zu sagen, daß sie als Kabinettsbeschluß ergeht. Das trifft auch zu, wenn sie aufgrund des qualifizierten Stimmrechts des Bundeskanzlers bei Stimmengleichheit zustandegekommen ist. Auch hier liegt ein Kabinettsbeschluß vor. Nur wenn der Bundeskanzler eine Richtlinienentscheidung fällt, kommt ein Kabinettsbeschluß nicht mehr in Frage. Hier entscheidet der Bundeskanzler allein, aber nicht als „Bundeskanzler", sondern als Organ der Bundesregierung mit Sonderrechten, also als „die Bundesregierung"[341]. Weder Wirkungen noch Form und Zustandekommen der Zustimmung können demnach über die schlichte Qualifizierung als Willenserklärung der Bundesregierung hinausführen. Auch dieser Aspekt der Rechtsnatur der Zustimmung führt zu keinem befriedigenden Ergebnis.

dd) Die Zustimmung als Akt der auswärtigen Gewalt

Der erhebliche Umfang des Schrifttums zum Problem der auswärtigen Gewalt in der Bundesrepublik[342] verdeutlicht, daß sich hier eine

---

[340] Richtig insoweit *Reichel*, Auswärtige Gewalt, S. 169, aber mit unzutreffender Folgerung.

[341] Vgl. *Böckenförde*, Organisationsgewalt, S. 138 FN 40.

Vielzahl von Fragen ergibt, denen im einzelnen in dieser Arbeit nicht nachgegangen werden kann. Im Zusammenhang mit der Zustimmung der Bundesregierung zu Länderverträgen mit auswärtigen Staaten muß aber auf die Relation der Zustimmung zur auswärtigen Gewalt eingegangen werden. Kann man die Zustimmung als Akt der auswärtigen Gewalt bezeichnen?[343] Das erste Problem liegt darin, daß bisher eine Definition des Begriffs „auswärtige Gewalt" nicht gelungen scheint[344]. Zur Vereinfachung der Untersuchung soll daher im Folgenden von einem auswärtigen Gewaltbegriff ausgegangen werden, der nur die Bundesregierung berücksichtigt, also nur *einen* Träger auswärtiger Gewalt nach dem Grundgesetz. Innerhalb dieser auswärtigen Gewalt muß die Zustimmung anzusiedeln sein, wenn sie überhaupt Akt der auswärtigen Gewalt sein soll. In der Literatur wird eine solche Auffassung fast durchweg abgelehnt[345], und auch das Bundesverfassungsgericht hat sich dagegen ausgesprochen[346]. Die Zustimmung stellt demnach einen rein innerstaatlichen Akt dar, Instrument der Staatsleitung und Bundesaufsicht, der Internum gegenüber dem Bundesland ist und mit auswärtiger Gewalt nichts zu tun hat[347]. Auf den ersten Blick erscheint diese Ansicht einleuchtend. Es kommt aber entscheidend darauf an, was man unter auswärtiger Gewalt versteht. Allen in der Literatur vertretenen Ansichten nachzugehen, ist an dieser Stelle nicht möglich. Zweifelsfrei aber ist die auswärtige Gewalt diejenige Staatsgewalt, die sich auf die auswärtigen Angelegenheiten erstreckt[348]. Bei der auswärtigen Gewalt des Bundes bedeutet dies, daß sich die auswärtige Gewalt auf die auswärtigen Bundesangelegenheiten erstreckt. Kann man die Zustimmung zu einem Ländervertrag als auswärtige Angelegenheit des Bundes bezeichnen, kommt die Zustimmung als Akt der auswärtigen Gewalt in Betracht. Eine zweite Möglichkeit, an die Zustimmung als Akt der auswärtigen Gewalt heranzukommen, ergibt sich, wenn man den auswärtigen Gewaltbegriff weiter faßt als nur die Staatsgewalt über auswärtige Angelegenheiten. Schon der Begriff „auswärtige Angelegenheiten" sagt aus, daß hiermit offensichtlich der Gegenpol zu den „innerstaatlichen Angelegenheiten" gemeint ist. Man

---

[342] Hervorzuheben insb. *Bernhardt*, Verträge; *Berber*, Auswärtige Gewalt; *Grewe/Menzel*, VVDStRL 12; *Menzel*, Auswärtige Gewalt, AÖR 79; *Mosler*, Auswärtige Gewalt; *Mosler*, Verfassungen; *Reichel*, Auswärtige Gewalt; *Rudolf*, Völkerrecht.

[343] So *Mosler*, VVDStRL 12, S. 240 (Diskussionsbeitrag).

[344] Vgl. aber *Mosler*, Auswärtige Gewalt, S. 246: „Auswärtige Gewalt bedeutet Entscheidung über die auswärtigen Angelegenheiten."

[345] *Hallmayer*, S. 58; *Grewe*, VVDStRL 12, S. 178.

[346] BVerfGE 2, 347 (370).

[347] Vgl. *v. Mangoldt/Klein*, Art. 32 Anm. VI 5 d m. w. N.

[348] *Mosler*, Auswärtige Gewalt, S. 246.

kann also folgern, daß nur auswärtige Angelegenheit sein kann, was nicht ausschließlich innerstaatliche Bedeutung hat. Nun hat die Zustimmung, wie festgestellt werden konnte, *Rechtswirkungen* nur im innerstaatlichen Bereich[349]. Ihre Außenwirkung ist zu mittelbar, um hier berücksichtigt zu werden[350]. Insoweit ist die Zustimmung also als innerstaatlicher Akt anzusehen, der Rechtswirkungen nur im innerstaatlichen Bereich erzeugt. Für den engen auswärtigen Gewaltbegriff ist die Untersuchung damit zu Ende. Auch eine Betrachtung des Vertragsschließungsrechts der Bundesländer kann hier nicht helfen.

Wenn auch hier zur Stützung eines ausschließlichen Vertragsschließungsrechtes des Bundes, im Rahmen des Art. 32 III GG konkurrierend mit den Ländern, erklärt worden ist, daß der Föderalismus nicht für die auswärtige Gewalt gelte, sondern „hier modifiziert und in einen bloßen Dezentralismus transformiert" werde[351], so ist doch aber andererseits immer die Gesamtstruktur der Verfassung heranzuziehen[352], und es ist nur die Logik einer zentralistischen Auffassung, diesen Schluß zu ziehen. Im Rahmen ihres Vertragsschließungsrechts, das die Länder durch Art. 32 III GG unangefochten besitzen, nehmen sie nämlich auch Teil an der auswärtigen Gewalt der Bundesrepublik[353]. Man kommt der Zustimmung als Akt der auswärtigen Gewalt nur dann etwas näher, wenn man einen erweiterten auswärtigen Gewaltbegriff einführt. Dieser kann darin bestehen, daß die auswärtige Gewalt nicht nur materiell, sondern auch funktional betrachtet wird. Dann kommt das Moment der Mitwirkung anderer Organe hinzu, die die Ausübung auswärtiger Gewalt durch den materiell-rechtlichen Träger der auswärtigen Gewalt erst ermöglichen. Hier ist wohl auch die Bemerkung *Moslers* anzusiedeln, wenn er davon spricht, daß — auf das Parlament bezogen — die Mitwirkung an der Gestaltung der auswärtigen Beziehungen *auch* Sache des Parlaments sei, das damit an der auswärtigen Gewalt Teil habe[354]. Es wird dabei also auf die Mitwirkung abgestellt, wobei Kriterium für die Teilhabe an der auswärtigen Gewalt die Relation zwischen interner und externer Auswirkung sein soll[355]. Man könnte auch von

---

349 Vgl. oben II., 2., b), bb).

350 *Mosler*, VVDStRL 12, S. 239 f. (Diskussionsbeitrag) sieht die Zustimmung „aus demselben Grunde wie das Parlament als Teilhaber" als Akt der auswärtigen Gewalt an. Er führt vor allem an, daß die interne Mitwirkung wesentliche Außenwirkung habe und stellt auf die Nichtigkeit bei evidenter Kompetenzüberschreitung ab. Gerade diese Gründe sind aber für die Zustimmung, bis auf den letzten, allgemeingültigen, nicht stichhaltig.

351 *Menzel*, VVDStRL 12, S. 209 (Korreferat).

352 *Mosler*, Kulturabkommen, S. 8.

353 Vgl. *Berber*, Auswärtige Gewalt, S. 252.

354 *Mosler*, VVDStRL 12, S. 239.

355 *Mosler*, VVDStRL 12, S. 239.

einer mittelbaren auswärtigen Gewalt sprechen[356]. Es zeigt sich aber, daß auch diese Konstruktion die Zustimmung der Bundesregierung nicht als Akt der auswärtigen Gewalt bestätigen kann. Es ist nämlich nicht zulässig, hier ohne weiteres Parallelen zum Parlament zu ziehen. Zunächst einmal ist, wie bereits ausgeführt, im Rahmen des Art. 32 III GG auch das Bundesland, wenn es mit auswärtigen Staaten in Beziehungen tritt, Teilhaber auswärtiger Gewalt, während die auswärtige Gewalt sonst beim Bund liegt. Eine Mitwirkung der Bundesregierung kann also die auswärtige Gewalt des Bundes, wenn sie sich in diesem Akt manifestierte, gar nicht erst begründen, sondern wäre stets Ausfluß dieser, sozusagen übergeordneten, auswärtigen Gewalt. Vor allem aber hat die Zustimmung, von deklaratorischen abgesehen, keine Außenwirkungen. Selbst ein vom auswärtigen Partner ohne Zustimmung der Bundesregierung mit einem Bundesland abgeschlossener Vertrag wäre völkerrechtlich solange gültig, wie das Land unstreitig innerhalb seiner Zuständigkeiten gehandelt hat, weil keine „ultra vires"-Betätigung vorliegt. Die von Mosler[357] als Argument angeführte evidente Kompetenzüberschreitung, die beim Parlament ihre Berechtigung hat, weil jedenfalls völkerrechtlich eine Allzuständigkeit des Bundes besteht, also hier ein Handeln „ultra vires" nicht in Betracht kommt, ist für die Zustimmung ohne Bedeutung. Hat das Bundesland nämlich seine Kompetenzen überschritten, ist der Vertrag mangels Völkerrechtssubjektivität völkerrechtlich unwirksam, und zwar unabhängig davon, ob der Bund zugestimmt hat oder nicht. Andererseits vermag die Rechtsscheinwirkung der Zustimmung, die lediglich im Bereich der Haftung von Interesse ist[358], nicht solche Wirkungen zu entfalten, daß daran eine so bedeutende Mitwirkung bei der äußeren Gestaltung des Ländervertrages zu erblicken wäre. Die Zustimmung der Bundesregierung muß demnach als innerstaatlicher Akt beurteilt werden, dessen Qualifizierung als Akt der auswärtigen Gewalt nicht haltbar ist. Unschwer ist aber zu erkennen, daß die Zustimmung sicher mit der auswärtigen Gewalt in engem Zusammenhang steht. Gerade weil die Prärogative in auswärtigen Angelegenheiten beim Bund liegt, ist die Bundesregierung von der Verfassung mit entsprechenden Kontrollrechten ausgestattet worden. Hierher gehört auch die Zustimmung zu Verträgen der Bundesländer mit auswärtigen Staaten. Damit ist die Zustimmung selbst aber kein Akt der auswärtigen Gewalt, sondern nur die *Erforderlichkeit* der Zustimmung ist Ausfluß der auswärtigen Gewalt des Bundes.

[356] Vgl. dazu ablehnend *Reichel*, Auswärtige Gewalt, S. 23, wenn nur „Reflexe" auswärtiger Relevanz vorhanden sind.

[357] *Mosler*, VVDStRL 12, S. 239.

[358] Vgl. oben II., 2., b), cc).

ee) Die Zustimmung als Verfassungsakt

Als Ergebnis der Untersuchung über den Rechtscharakter der Untersuchung läßt sich bisher zusammenfassen, daß die Zustimmung staatsleitender Akt der präventiven Bundesaufsicht ist (Zweckbetrachtung), der den Willen der Bundesregierung zu dem Ländervertrag zum Ausdruck bringt („nihil obstat“) und nicht als Akt der auswärtigen Gewalt angesehen werden kann. Formell gesehen ist die Zustimmung Kabinettsentscheidung, jedenfalls aber Exekutiventscheidung[359]. Diese Aspekte geben über ihren Rechtscharakter noch wenig Aufschluß. Einzig sichere Aussage bleibt, daß die Zustimmung ein Regierungsakt ist, der nur *innerstaatliche Rechtswirkungen* erzeugt. Die Zustimmung soll nunmehr noch in einem anderen Licht betrachtet werden. Es wird dabei abgestellt auf das Bund-Länder-Verhältnis und die rechtlichen Wirkungen der Zustimmung gegenüber dem betreffenden Bundesland.

Im Unterschied zum Staatenbund zeichnet sich der Bundesstaat durch einige besondere Wesensmerkmale aus, die bei der rechtlichen Beurteilung der Zustimmung nicht vernachlässigt werden dürfen. Im Bundesstaat herrscht Gleichordnung nur unter den Gliedstaaten, nicht aber zwischen Gliedstaat und Bund als Gesamtstaat[360]. Der Bund ist das Dach, unter das sich die Gliedstaaten begeben haben[361]. Dabei ist aber der Bund nicht nur die Summe der Gliedstaaten, sondern etwas Neues, ein Mehr, das der Gesamtheit der Gliedstaaten gegenübersteht[362]. In der Bundesrepublik hat dies in besonderer Weise in der Verfassungsstruktur Ausdruck gefunden. Bestes Beispiel scheint hierfür das Nebeneinander von Bundestag und Bundesrat, die mit ihrer unterschiedlichen Legitimation deutlicher Ausdruck des Antagonismus von Bund und Ländern, aber auch von Bund als Dachverband und Bund als Summe der Gliedstaaten sind. Alle Kompetenzen, die das Grundgesetz dem Bund gegenüber den Ländern einräumt, können als Kennzeichen des den Bundesstaat ausmachenden Über- und Unterordnungsverhältnisses zwischen Bund und Ländern gewertet werden. Es ist nicht zu verhehlen, daß die Staatlichkeit der Länder, die noch 1871 voll von der Reichsverfassung akzeptiert wurde (Einzelstaaten), im Grundgesetz nur noch unvollkommen zum Ausdruck kommt. Dies gilt in erster Linie für die Bundesgesetzgebung, kann aber auch auf andere Bereiche übertragen

---

359 Dieser Unterschied ist zu machen, weil der Kabinettsbeschluß im Falle der (wenn auch nur ausnahmsweise zulässigen) Richtlinienentscheidung des Bundeskanzlers entfällt. Vgl. oben II., 3., c), cc).

360 Das Problem ist im einzelnen sehr umstritten. Vgl. *Herzog*, DÖV 62, S. 81 ff.; *Schmidt*, AÖR 87, S. 253 ff.; *Scheuner*, DÖV 62, S. 641 ff.; *Mosler*, Verfassungen, S. 142 ff.; *Nawiasky*, Bundesstaat als Rechtsbegriff.

361 Vgl. MDH, Art. 20, FN 5 ff.

362 *Maunz*, Staatsrecht, S. 200 ff.

werden. Auch die Zustimmung der Bundesregierung zu Verträgen der Länder mit auswärtigen Staaten ist Ausfluß des Bund-Länder-Verhältnisses als eines Unterordnungsverhältnisses. Die Länder sind verpflichtet, selbst im Rahmen ihrer verfassungsmäßigen Zuständigkeit im Interesse des Bundes zu handeln, sich der Bundespolitik unterzuordnen und nichts zu tun, was die Einheit des Bundes nach außen beeinträchtigen könnte.

Die Zustimmung ist mehr als nur staatsleitender Akt und Willenserklärung der Bundesregierung. Im Verfassungsgefüge stellt sie einen Akt der Regierungsgewalt des Bundes gegenüber den Ländern dar, der unmittelbar in Rechte der Länder eingreift und bei dem von einer Gleichordnung nicht mehr die Rede sein kann[363]. Sieht man die Zustimmung einmal in diesem Licht, ist eine Parallele zum Verwaltungsakt unverkennbar. Als Kernsatz der verschiedenen, schon klassisch gewordenen Definitionen des Verwaltungsakts kann gelten, daß ein Verwaltungsakt jede von einem Träger öffentlicher Verwaltung mit Außenwirkung vorgenommene Regelung eines Einzelfalles ist[364]. Es soll hier nur insoweit an diese Definition angeknüpft werden, als es um eine Parallele grundsätzlicher Art geht. Schon die Subjektionstheorie im öffentlichen Recht bringt als besonderes Merkmal das Über- und Unterordnungsverhältnis zum Ausdruck, das zwischen der den Verwaltungsakt erlassenden Behörde und dem Adressaten besteht. Dieses Verhältnis liegt zwischen Bund und Ländern jedenfalls dann vor, wenn es um Einwirkungsrechte des Bundes in Länderangelegenheiten geht. Die Zustimmung der Bundesregierung ist eine solche unmittelbare Einwirkung auf Länderangelegenheiten, denn ohne ihre Erteilung ist der Zweck, den das Land mit dem Vertrag verfolgt, nämlich die innerstaatliche Anwendbarkeit, nicht erreichbar. Als ebenso wichtiges Merkmal liegt aber auch eine Regelung im Einzelfall vor. Die Zustimmung der Bundesregierung wird immer nur zu einem bestimmten Vertrag und einem bestimmten Bundesland gegenüber erteilt. Sie enthält auch eine Regelung, denn sie entscheidet über Sein oder Nichtsein des Vertrages im innerstaatlichen Bereich. Eine generelle Zustimmung ist in der Verfassung nicht vorgesehen und würde Sinn und Zweck des Art. 32 III GG auch ins Gegenteil verkehren. Es lassen sich also unverkennbare Parallelen zwischen der Zustimmung und einem Verwaltungsakt erkennen. Zur Verdeutlichung sei als Beispiel aus dem Verwaltungsrecht das Baugesuch und die Baugenehmigung herangezogen. Auch hier sind gewisse parallele Tatbestände nicht zu leugnen. Ein Projekt wird der Entscheidungsinstanz unterbreitet, die kraft öffentlichen Rechts berechtigt ist,

---

[363] Vgl. dazu *Herzog*, DÖV 62, S. 87, der diese Möglichkeit ausdrücklich einräumt.

[364] Dazu *Obermayer*, Verwaltungsakt, S. 27 ff. (35).

dieses Projekt zu „genehmigen“[365] oder zu verwerfen. Rechtsträger des Baurechts ist selbstverständlich der Antragsteller, die Baubehörde übt lediglich ein Aufsichtsrecht aus. Auch bei der Zustimmung ist Rechtsträger das ersuchende Land, „Aufsichtsbehörde“ hier die Bundesregierung. Es lassen sich also innerstaatlich gesehen die Zustimmung der Bundesregierung zu Länderverträgen mit auswärtigen Staaten und das Rechtsinstitut des Verwaltungsaktes durchaus miteinander vergleichen. Dabei darf man sich nicht daran stören, daß hier Ebenen miteinander verglichen werden, die nicht vergleichbar sind. Es geht nicht um die Vergleichbarkeit von Verwaltungsbehörde und Bundesregierung einerseits und antragstellendem Bürger und antragstellendem Bundesland andererseits, sondern um die Parallelität der hoheitlichen Regelung eines Einzelfalles. Es geht um rein formelle und charaktermäßige Gemeinsamkeiten. Die Zustimmung vereinigt in sich aber alle typischen Wesensmerkmale des Verwaltungsaktes. Damit ist ein brauchbares Kriterium für ihre rechtliche Beurteilung gewonnen. Zwar ist eine Anwendung des Begriffs Verwaltungsakt auf das Verhältnis zwischen Bund und Ländern nicht möglich, denn bei der Zustimmung handelt es sich erstens nicht um „Verwaltung“, vor allem aber ist Rechtsgrundlage die Verfassung selbst.

Es soll daher auch nicht weiter mit dem Begriff des Verwaltungsakts operiert werden. Zweck des Vergleiches war nur, die Parallelen aufzuzeigen und damit ein Kriterium für die Rechtsnatur der Zustimmung zu gewinnen. Auf hier verwertbare Begriffe übertragen ist die Zustimmung demnach ein Akt des Bundes als übergeordneter Zentralgewalt, der gegenüber dem in dieser Frage verfassungsrechtlich untergeordneten Bundesland[366] kraft materiellen Verfassungsrechts darüber entscheidet, ob das Land einen Vertrag mit einem auswärtigen Partner im konkreten Fall schließen darf oder nicht. Ein Weisungscharakter kommt der Zustimmung daneben nicht zu, denn die Bundesregierung hat nicht das Recht, dem Bundesland im Bezug auf Abschluß oder Ausgestaltung des Vertrages Weisungen zu erteilen. Nimmt sie dennoch Einfluß darauf, etwa durch Aufnahme von Bedingungen in den Zustimmungsbeschluß[367] oder durch Aushandeln bestimmter Kompromisse so geschieht das mit politischen, nicht mit rechtlichen Mitteln. Über die Grenzen dieser politischen Einflußnahme wird noch zu sprechen sein. Die Zustimmung regelt also den Einzelfall eines beabsichtigten Vertrags-

---

[365] Der Begriff „Baugenehmigung“ ist insofern ungenau und irreführend, als es sich hier ebenfalls um eine Zustimmung handelt; die Baubehörde stimmt dem Bauvorhaben zu, sie genehmigt nicht ein bereits fertiggestelltes Bauwerk.

[366] Diese Formulierung versucht, der Streitfrage einer generellen Über- und Unterordnung gerecht zu werden.

[367] Vgl. oben FN 290.

schlusses. Wenn ihr Bedingungen hinzugefügt werden, so kann dies — solange die Bedingungen das Vertragsschließungsrecht der Länder nicht aushöhlen, — unter dem Gesichtspunkt der Auflage als zulässig betrachtet werden[368]. In ihrer Eigenschaft als Regelungsinstrument zur Ausübung und Wahrnehmung grundgesetzlich geregelter Kompetenzen hat die Zustimmung gem. Art. 32 III GG im Grundgesetz keine vergleichbare Parallele. Die Zustimmung der Bundesregierung gem. Art. 113 I GG ist völlig anderer Natur und kann auch hier nicht weiter verfolgt werden[369]. Auch die anderen Zustimungsarten, die das Grundgesetz kennt, insbesondere die parlamentarische[370], haben nicht den Regelungscharakter der Zustimmung gem. Art. 32 III GG. Es ist daher auch nicht angebracht, die Zustimmung gem. Art. 32 III GG mit diesen Zustimmungen zu vergleichen und in bestehende Rechtskategorien einzuordnen. Sie bildet in der Verfassung ein Unikum, dessen Rechtsnatur in der Tat „sui generis" ist. Es kann aber, zumal Ähnlichkeiten zum Verwaltungsakt vorliegen, der Versuch unternommen werden, der Zustimmung über die Verlegenheitsbezeichnung der Rechtsnatur „sui generis" hinaus einen Namen zu geben. Dabei ist zu berücksichtigen, daß die Zustimmungserteilung Wahrnehmung eines verfassungsmäßigen Rechtes und einer Pflicht der Bundesregierung darstellt, also ein verfassungsrechtlicher Akt ist, der aber eben über die bloße Staatsleitung hinausgeht und regelnd verbindlich wirkt.

Naheliegend wäre es, für die Zustimmung die Bezeichnung „Regierungsakt" zu wählen, um zum Ausdruck zu bringen, daß quasi ein Verwaltungsakt auf Regierungsebene vorliegt. Diese Benennung erscheint jedoch zu unbestimmt. Als Regierungsakt läßt sich fast jede Maßnahme der Bundesregierung bezeichnen, sogar der Erlaß von Rechtsverordnungen, alles grundverschieden von der Zustimmung zu einem Ländervertrag. Auch die Bezeichnung „Staatsakt" paßt nicht gut, versteht man darunter doch im juristischen Sprachgebrauch nichts Konkretes. Ein Staatsakt kann genausogut die Eintragung ins Vereinsregister wie die Verleihung einer hohen Auszeichnung sein. Es soll daher vorgeschlagen werden, die Zustimmung als *„Verfassungsakt"* zu bezeichnen[371]. Dieser bisher — soweit ersichtlich — in der staatsrechtlichen Terminologie nicht verwendete Begriff charakterisiert die Zustimmung als einen innerstaatlichen Akt der Bundesexekutive, der auf der Grundlage materiellen und formellen Verfassungsrechts die Wahrnehmung der grundgesetzlichen Vertragsschließungskompetenz durch ein Bundesland

[368] Vergleichbar den Auflagen im Baurecht.

[369] Vgl. dazu *Belau*, DVBl. 51, S. 429 ff. (431).

[370] Vgl. dazu *Bernau*, S. 21 ff.; oben II., 3., b), aa).

[371] Der Begriff „Hoheitsakt" erscheint zu allgemein. Vor allem verbinden sich damit, wie beim „Staatsakt", sehr unterschiedliche Vorstellungen.

im Einzelfall rechtlich verbindlich regelt. Der Verfassungsakt der Zustimmung ist rechtlich dem Verwaltungsakt verwandt, basiert aber auf unmittelbarem Verfassungsrecht und ist Akt der Bundesexekutive gegenüber einem Bundesland, der einen konkreten Einzelfall regelt. Als solcher ist er Instrument der präventiven Bundesaufsicht und Willenserklärung der Bundesregierung. Der Verfassungsakt ergeht durch Kabinettsbeschluß oder, im Sonderfall der Richtlinienentscheidung, durch „die Bundesregierung", verkörpert durch den Bundeskanzler, direkt. Über die rechtlichen Voraussetzungen zum Erlaß dieses Verfassungsaktes wird im nächsten Abschnitt zu sprechen sein. Zusammenfassend soll hier festgestellt werden, daß die Zustimmung der Bundesregierung zu Verträgen der Bundesländer mit auswärtigen Staaten gemäß Art. 32 III GG ein dem Verwaltungsakt nahestehender Rechtsakt „sui generis" ist, für den in dieser Arbeit die Bezeichung „Verfassungsakt" gewählt werden soll.

ff) Die Zustimmung und die Ermächtigung durch Bundesgesetz gem. Art. 71 GG

Gem. Art. 32 III GG können die Bundesländer Verträge mit auswärtigen Staaten abschließen, soweit sie für die Gesetzgebung zuständig sind. Die Zustimmung der Bundesregierung hat auf das materielle Verfassungsrecht keinen Einfluß, vermag also die Zuständigkeiten der Länder nicht einzuschränken, aber auch nicht zu erweitern. Es ist dem Bund verwehrt, im Wege der Zustimmung einen Vertrag eines Bundeslandes zuzulassen, der sich auf Materien erstreckt, die der Gesetzgebungszuständigkeit der Länder entzogen sind. Art. 32 III GG setzt hier die verfassungsrechtliche Schranke.

Art. 71 GG eröffnet in seinem zweiten Halbsatz jedoch die Möglichkeit, daß der Bund das Land durch ein Bundesgesetz zur Gesetzgebung ermächtigt. In Verbindung mit Art. 32 III GG ergibt sich daraus, daß dann durch die Ermächtigung zur Gesetzgebung auch eine Ermächtigung zu einem Vertragsschluß über die betreffende Materie erfolgen kann. Diese Auffassung wird auch im Schrifttum vertreten[372]. Es können aber für die Besonderheit des Vertragsschließungsrechts hinsichtlich der Ermächtigung durch den Bund Einschränkungen gelten. Die Gründe hierfür liegen einerseits in den Schranken, die der Ermächtigung durch Art. 71 GG selbst gesetzt sind. Hervorzuheben ist dabei vor allem, daß der Bund keine generelle Ermächtigung für alle Länder erlassen darf[373] und den Ländern auch nicht durch Ermächtigung Gesetzgebungskompetenzen, „deren Übertragung auf die Länder den bundesstaatlichen Auf-

---

[372] *Bernhardt*, Verträge, S. 168 f.; 179; *Kraus*, Kulturabkommen, S. 422; *Hallmayer*, S. 27/28; *Gross*, Außenpolitik, S. 104; BK Art. 32, zu Abs. 3, Ziff. 5.

[373] *Rudolf*, Gesetzgebungsermächtigung, S. 180 f., 184.

bau der Bundesrepublik gefährdet"[374], übertragen kann. Wird eine Kompetenz übertragen, die ein Zustimmungsgesetz voraussetzt, ist das „Ermächtigungsgesetz" ebenfalls Zustimmungsgesetz[375]. Diese Beschränkungen folgen aus dem Wesen der Gesetzgebungsermächtigung selbst.

Ein zweites Problem wird aber in der Literatur meist übergangen. Es ist dies die Frage, ob im Falle einer Ermächtigung zur Gesetzgebung durch ein Bundesgesetz den Ländern das Vertragsschließungsrecht automatisch mit übertragen wird[376]. Die Frage ist nicht unproblematisch. Denn genau genommen wird durch ein Bundesgesetz gem. Art. 71 GG der Landesgesetzgeber zum Erlaß eines Landesgesetzes über Materien ausschließlicher Bundeszuständigkeit ermächtigt[377]. Daraus den Schluß zu ziehen, es werde automatisch auch die Landesregierung ermächtigt, über diese Materie einen Vertrag mit einem auswärtigen Staat abzuschließen, erscheint gewagt. Dies umso mehr, als ein solcher Vertrag — wie erörtert auch *ohne* Zustimmung der Bundesregierung[378] — völkerrechtlich wirksam werden könnte. Die Gesetzgebungsermächtigung gem. Art. 71 GG ist aber jederzeit durch ein anderes Bundesgesetz rücknehmbar und überträgt auch nicht die Bundeskompetenz in der Weise, daß dadurch eine eigene Landeskompetenz geschaffen würde[379], vielmehr handelt es sich praktisch um eine „Dezentralisation" der Bundesgesetzgebung zugunsten der Länder[380]. Alle diese Faktoren sprechen *gegen* einen automatischen Übergang auch des Vertragsschließungsrechts. Das Bundesgesetz kann aber so formuliert werden, daß die Befugnis zum Vertragsschluß dem Land ausdrücklich erteilt wird. Dieses Vorgehen erscheint praktisch, ist aber auch notwendig. Gegen eine grundsätzliche Möglichkeit, im Wege des Art. 71 GG die Länder auch zum Vertragsschluß zu ermächtigen, sprechen keine ersichtlichen Gründe, denn über die immanenten Schranken des Art. 71 GG ist hier ausreichende Sicherheit vor Mißbrauch gegeben. Praktisch kann eine solche Ermächtigung zum Vertragsschluß vor allem dann werden, wenn ein Ländervertrag etwas mit regelt, das nach Ansicht der Bundesregierung in die ausschließliche Bundeszuständigkeit gehören würde[381]. Hier

---

[374] *Rudolf*, Gesetzgebungsermächtigung, S. 180, 184.

[375] *Rudolf*, Gesetzgebungsermächtigung, S. 177 ff., 184. Unklar MDH Art. 71, RN 10, der nur von einem einfachen Gesetz spricht.

[376] *Bernhardt*, Verträge, S. 168, meint nur, „es bestehen auch keine Bedenken . . . "; *Hallmayer*, S. 27 f. sagt, „so muß . . . zugestanden werden"; *Kraus*, Kulturabkommen, S. 422 folgert das Vertragsrecht aus Art. 71 direkt.

[377] *Rudolf*, Gesetzgebungsermächtigung, S. 171 ff.

[378] Vgl. oben II., 2., b), aa).

[379] *Rudolf*, Gesetzgebungsermächtigung, S. 174 u. FN 53, 54, 55.

[380] *Rudolf*, Gesetzgebungsermächtigung, S. 174 u. FN 54 f.

[381] Bei der „Salinenkonvention" wurde ein solcher Schritt erwogen, dann aber nur die Zustimmung der Bundesregierung entsprechend formuliert. Vgl. oben FN 290.

erleichtert eine Ermächtigung das procedere und erspart ein Ausklammern eines Punktes aus dem Ländervertrag, über den der Bund dann gesondert einen Bundesvertrag abschließen müßte. Natürlich ist auch zu einem Vertrag, zu dessen Abschluß ein Land durch Bundesgesetz ermächtigt ist, die Zustimmung der Bundesregierung erforderlich. Sie kann nicht auch noch in die Ermächtigung hineininterpretiert werden, und zwar schon deshalb nicht, weil durch die Ermächtigung gem. Art. 71 GG die materielle Rechtslage verändert wird, dem Land also die Kompetenz verliehen wird, während die Zustimmung als Verfassungsakt mit der Kompetenzfrage überhaupt nichts zu tun hat. Es ergibt sich aber auch, daß ein Vertrag, den ein Bundesland ohne eine *ausdrückliche* Ermächtigung durch Bundesgesetz mit einem auswärtigen Staat über Materien ausschließlicher Bundeszuständigkeit abgeschlossen hat, völkerrechtlich *unwirksam* ist, denn hier handelt das Land „ultra vires", und zwar unabhängig davon, ob eine Zustimmung der Bundesregierung vorlag oder nicht, denn diese hat auf die völkerrechtliche Stellung der Länder keinen Einfluß. Abschließend kann also festgestellt werden, daß eine Ermächtigung gem. Art. 71 GG zum Vertragsschluß möglich ist, aber nicht automatisch in der Gesetzgebungsermächtigung enthalten sein kann. Die Ermächtigung entbindet nicht vom Erfordernis der Zustimmung der Bundesregierung.

b) Formelle Wirksamkeitsvoraussetzungen der Zustimmung

Nachdem die Zustimmung auf ihre Rechtsnatur hin untersucht wurde, sind noch die Voraussetzungen zu prüfen, deren sie zu ihrer Wirksamkeit bedarf. Zunächst sei dabei auf formelle Wirksamkeitsvoraussetzungen abgestellt. Es geht dabei um die Form der Zustimmungserklärung, wie sie dem ersuchenden Land mitgeteilt wird, aber auch um Formalien beim Zustandekommen der Entscheidung im Bundeskabinett.

aa) Die Form der Zustimmungserteilung

Weder das Grundgesetz noch die GOBR enthalten einen Hinweis darauf, in welcher Form die Zustimmung zu einem Ländervertrag mit einem auswärtigen Staat dem ersuchenden Bundesland mitzuteilen ist. Aus diesem Umstand kann der Schluß gezogen werden, daß die Zustimmungserteilung grundsätzlich formfrei sein soll. Es kämen dann mündliche wie schriftliche Mitteilungen gleichermaßen in Betracht, also beispielsweise eine Zustimmungserteilung per Telefon, Fernschreiben oder in einem einfachen Brief[382]. Eine generelle Formfreiheit der Zu-

---

[382] So wurde z. B. die Zustimmung zum Kehler Hafenvertrag fernschriftlich erteilt (vgl. BVerfGE 2, 357); die Zustimmung zum Staatsvertrag zwischen

stimmungserteilung wird aber dem Umstand nicht gerecht, daß die Zustimmung als Verfassungsakt ein unmittelbarer Hoheitsakt der Bundesregierung gegenüber dem betreffenden Land ist. Auch spricht gegen eine formlose Mitteilung, daß ein Fehlen der Zustimmung sehr wesentliche Folgen nach sich ziehen kann[383]. Hinzu kommt, daß die Zustimmung auch nicht rücknehmbar ist, und sie auch nicht selten mit bestimmten Zusätzen oder Bedingungen versehen ist, die ohnehin nur eine schriftliche Erteilung zulassen[384]. Eine formfreie Mitteilung der Zustimmung entspricht also der Bedeutung und dem Rechtscharakter der Zustimmung nicht. Zwar wird auch hier erst der Konfliktfall Probleme entstehen lassen, aber es gehört zu den Grundaufgaben des Rechts überhaupt, vorgedachte Konfliktfälle abstrakt zu lösen oder auszugleichen. Dabei kann es nicht darauf ankommen, wie wahrscheinlich der angenommene Konfliktfall ist, sondern nur auf die Möglichkeit des Eintretens überhaupt. Es ist durchaus denkbar, daß die Bundesregierung eine Zustimmung zurücknehmen möchte, sie nachträglich inhaltlich ändern oder mit Bedingungen versehen will oder behauptet, nur eine Information aber noch keine Zustimmungserklärung mitgeteilt zu haben. Diese Gefahr wird gebannt, wenn man eine bestimmte Form der Zustimmungserteilung verlangt. Zunächst bietet sich als einfachste Formvorschrift die Schriftform an. Sie ist die geringste aber auch notwendige Anforderung, die an die Zustimmungserteilung gestellt werden muß. Nur durch die Wahrung der Schriftform kann die Zustimmung ihrem Inhalt — einschließlich eventueller Auflagen oder Bedingungen — nach unmißverständlich kundgetan werden. Die einfache Schriftform, etwa per Fernschreiben, wird aber der Bedeutung der Zustimmung als Verfassungsakt und innerstaatliche Wirksamkeitsvoraussetzung der Länderverträge mit auswärtigen Staaten noch nicht gerecht. Es muß vielmehr eine spezifizierte Schriftform gefordert werden, nämlich eine offizielle Note der Bundesregierung. Dieses Papier ist vom Bundeskanzler oder seinem Stellvertreter zu unterzeichnen und an die Landesregierung zu richten[385]. Ist diese Form gewahrt, kann man zumindest von einer korrekten *Erteilung* der Zustimmung sprechen, auf die korrekte *Versagung* wird noch zurückzukommen sein. Es findet sich aber für eine Formvorschrift bei der Zustimmungserteilung keine rechtliche Grundlage. Daher ist de lege lata nicht daran zu zweifeln,

Rheinland-Pfalz und Luxemburg über die Errichtung einer Wasserkraftanlage an der Sauer vom 25. 4. 1950 erfolgte am 24. 4. 1950 telefonisch, wurde aber dann am 29. 4. 1950 schriftlich bestätigt.

[383] Vgl. oben II., 2., a), cc).

[384] Vgl. die Beispiele FN 290.

[385] In der Praxis unterzeichnet der Bundesaußenminister, es ist aber auch vorgekommen, daß der Bundeskanzler persönlich gezeichnet hat, so z. B. bei der „Salinenkonvention“.

daß auch eine „formfrei“ erteilte Zustimmung alle Rechtswirkungen entfaltet. Gerade die wichtige Bedeutung der Zustimmung und ihr Rechtscharakter lassen aber mit Nachdruck fordern, die Zustimmungserklärung nicht formlos vorzunehmen.

Es kommt noch eine weitere Überlegung hinzu: Angesichts der Rechtsnatur der Zustimmung als interner Verfassungsakt, der gegenüber dem betroffenen Bundesland die Ausübung einer verfassungsrechtlichen Kompetenz regelt, ist für die Form der *Zustimmungsverweigerung* zu verlangen, daß diese mit einer *Begründung* versehen ist. Auch hierfür fehlt die Rechtsgrundlage, denn weder die Verfassung selbst noch die GOBR enthalten darüber Andeutungen, geschweige denn eine Norm. Die Notwendigkeit einer Begründung der Verweigerung der Zustimmung kann aber aus ungeschriebenen Rechtsgrundsätzen gefolgert werden. Nicht zuletzt das Treueverhältnis zwischen Bund und Ländern begründet die Pflicht des Bundes, bei Beschneidung der Ausübung verfassungsrechtlicher Kompetenzen der Länder diese mit den Gründen bekannt zu machen. Ein weiteres Argument für die Begründungspflicht folgt aus der Rechtsnatur der Zustimmung als Verfassungsakt und ihrer Parallelität zum Verwaltungsakt. Denn belastende oder auch unter Einschränkungen begünstigende Verwaltungsakte sind mit einer Begründung zu versehen[386]. Die Begründungspflicht erstreckte sich somit auch auf eine Zustimmungserteilung, wenn durch wesentliche Auflagen und Bedingungen die Ausübung des Vertragsschließungsrechts der Länder eingeschränkt werden soll. Die rechtliche Erforderlichkeit einer Begründung ist also hinreichend gesichert. Über die praktische Notwendigkeitkeit können kaum Zweifel bestehen. Denn die Bundesregierung kann die Zustimmung aus verschiedenen Gründen verweigern. Diese können rechtlicher Natur sein — wenn etwa die Bundesregierung der Ansicht ist, das Land verletzte Bundeskompetenzen —, aber auch, und damit ist der Zweck der Zustimmung berührt, rein politischen Charakters. Gerade diese letztere Gruppe von Verweigerungsgründen läßt eine Begründung der Verweigerung als unerläßlich erscheinen, um nicht dem Mißbrauch Tür und Tor zu öffnen. Denn das Vertragsschließungsrecht der Bundesländer aus Art. 32 III GG würde ausgehöhlt, wenn die Bundesregierung ohne nähere Begründung einen Vertrag als „zur Zeit unerwünscht“ ablehnen könnte. Außerdem hat die Begründung noch eine weitere wichtige Funktion. Will das Land die Entscheidung der Bundesregierung nämlich gerichtlich überprüfen lassen — über die Frage der Justiziabilität wird noch zu sprechen sein —, so muß das Land als Kläger seine Klage substantiiert vortragen. Eine Einlassung dahingehend, die Bundesregierung

---

386 Vgl. *Wolff*, Verwaltungsrecht I, S. 332.

habe die Zustimmung nicht erteilt, ist hier unzureichend, denn dazu hat die Bundesregierung das Recht, wenn sie durchdringende Gründe hat. Das Land muß geltend machen, daß die Bundesregierung die Zustimmung ohne durchdringende Gründe versagt hat, also in unzulässiger Weise von ihrem sonst bestehenden Recht der Beschränkung der außenpolitischen Aktivitäten der Bundesländer Gebrauch gemacht hat. Für einen solchen Vortrag sind aber die Kenntnis der Versagungsgründe und ihre ausführliche Darlegung unerläßlich. Man kann demnach sogar sagen, daß Art. 32 III GG den Bundesländern nicht nur ein Vertragsschließungsrecht einräumt, sondern daß dieses Vertragsschließungsrecht auch beinhaltet, daß die Bundesregierung ihr Zustimmungsrecht nicht in eine materielle Beschränkung des Vertragsschließungsrechts „umfunktioniert". Nur die immer wieder betonte strikte Trennung von materiellem Recht und dem Erfordernis der Zustimmung und ihren Rechtswirkungen garantiert dies. Eine Vermengung dieser Bereiche, die in der Praxis durch eine grundlose Verweigerung der Zustimmung durchaus möglich wäre, wird durch das Erfordernis, eine Verweigerung mit einer schriftlichen Begründung zu versehen, zumindest erschwert. Es kann also im Ergebnis festgehalten werden, daß zwar die Zustimmungserteilung nach dem geschriebenen Recht keiner Form unterliegt, sich aber aus ungeschriebenen Rechtsgrundsätzen ergibt, daß zumindest ihre Versagung mit einer schriftlichen Begründung zu versehen ist. Diese Begründungspflicht erstreckt sich auch auf Zustimungen, die mit Bedingungen oder Auflagen versehen sind. Die Begründungspflicht kann als Informationsrecht des Landes gewertet werden, das auf seinem Vertragsschließungsrecht basiert. Das hat auch zur Folge, daß eine Verweigerung der Zustimmung ohne Angabe von Gründen schon allein deswegen richterlich überprüfbar sein muß.

An den Schluß der Überlegungen gehört noch der Fall, daß die Bundesregierung auf das Ersuchen um Zustimmung schweigt, also weder zusagt noch verweigert. Hierin kann jedenfalls nicht eine konkludente Zustimmung gesehen werden, denn es liegt überhaupt keine Willensäußerung der Bundesregierung vor. Ebensowenig ist darin eine konkludente Verweigerung der Zustimmung zu sehen, denn es fehlt schon an der Begründung. Es wird aber noch zu erörtern sein, daß die Bundesregierung das Land bescheiden muß. Das Vertragsschließungsrecht der Länder umschließt auch das Recht auf Bescheid durch die Bundesregierung. Auch hier wird die Parallelität zum Verwaltungsakt deutlich: Als Entscheidungsinstanz kann die Bundesregierung auf den Antrag des Landes nicht einfach nichts tun. Es ist immer eine ausdrückliche Erklärung der Bundesregierung notwendig.

bb) Formfragen des Zustandekommens der Zustimmung

Über die Zustimmung als Kabinettsbeschluß ist bereits ausführlich gesprochen worden. Die Formvorschriften für das Zustandekommen des Kabinettsbeschlusses finden sich in der GOBR, wegen der Einzelheiten kann auf die früheren Ausführungen verwiesen werden[387]. Es sollen hier nur noch einige Einzelfragen besprochen werden. Eher theoretischer als praktischer Natur dürfte der Hinweis sein, daß bei einer Abstimmung im Kabinett, solange es nicht um Richtlinienfragen geht[388], der Bundeskanzler nur primus inter pares ist. Er soll also nicht die Entscheidung über die Zustimmung auf kaltem Wege zur Richtlinienfrage machen, indem er über seine Funktion als Vorsitzender und Leiter der Sitzungen des Bundeskabinetts hinaus dessen Beschlüsse durch seinen politischen Einfluß[389] in eine bestimmte Richtung lenkt. Bei einer Abstimmung mit deutlicher Mehrheit kommt auch sein qualifiziertes Stimmrecht[390] nicht mehr zum Tragen. Wichtiger als diese ohnehin in der Praxis wohl kaum zu vermeidenden internen Unebenheiten ist aber die Frage, was von einer Zustimmungserteilung bzw. -verweigerung zu halten ist, die im Kabinett nicht ordnungsgemäß zustandegekommen ist. Es geht dabei also vor allem um Verletzung von Vorschriften der GOBR.

Ist die Zustimmung erteilt worden, so ist die Bundesregierung an ihre fehlerhafte Entscheidung gebunden, denn eine Rücknahme ist grundsätzlich ausgeschlossen[391], wenn das Land einmal von der Erteilung förmlich informiert worden ist. Durch einen bei der Bundesregierung liegenden internen Formfehler wird also die erteilte Zustimmung nicht unwirksam. Die Bundesregierung hat lediglich politische Möglichkeiten, ihre Wirkung rückgängig zu machen, etwa indem sie das Land veranlaßt, den Vertrag wieder zu lösen[392]. Bei der Verweigerung der Zustimmung kann zunächst einmal jeder Formfehler dadurch geheilt werden, daß die Bundesregierung den fehlerhaften Kabinettsbeschluß durch einen ordnungsgemäßen nachträglich ersetzt. Hat aber zum Beispiel der Bundeskanzler die Entscheidung über die Zustimmung an sich gezogen, obwohl keine Richtlinienfrage tangiert ist, so

---

[387] Oben II., 3., b), aa).

[388] Vgl. dazu oben II., 3., c), cc).

[389] Etwa als Parteivorsitzender.

[390] § 24 II Satz 2 GOBR; vgl. *Honnacker/Grimm*, Anm. 6.

[391] Vgl. oben II., 2., a), dd); vorausgesetzt wird immer, daß das Land nicht kompetenz- oder gesetzwidrig handelt. Hat die Bundesregierung irrtümlich angenommen, es liege Länderzuständigkeit vor, so ändert eine Zustimmung nichts daran, daß das Land dennoch „ultra vires" handelt. Analog ist die Lage bei einem Verstoß gegen Art. 59 GG zu sehen.

[392] Die nachträgliche Aufnahme von Bedingungen ist nicht als zulässig anzusehen.

liegt ein Entscheidungsfehler vor, der beachtlich sein muß und bei einer gerichtlichen Überprüfung geltend gemacht werden kann[393]. Das gilt auch für den Fall, daß der Bundeskanzler auf diesem Wege die Zustimmung erteilt. Freilich ist hier das Land mit dem Ergebnis zufrieden, wird also kaum als Kläger auftreten. Es kann aber durchaus sein, daß ein „übergangenes" Kabinettsmitglied eine auf diese Weise zustandegekommene Zustimmung angreifen will. Über diese Fragen ist im Abschnitt über die richterliche Kontrolle noch zu sprechen. Das Problem der internen Formfehler beim Zustandekommen der Zustimmung ist also zwar theoretisch lösbar, wird in der Praxis aber kaum zum Tragen kommen. Nur eine offensichtliche Außerachtlassung von Vorschriften der GOBR, wenn etwa das Bundeskabinett nicht beschlußfähig war[394], können zu einer Nichtigkeit der Zustimmungsentscheidung führen. Im übrigen hat die Rüge einer Formverletzung wohl nur dann Aussicht auf Erfolg, wenn zugleich andere Rechtsmängel geltend gemacht werden können[395].

c) Materielle Wirksamkeitsvoraussetzungen der Zustimmung

War bisher nur von den formellen Wirksamkeitsvoraussetzungen die Rede, so soll nun die Frage besprochen werden, welche materiell-rechtlichen Anforderungen an die Erteilung der Zustimmung gestellt werden müssen. Mit anderen Worten geht es um das Problem, unter welchen Voraussetzungen eine Zustimmungserteilung zulässig ist. Die strikte Trennung zwischen materiellem Verfassungsrecht und der Zustimmungswirkung führt dazu, daß nicht nur die Zustimmung keinen Einfluß auf die materielle Rechtslage haben kann, sondern daß sie nur dann erteilt werden darf, wenn alle materiell-rechtlichen Voraussetzungen erfüllt sind, der geplante Ländervertrag also rechtlich jeder Prüfung standhält. Zu Verträgen, die gegen Art. 32 III GG durch Kompetenzüberschreitung oder gegen anderes Verfassungsrecht, aber auch gegen die Landesverfassung verstoßen würden, darf eine Zustimmung nicht erteilt werden[396]. Besondere Bedeutung gewinnt dieser Punkt dann, wenn es sich nicht um eine Kompetenzverletzung, sondern um einen anderen Rechtsmangel des Ländervertrages handelt. Dann tritt mit der rechtwidrigen Zustimmung eine volle Wirksamkeit ein, die höchstens im Wege des Normenkontrollverfahrens oder auch der Ver-

[393] Das Gericht kann allerdings nicht entscheiden, ob die Richtlinie berührt war; es prüft nur die Rechtmäßigkeit der Ermessenausübung.

[394] Vgl. dazu *Honnacker/Grimm*, § 24 Anm. 5. Danach haben die von dem nicht beschlußfähigen Kabinett getroffenen Entscheidungen rechtlich den Charakter von Empfehlungen an das Gesamtkabinett.

[395] z. B. fehlerhafte Ermessensausübung.

[396] Vgl. dazu *Forsthoff*, Gutachten, S. 28 ff.

fassungsbeschwerde anfechtbar ist. Zu den einzelnen Fragen soll im folgenden Stellung genommen werden.

aa) Zustimmungsfähige Verträge

Die Prüfung, wann eine Zustimmung zu einem Vertrag zulässig ist, setzt bei Art. 32 III GG als Kompetenznorm an. Verträge, die nicht unter diese Vorschrift fallen, wie z. B. Konkordate[397], bedürfen der Zustimmung nicht und können hier außer Betracht bleiben. Das gleiche gilt für Vorverhandlungen und vorbereitende Akte eines Bundeslandes, das einen Vertrag erst aushandeln möchte[398]. Zustimmungsfähige Verträge sind vielmehr solche, die zustimmungsbedürftig sind, und bei denen einer Zustimmung keine *rechtlichen* Gründe entgegenstehen. Von politischen Ablehnungsgründen soll hier zunächst abgesehen werden. Es geht also um reine Rechtsfragen. Im ersten Kapitel wurde in geraffter Form dargelegt, welche Verträge welchen Inhalts die Bundesländer mit welchen Partnern abschließen dürfen. Dieser Rahmen, der durch Art. 32 III GG als Kompetenznorm abgesteckt wird, ist auch maßgeblich für die Beurteilung der Zulässigkeit der Zustimmung durch die Bundesregierung. Am besten läßt sich die Problematik anhand einiger Beispiele darlegen.

Will ein Bundesland einen Vertrag mit einem Staat abschließen, der von der Bundesrepublik völkerrechtlich noch nicht anerkannt ist, so ergibt eine Auslegung von Art. 32 III GG, daß hier das Merkmal „Staat" nicht erfüllt ist[399]. Denn Staaten im Sinne des Art. 32 III GG sind nur solche, die von der Bundesrepublik völkerrechtlich anerkannt sind. Eine Zustimmung zu einem solchen Vertrag ist ohne eine gleichzeitige völkerrechtliche Anerkennung des betreffenden Staates nicht möglich, denn die Zustimmung darf nur zu solchen Verträgen erteilt werden, die an Art. 32 III GG gemessen zulässig sind[400]. Das gilt für alle Vertragspartner, die das Merkmal des auswärtigen „Staates" nicht erfüllen, wobei aber zu unterscheiden ist, ob die Verträge mit diesen Partnern überhaupt unter Art. 32 III GG fallen, wie zum Beispiel Verwaltungsabkommen oder Verträge mit nicht vertragsfähigen ausländischen öffentlich-rechtlichen Körperschaften, oder ob Art. 32 III GG gar nicht tangiert ist, wie bei den Konkordaten. Probleme bereiten hier die

---

[397] Vgl. oben I., 1., b), dd).

[398] Ausgenommen die Fälle, wo wegen des potentiellen Vertragspartners schon dieser Schritt einer Zustimmung bedarf. Vgl. oben II., 2., a), bb).

[399] Vgl. oben I., 1., c), aa).

[400] In einer Zustimmung zu einem solchen Vertrag kann eine Anerkennung wohl nur gesehen werden, wenn die Zustimmung auch dem fremden Staat gegenüber ergeht.

divergierenden Auffassungen, die z. B. zu der Frage der ausländischen öffentlich-rechtlichen Körperschaften vertreten werden[401]. Nach der hier vertretenen Meinung ist eine Zustimmung der Bundesregierung erforderlich[402], es kann also die Frage der Zulässigkeit der Zustimmung gestellt werden. Ein Sonderproblem ergibt sich noch bei der Behandlung von sog. Städtepartnerschaften. Das Problem kann hier nicht vertieft werden; es soll aber immerhin gefragt werden, ob Art. 32 III GG hier überhaupt einschlägig ist oder nicht. Das Problem ist dabei, ob eine Stadt — eine ausländische und eine deutsche gleichermaßen — noch in den Art. 32 III GG einbezogen werden kann. Die Frage dürfte zu verneinen sein. Art. 32 III GG regelt nur die Beziehungen der Bundesländer, allenfalls noch öffentlich-rechtlicher Körperschaften auf Landesebene, mit auswärtigen Staaten. Eine auswärtige Betätigung der Kommunen ist im Grundgesetz nicht vorgesehen. Städtepartnerschaften haben also mit Art. 32 III GG nichts zu tun[403].

Neben diesen kleineren Problemen bei der Zulässigkeitsprüfung der Zustimmung stehen aber zwei Hauptfragen im Vordergrund: Wann darf ein Vertrag, der Zuständigkeiten des Bundes nicht berührt, aus anderen verfassungsrechtlichen Gründen keine Zustimmung erhalten, und welche Beziehungen bestehen zwischen der Zulässigkeit der Zustimmung und der Kompetenzüberschreitung durch ein Bundesland? Die erste Frage soll in diesem Abschnitt behandelt werden. Sie verdient besonderes Interesse, weil hier eine Reihe ungelöster Probleme auftauchen. Es soll davon ausgegangen werden, daß der Ländervertrag alle Voraussetzungen des Art. 32 III GG erfüllt, das Bundesland also innerhalb seiner ausschließlichen Gesetzgebungskompetenz handelt. Theoretisch ist damit der Weg für die Zustimmung frei. Bevor die Bundesregierung diese Zustimmung erteilt, muß aber geprüft werden, ob der Vertrag nicht die politischen Beziehungen des *Bundes* regelt[404]. Ist dies der Fall, so besteht über Art. 59 II GG Alleinzuständigkeit des Bundes, und die Bundesregierung darf eine Zustimmung zu diesem Vertrag nicht erteilen. Es ist damit die bereits im ersten Kapitel angeschnittene Problematik der „politischen Länderverträge" diesmal aus dem Blickwinkel der Zulässigkeit der Zustimmung der Bundesregie-

---

401 Vgl. dazu *Reichel,* Auswärtige Gewalt, S. 155 f.; BVerfGE 2, 347 (374 f.); oben I., 1., c), bb).

402 Vgl. I., 1., c), bb).

403 Eine Ausnahme wird für die „Stadtstaaten" Hamburg und Bremen zu machen sein. Aber auch wenn die Städtepartnerschaften nicht unter Art. 32 III GG fallen, dürfen sie nicht gegen den Willen der Bundesregierung abgeschlossen werden. Hier kann Art. 32 I GG die Schranke bilden.

404 Ein solches Nebeneinander der Regelung ausschließlicher Ländersachen und der politischen Beziehungen des Bundes ist nicht paradox. Vgl. dazu *Forsthoff,* Gutachten, S. 12 f.

rung gesehen[405]. Die Auffassung, daß es solche politischen Länderverträge überhaupt nicht geben könne[406], ist dabei ebenso unrichtig wie die Meinung, sie seien stets und uneingeschränkt zulässig[407]. Vielmehr sind solche Verträge an Art. 59 GG zu messen, wobei Art. 59 II GG hier nicht als Kompetenznorm im Rahmen des Art. 32 III GG angesehen werden soll, sondern als Auslegungsregel herangezogen wird[408]. Wichtigstes Kriterium einer solchen Prüfung ist die Regelung der politischen Beziehungen des Bundes. Dabei ist die Bedeutung der parlamentarischen Kontrolle der auswärtigen Gewalt hervorzuheben[409]. Sie ist notwendiges Gegenstück zu der weitgehenden Freiheit der Bundesregierung, insbesondere des Bundeskanzlers, bei der Festlegung der politischen Marschroute. Um die Kontrollrechte der gesetzgebenden Körperschaften Bundestag und Bundesrat aber nicht völlig auszuhöhlen, ist es notwendig, bei der Prüfung der Frage, wann ein Vertrag außenpolitische Beziehungen des Bundes regelt, strenge Maßstäbe anzulegen[410]. Das rechtfertigt eine weite Auslegung des Begriffs der „Regelung politischer Beziehungen". Es kann dafür nicht am verwaltungsrechtlich-technischen Begriff der „Regelung" angeknüpft werden, sondern es genügt ein weiter gefaßter Regelungsbegriff etwa des Inhalts, daß politische Auswirkungen nicht völlig unwesentlicher Art entstehen oder entstehen können[411]. Unter den „politischen Beziehungen" des Bundes soll dabei alles verstanden werden, was den Bund als Bundesrepublik[412] politisch direkt betrifft, aber auch nur indirekte oder mittelbare Auswirkungen politischer Natur auf den Bund als Ganzes hat[413].

Gerade in der Außenpolitik ist die „Politik der kleinen Schritte" noch von entscheidender Bedeutung, und unter bestimmten Voraussetzungen[414] kann ein Ländervertrag, der entweder Materien reiner Länderzuständigkeit oder sogar überhaupt nichts „regelt", allein durch die Tatsache seiner Existenz mit einem bestimmten auswärtigen Partner durchaus mittelbare und unmittelbare politische Auswirkungen für

---

[405] Vgl. dazu oben I., 1., b), bb) m. w. N.

[406] *Beer*, S. 152 ff.; BVerfGE 2, 347 (369 ff.).

[407] So wohl in letzter Konsequenz das BVerfG in der zit. Entscheidung.

[408] Vgl. *Bernhardt*, Verträge, S. 190 ff.

[409] Auf die Frage, ob damit auch die gesetzgebenden Körperschaften Träger der auswärtigen Gewalt sind, soll hier nicht eingegangen werden; vgl. oben II., 4., a), dd).

[410] Vgl. *Bernhardt*, Verträge, S. 193, der allerdings das BVerfG zu wörtlich nimmt. Auch Nebenwirkungen des Vertrages müssen berücksichtigt werden.

[411] Vgl. die Beispiele bei MDH, Art. 59 RN 15.

[412] Zur Gleichsetzung vgl. *Mosler*, Auswärtige Gewalt, S. 295.

[413] aA BVerfGE 2, 347 (382).

[414] z. B. nach einem Krieg; vgl. Kehler Hafenvertrag!

die Bundesrepublik als Ganzes haben[415]. Eben dann aber ist Art. 59 II GG berührt, denn der Verfassungsgeber wollte bei solchen Verträgen die Mitwirkung des Parlaments sicherstellen[416]. Dabei kann es keine Rolle spielen, ob die Auswirkungen durch einen Ländervertrag hervorgerufen werden, oder ob der Bund selbst Vertragspartner ist, und die Bundesregierung das Parlament umgeht. Hat die Bundesrepublik zum Beispiel schlechte oder gar keine Beziehungen[417] zu einem fremden Staat, dann stellt ein Vertrag eines Bundeslandes mit diesem Staat, mag er auch hinsichtlich einer „Regelung" noch so bescheidenen Inhalts sein, doch eine wesentliche Änderung der politischen Beziehungen auch der Bundesrepublik zu dem fremden Staat her. Allein die Tatsache der Existenz dieses Vertrages verändert das politische Klima. Das aber ist auch eine Regelung der politischen Beziehungen des Bundes[418], und hier kann ein Bundesland einen Vertrag nicht abschließen, ohne daß gleichzeitig Art. 59 II GG verletzt würde.

An diesem Punkt der Erörterung ist besonders der Fall hervorzuheben, daß die Bundesregierung sogar den Anstoß zum Abschluß eines solchen Ländervertrags gibt, weil sie die politischen Beziehungen zu dem fremden Staat verbessern möchte, das aber wegen Widerständen im Parlament über Art. 59 II GG nicht durchsetzen kann. Was liegt in einem solchen Fall näher, als ein politisch der Bundesregierung nahestehendes Bundesland „vorzuschieben"? Es genügt dabei der Abschluß eines einfachen Verwaltungsabkommens, das mit einer „Regelung der politischen Beziehungen des Bundes" erkennbar nicht das geringste zu tun hat, wenn es nur die erwünschten Nebenwirkungen zeitigt[419]. Schon an anderer Stelle wurde gezeigt, daß diese Art der Umgehung des Art. 59 II GG keineswegs so unmöglich ist, wie es das Bundesverfassungsgericht in seinem Urteil zum Falle des Kehler Hafens behauptet hat[420]. Dem kann aber durch eine Überprüfung des Ländervertrages an Art. 59 II GG entgegengewirkt werden. Kann in dem Ländervertrag bei vernünftiger Wertung der politischen Umstände eine wie immer geartete „Regelung" der politischen Beziehungen des Bundes gesehen werden, deren Wirkungen über den Vertragsinhalt hinaus die Bundesrepublik als Ganzes betreffen, so verstößt der Vertrag gegen Art. 59 II GG und

---

415 Vgl. *Forsthoff*, Gutachten, S. 12 f.

416 MDH Art. 59 RN 18 f.

417 Obwohl eine völkerrechtl. Anerkennung vorliegt.

418 Vgl. MDH Art. 59 RN 15 a. E.

419 Günstig kann sich hierbei noch auswirken, wenn dabei vereinbart wird, daß in bestimmten im Abkommen vorgesehenen Ausschüssen auch Vertreter der Bundesregierung Beobachtungsfunktion haben. Die Kontakte der Bundesregierung zu dem fremden Staat können dann völlig „am Rande" vor sich gehen.

420 Vgl. BVerfGE 2, 347 (369 f.); oben FN 34.

darf nicht abgeschlossen werden[421]. Als Folge davon ist er aber auch nicht zustimmungsfähig. Denn Verträgen der Bundesländer, die gegen eine Verfassungsvorschrift verstoßen, darf die Bundesregierung nicht zustimmen. Die rechtliche Prüfung des Vertrages hat sich dabei nicht nur auf die Erfüllung der Voraussetzungen des Art. 32 III GG zu erstrecken, sondern auf die gesamte Verfassung, insbesondere auf Art. 59 II GG. Die Zustimmung zu einem Vertrag, der Art. 59 II GG verletzt, ist rechtswidrig und darf nicht erteilt werden. Ein solcher Ländervertrag ist nicht zustimmungsfähig[422].

bb) Kompetenzüberschreitende Verträge

Bei der Erörterung der Zulässigkeit der Zustimmung der Bundesregierung wurde bisher davon ausgegangen, daß die Voraussetzungen des Art. 32 III GG erfüllt sind, das vertragschließende Land sich also in den Grenzen seiner Kompetenzen gehalten hat. Ist dies nicht der Fall, wird das zweite große Problem der Zulässigkeit der Zustimmung berührt. Es ist dies die Frage nach den Beziehungen zwischen der Vertragsschließungskompetenz der Bundesländer und der Zulässigkeit der Zustimmung der Bundesregierung.

Unbeschadet des Streites um die Abschluß- und Transformationskompetenz des *Bundes* läßt sich die Länderkompetenz verhältnismäßig klar abgrenzen. Sie wird gem. Art. 32 III GG an der Zuständigkeit zur Gesetzgebung gemessen. Diese Gesetzgebungskompetenz ist im Grund-

---

[421] Es soll damit nicht gesagt sein, Art. 59 II GG müsse auf Abkommen jeglicher Art angewendet werden, was *Mosler*, Auswärtige Gewalt, S. 295 wohl als einzige Alternative ansieht, wenn er mit dem BVerfG indirekte Wirkungen eines Vertrages auf die politischen Beziehungen ausschließen will. Die Aufzählung in BVerfGE 1, 372 (380) ist aber nur beispielgebend und es läßt sich nur betonen, daß gerade im Zweifelsfall eine Grenze zwischen direkten und indirekten Wirkungen eines Vertrages nicht zu ziehen sein wird. Darum ist auf den Grad der Auswirkungen abzustellen.

[422] Es ist aber darauf hinzuweisen, daß nach der hier vertretenen Auffassung ein solcher Vertrag jedenfalls völkerrechtlich wirksam werden kann. Art. 59 II GG wurde nicht als Kompexenznorm angesehen, der Vorschrift wurde nur Bedeutung als Auslegungsmaßstab im Rahmen des Art. 32 III GG beigemessen. Das hat zur Folge, daß auch bei einem Verstoß gegen Art. 59 II GG der Ländervertrag völkerrechtlich wirksam werden kann, da das Land nicht „ultra vires" gehandelt hat, sondern nur ein Verfassungsverstoß vorliegt, der dem fremden Staat allenfalls hätte ohne weiteres erkennbar sein müssen. Insoweit wird von der von *Forsthoff*, Gutachten, S. 28 vertretenen Auffassung abgewichen. *Forsthoff* sagt ebd., S. 12 ff., zwar zutreffend, Art. 32 III GG werde durch Art. 59 II GG „dahin modifiziert, daß Verträge, auch wenn sie Gegenstände der Landesgesetzgebung behandeln . . . in die Bundeszuständigkeit fallen, wenn sie zugleich die politischen Beziehungen des Bundes zu auswärtigen Mächten betreffen." (S. 14; vgl. auch oben FN 36 aE). Das führt aber nicht zu einem „ultra vires"-Handeln der Länder, sondern ist nur ein Unterfall des Fehlens der parlamentarischen Zustimmung, denn diese soll ja auch umgangen werden.

gesetz abschließend geregelt. Ein Ländervertrag, der Materien behandelt, die der Länderzuständigkeit zur Gesetzgebung entzogen sind, verstößt gegen Art. 32 III GG, wenn nicht neben einer Ermächtigung zur Gesetzgebung gem. Art. 71 GG durch Bundesgesetz auch eine Vertragsschließungskompetenz übertragen ist[423]. Es handelt sich hierbei um einen Verfassungsverstoß, der sich von einer Verletzung des im Zusammenhang mit den politischen Länderverträgen bereits anfangs behandelten Art. 59 GG wesentlich unterscheidet. Art. 32 III GG als Kompetenznorm für das Vertragsschließungsrecht der Bundesländer ist nämlich zugleich *sedes materiae* für verfassungsrechtliche Ausformung der völkerrechtlichen Stellung der Länder. Im ersten Kapitel wurde schon darauf hingewiesen, daß die Völkerrechtssubjektivität und die völkerrechtliche Handlungsfähigkeit bundesstaatlicher Gliedstaaten nach der ihnen von ihrer Bundesverfassung eingeräumten Stellung beurteilt werden muß[424]. Nur solange sie sich im Rahmen dieser ihnen von der Verfassung gegebenen Kompetenzen bewegen, handeln sie völkerrechtlich relevant. Jede Überschreitung nimmt den Gliedstaaten ihre Völkerrechtssubjektivität und führt zu einem Handeln „ultra vires". Für die Kompetenzüberschreitung gilt also, daß der darauf basierende völkerrechtliche Vertrag eines Bundeslandes unwirksam ist, weil dem Land insoweit völkerrechtliche Rechts- und Handlungsfähigkeit fehlen. Die Kompetenzüberschreitung wird allein nach materiellem Verfassungsrecht beurteilt. Nach der hier vertretenen Meinung besitzt die Zustimmung der Bundesregierung keinerlei Einfluß auf die materielle Rechtslage. Hat das Land also „ultra vires" gehandelt, so kann auch eine Zustimmung der Bundesregierung ihm die nötige Völkerrechtssubjektivität nicht verschaffen. Das Bundesland besitzt völkerrechtlich nur soviel Rechtsmacht, wie ihm von der Verfassung eingeräumt ist. Eine Erweiterung dieser Rechtsmacht ist nur durch Bundesgesetz, also eine Entscheidung der Legislative des Bundes, denkbar[425], nicht aber durch eine Zustimmung der Exekutive. Eine Zustimmung zu einem kompetenzüberschreitenden Ländervertrag bleibt wirkungslos, wenn nicht zuvor durch Bundesgesetz das Land zum Vertragsschluß wie zur Gesetzgebung ermächtigt worden ist.

Diese Zustimmung ist aber darüberhinaus auch unzulässig. Denn innerstaatlich liegt mit einem kompetenzüberschreitenden Vertrag eine Verletzung von Art. 32 III GG vor, der die Vertragskompetenz der Bundesländer abschließend regelt. Einem Ländervertrag, der materielles Verfassungsrecht verletzt, darf die Bundesregierung keine Zustim-

---

[423] Vgl. dazu oben II., 4., a), ff).

[424] Vgl. oben I., 1., a), bb).

[425] Gem. Art. 71 GG; die Gesetzgebungsinitiative kann natürlich von der Bundesregierung ausgehen.

mung erteilen. Der Unterschied zu einer Zustimmung zu einem gegen Art. 59 II GG verstoßenden Vertrag liegt beim kompetenzüberschreitenden Vertrag darin, daß letzterer aus den oben beschriebenen Gründen völkerrechtlich nicht wirksam ist, während der Art. 59 II GG verletzende Vertrag bei Vorliegen der verfassungswidrigen Zustimmung zunächst volle Wirksamkeit erlangt, aber innerstaatlich angreifbar ist. Die Bundesregierung darf einem kompetenzüberschreitenden Ländervertrag nicht zustimmen, weil dieser Vertrag gegen Art. 32 III GG und damit gegen materielles Verfassungsrecht verstößt.

cc) Weitere Gründe für eine Unzulässigkeit der Zustimmung der Bundesregierung

Die beiden Hauptgründe für eine Unzulässigkeit der Zustimmung der Bundesregierung sind erörtert worden. Daneben kommen aber noch andere Gründe in Frage, aus denen die Bundesregierung eine Zustimmung zu einem Ländervertrag mit einem auswärtigen Staat nicht erteilen darf. Ganz allgemein läßt sich feststellen, daß der geplante Vertrag nicht gegen deutsches Recht verstoßen darf. Als ein wichtiger Faktor muß hier die Landesverfassung des vertragschließenden Landes beachtet werden. Soweit aus der Praxis ersichtlich, ist es üblich geworden, Länderverträge mit auswärtigen Staaten als „Regierungsabkommen“ abzuschließen und auf eine Zustimmung der Länderparlamente zu verzichten[426]. Auf die Einzelheiten dieses Vorgehens der Landesregierungen kann hier nicht eingegangen werden, ist auch der Einzelfall immer maßgebend; es soll aber hervorgehoben werden, daß eine nach der Landesverfassung erforderliche Zustimmung des Länderparlaments eine Zulässigkeitsvoraussetzung für die Zustimmung der Bundesregierung sein muß[427]. Das gleiche gilt für den Fall, daß in der Landesverfassung ein Anhörungsrecht für von Staatsverträgen betroffene Kommunen vorgesehen und von der Landesregierung nicht beachtet worden ist[428]. Man kann also feststellen, daß die Zulässigkeit der Zustimmung der Bundesregierung nicht allein von der Wahrung der Bundesverfassung

---

426 Vgl. z. B. das Abkommen über die Wasserkraftnutzung der Saalach zwischen Österreich und Bayern v. 20. 6. 1959. Die Bayerische Staatsregierung war hier der Auffassung, zu Verwaltungsabkommen in Form eines Regierungsabkommens weder einer Zustimmung der Bundesregierung, noch der des bayerischen Landtages zu bedürfen.

427 Vgl. *Forsthoff*, Gutachten, S. 28 ff. Der Kehler Hafenvertrag hätte nach Art. 99 der alten badischen Verfassung der Zustimmung des badischen Landtages bedurft. *Forsthoff* betont, daß ein „landesverfassungswidriger Landesvertrag die Zustimmung der Bundesregierung nicht erhalten“ darf (S. 29). Dem ist zuzustimmen. Vgl. auch K. F., AÖR 77, S. 373 ff. (Glosse).

428 Vgl. *Forsthoff*, Gutachten, S. 29; für Baden-Württemberg heute § 50 Satz 2 LV, 71 IV LV.

abhängt, sondern daß hier auch landesrechtlich ein rechtmäßiger Vertrag vorliegen muß. Es würde jedem Sinn bundesstaatlicher Ordnung widersprechen, könnte die Bundesregierung einem rechtswidrigen Landesvertrag mit der Begründung zustimmen, eine Prüfung des Vertrages auf die Wahrung landesrechtlicher Vorschriften sei ihr nicht zuzumuten[429]. Im übrigen ist zum Problem der Zulässigkeit der Zustimmung abschließend zu bemerken, daß der Ländervertrag keine Bestimmungen enthalten darf, die mit dem deutschen „ordre public" nicht zu vereinbaren sind[430].

d) Die Verweigerung der Zustimmung

Bisher wurde besprochen, unter welchen Voraussetzungen die Bundesregierung die Zustimmung aus Rechtsgründen nicht erteilen darf. Die Zulässigkeitsprüfung der Zustimmung erstreckte sich also auf die Frage, wann eine *Erteilung* der Zustimmung unzulässig ist. In diesem Abschnitt soll vor allem danach gefragt werden, wann die gegenteilige Entscheidung, also die *Verweigerung* der Zustimmung rechtswidrig ist oder sein kann. Dieses Problem ist nicht nur ein rechtliches, indem es um die rechtmäßige Ermessensausübung geht, sondern auch ein politisches, weil es sich um *politisches* Ermessen handelt. Denn nach Zweck und Bedeutung des Art. 32 III GG ist klar, daß die Zustimmung nicht nur aus rechtlichen Gründen verweigert werden darf — und auch verweigert werden muß —, sondern daß die politischen Erwägungen der Bundesregierung diese vor allem zu einer Verweigerung berechtigen. Diese Verweigerung der Zustimmung aus politischen Gründen soll hier vor allem angesprochen werden. Zugleich soll dabei der Versuch unternommen werden, dem Recht der Bundesregierung zur Verweigerung der Zustimmung aus politischen Gründen ein Recht des Landes auf pflichtgemäßen Ermessensgebrauch gegenüberzustellen[431]. Geht man dabei davon aus, daß die Bundesregierung bei Verweigerung der Zustimmung aus politischen Gründen zwar einen gewissen Spielraum hat, innerhalb dessen sie frei entscheiden kann, so ergibt sich doch folgerichtig, daß bei einer unverhältnismäßigen Ausweitung oder einem

---

[429] *Forsthoff,* Gutachten, S. 29.

[430] Vgl. Art. 30 EGBGB, der die innerdeutsche Anwendung verhindert.

[431] Die Problematik ist hier dadurch gekennzeichnet, daß dem Bundesland — auch wenn sämtliche materiell-rechtlichen Voraussetzungen für ein Recht zum Vertragsschluß vorliegen — dennoch kein *subjektives* Recht auf die Erteilung der Zustimmung gegeben werden kann. Andererseits läßt reine Willkür der Bundesregierung die Verweigerung der Zustimmung rechtswidrig werden. Insoweit sind die allgemeinen Rechtsgrundsätze auch auf politische Ermessensentscheidungen der Bundesregierung anwendbar. Jedoch ist fraglich, was diese Feststellung der Rechtswidrigkeit einer Zustimmungsverweigerung dem Bundesland im konkreten Fall helfen kann. Vgl. dazu unten den Abschnitt über die rechterliche Kontrolle, II., 4., e).

offensichtlichen Mißbrauch dieses Spielraumes objektiv kein Grund mehr für eine Verweigerung der Zustimmung besteht, und dann das Recht des Landes auf pflichtgemäßen Ermessensgebrauch jedenfalls das Verhalten der Bundesregierung rechtswidrig macht. Es kann insoweit theoretisch von einer Reduzierung des Ermessensspielraumes auf Null gesprochen werden. Voraussetzung ist immer, daß dem Ländervertrag keine rechtlichen Hinderungsgründe entgegenstehen, sondern es lediglich um eine politische Entscheidung der Bundesregierung geht.

aa) Die Zustimmung als Ermessensentscheidung

Folgt man der Prämisse, daß dem von einem Bundesland geplanten Vertragsschluß mit einem auswärtigen Staat keine *rechtlichen* Bedenken begegnen sollen, so ergibt sich für die Entscheidung der Bundesregierung über die Zustimmung, daß hier eine Alternative zwischen Ja und Nein gegeben ist, die sich von anderen als von rechtlichen Überlegungen leiten lassen muß. Diese Überlegungen sind angesichts der Bedeutung der Zustimmung[432] in erster Linie politische, nicht zuletzt auch Zweckmäßigkeitserwägungen. Damit ist eine Entscheidung in das *Ermessen* der Bundesregierung gestellt[433]. Zwar gibt das Grundgesetz selbst keinen Hinweis auf ein Ermessen der Bundesregierung bei der Zustimmungsentscheidung, jedoch ist zweifelsfrei, daß der Verfassungsgeber mit dem Erfordernis der Zustimmung mehr erreichen wollte, als nur eine Kontrolle materiellen Rechts[434]. Gerade der Zweck und die Bedeutung der Zustimmung — es sei an die außenpolitische Gleichrichtung von Bund und Ländern erinnert — zeigen deutlich, daß die Zustimmung sehr wesentlich Instrument einer politischen Kontrolle[435] ist und damit eine Entscheidung, die über eine Kontrolle nur der materiell-verfassungsrechtlichen Voraussetzungen eines Vertragsschlusses hinausreicht.

Dies mag genügen, die Zustimmung somit als verfassungsrechtliche Ermessensentscheidung der Bundesregierung zu bezeichnen. Freilich ist damit noch zu wenig ausgesagt. Denn zur Ermessensentscheidung gehört

---

[432] Vgl. oben II., 1., 2.

[433] *v. Mangoldt/Klein,* Art. 32 Anm. VI 5 e; BK Art. 32, zu Abs. 3, Anm. Ziff. 6; *Bernhardt,* Verträge, S. 193, spricht von einer *nicht* nachprüfbaren Ermessensentscheidung. Vgl. dazu unten II., 4., e). *Hallmayer,* S. 57; *Grewe,* VVDStRL 12, S. 177 f.

[434] Das ergibt sich einerseits aus der Entwicklungsgeschichte, denn schon in der Weimarer Zeit wurde die Zustimmungserteilung als „Ermessensache" bezeichnet; vgl. *Anschütz,* Kommentar, Art. 78, Anm. 5 aE; *Fleischmann,* S. 214. Andererseits enthält auch die Forderung nach Zustimmung *vor* Vertragsschluß (vgl. *Bericht* über den Verfassungkonvent, S. 31) den deutlichen Hinweis auf die Notwendigkeit politischer Kontrolle.

[435] Vgl. auch BVerfGE 2, 347 (370).

neben zwei mindestens möglichen rechtmäßigen Alternativen auch ein Maßstab dafür, wie das Ermessen auszuüben ist, d. h. welche Kriterien für die Ermessensentscheidung eine Rolle spielen sollen. Diese Kriterien sind aber verhältnismäßig leicht aus Zweck und Bedeutung der Zustimmung zu gewinnen[436]. Soll die Bundesregierung hier die Möglichkeit haben, völkerrechtliche Kontakte der Bundesländer mit der Außenpolitik des Bundes zu koordinieren[437], so ergibt sich, daß sich die Zustimmungsentscheidung der Bundesregierung als Ermessensentscheidung an einem Begriff orientieren muß, der einer solchen Koordinierungsaufgabe umschreibend gerecht wird. Das Grundgesetz nennt diesen Begriff nicht, aber es liegt nahe, ihn einmal mit dem „außenpolitischen Wohl und Wehe" der Bundesrepublik zu bezeichnen[438]. Hält die Bundesregierung einen Ländervertrag für geeignet, dieses außenpolitische Wohl der Bundesrepublik zu beeinträchtigen, also mit der eigenen Außenpolitik zu kollidieren, so ist dies ihr Entscheidungskriterium bei der Verweigerung der Zustimmung aus politischen Gründen[439]. Die Ermessensentscheidung der Bundesregierung orientiert sich also an einem Rechtsbegriff, der als „Vereinbarkeit mit der Außenpolitik der Bundesregierung" umschrieben werden kann. Dieser Begriff bedarf der Auslegung und kann daher als unbestimmter Rechtsbegriff[440] bezeichnet werden. Damit ergibt sich für die Entscheidung über die Zustimmung ein Beurteilungsspielraum[441], innerhalb dessen die Bundesregierung einerseits in ihrer Entscheidung frei ist, der aber andererseits auch den Ansatzpunkt einer gerichtlichen Überprüfbarkeit der Entscheidung bietet.

---

[436] Daß eine Ermessensentscheidung auch im Sinne „freien Ermessens" keinen rechtsfreien Raum bildet, soll hier nicht näher begründet werden. Vgl. dazu *Wolff*, Verwaltungsrecht I, S. 172 ff. Im Hinblick auf die Zweckgebundenheit der Ermessenentscheidung als Orientierungsmaßstab — nicht als Kriterium ihrer Rechtmäßigkeit — sei auf § 114 VwGO verwiesen, dem jedenfalls zu entnehmen ist, daß der Zweck der Ermessensausübung die Entscheidung leiten muß.

[437] Vgl. oben II., 1.

[438] Die Bezeichnungen in der Literatur sind unterschiedlich, gehen aber in dieselbe Richtung. *v. Mangoldt/Klein*, Art. 32 Anm. VI 5 e/f spricht von der „Wahrung der Bundesbelange"; *Grewe*, VVDStRL 12, S. 177/8, formuliert etwas weicher: „Bedenken" oder „inopportuner Vertragsschluß"; *Hallmayer*, S. 57: „Wenn wirkliche Interessen des Bundes durchkreuzt werden"; *Bernhardt*, Verträge, S. 173: „Bundesinteressen"; BVerfGE 2, 347 (370): „wohlerwogene Interessen des Bundes", so auch *Rudolf*, Intern. Beziehungen, S. 68 f.

[439] Auf die Innenpolitik wird hier nicht eingegangen, weil vorausgesetzt ist, daß die Länder innerhalb ihrer Gesetzgebungszuständigkeiten handeln.

[440] *Wolff*, Verwaltungsrecht I, S. 164, bevorzugt den Ausdruck „Gesetzesbegriff"; hier fehlt aber eine positiv-rechtliche Regelung.

[441] Vgl. *Wolff*, Verwaltungsrecht I, S. 166, m. w. N.

bb) Der Beurteilungsspielraum bei der Zustimmungsentscheidung

Formuliert man die Voraussetzungen für die Entscheidung über Erteilung oder Versagung der Zustimmung der Bundesregierung einmal in der Form einer Rechtsvorschrift, dann könnte diese etwa so lauten:

„Ist ein Ländervertrag mit einem auswärtigen Staat gem. Art. 32 III GG nach Auffassung der Bundesregierung mit den außenpolitischen Zielen des Bundes nicht vereinbar, so kann sie ihre Zustimmung auch dann verweigern, wenn rechtliche Bedenken dem Vertragsschluß nicht entgegenstehen."

Die Bundesregierung hat also zu beurteilen, ob der Ländervertrag mit ihren außenpolitischen Vorstellungen vereinbar ist oder nicht. Innerhalb dieses Beurteilungsspielraumes ist die Bundesregierung frei. Es kann hier nur anerkannt werden, daß es der Bundesregierung als Exekutivgewalt des Bundes uneingeschränkt zustehen muß, ihre Außenpolitik festzulegen und außenpolitische Aktivitäten der Bundesländer für damit vereinbar oder unvereinbar zu erklären. Stört ein Ländervertrag die Außenpolitik des Bundes, genügt eine — freilich begründete[442] — Verweigerung der Zustimmung den rechtlichen Anforderungen. Davon zu unterscheiden ist der Spielraum, der der Bundesregierung bei der Festlegung ihrer außenpolitischen Ziele durch das Grundgesetz und die bundesstaatlichen Prinzipien selbst gesetzt ist. Im Zusammenhang mit der Festlegung der Richtlinien der Politik durch den Bundeskanzlers wurde auf dieses Problem bereits eingegangen[443]. So kann die Bundesregierung es nicht zu einem außenpolitischen Ziel machen, möglichst wenige oder gar keine Länderverträge mit auswärtigen Partnern zu dulden. Hier wäre das verfassungsmäßige Vertragsschließungsrecht der Länder unzulässig beeinträchtigt. Allein die Existenz eines Ländervertrages mit einem auswärtigen Staat kann höchstens dann einmal zur Kollision mit der Außenpolitik der Bundesregierung führen, wenn sie innerhalb kurzer Zeit selbst einen Vertrag gleichen Inhalts über die konkurrierende Zuständigkeit abschließen möchte[444]. Im übrigen muß aber noch etwas Besonderes hinzukommen, nämlich die Existenz des Vertrages gerade mit einem *bestimmten* fremden Staat oder gerade zu einem ungünstigen *Zeitpunkt.*

Die Beispiele zeigen, daß die Freiheit der Bundesregierung nicht eine rechtliche, sondern eine politische ist. Sie entbindet sie nicht davon, bei

[442] Über die Verpflichtung, ihre ablehnende Entscheidung zu begründen, kommt die Bundesregierung auch hier nicht hinweg. Vgl. oben S. 128 ff.

[443] Vgl. oben II., 3., c), cc).

[444] Vgl. dazu *Grewe*, VVDStRL 12, S. 177; das ist allerdings insofern problematisch, als *Grewe* von einem uneingeschränkten Vertragsschließungsrecht des Bundes ausgeht (ebd., S. 166 f.).

der Beurteilung der Vereinbarkeit eines Ländervertrages mit ihren außenpolitischen Vorstellungen rechtlich nachprüfbare Kriterien zugrunde zu legen. Wesentlichstes Merkmal ist dafür, daß eine Ablehnung nicht auf generalisierende Begründungen gestützt werden kann, sondern der konkrete Einzelfall beurteilt werden muß. So kann die Bundesregierung nicht argumentieren, sie billige nicht, daß ein deutsches Bundesland sich einem auswärtigen Staat gegenüber vertraglich verpflichte, weil daraus Haftungsfolgen letztlich auch für den Bund entstehen könnten. Vielmehr muß hier ein konkreter Anlaß bestehen, etwa wegen der besonderen Vertragssituation oder des Ausmaßes der übernommenen Verpflichtungen aus Rücksicht auf die Bundesinteressen eine Zustimmung zu verweigern. Die Beispiele ließen sich beliebig fortsetzen. Es sollte aber lediglich aufgezeigt werden, wie problematisch die Bestimmung eines „Beurteilungsspielraums" für den Begriff der „Vereinbarkeit mit der Außenpolitik des Bundes" sein kann. Einerseits muß es der Bundesregierung unbenommen bleiben, zu entscheiden, wann ein Ländervertrag ihr außenpolitisches Konzept stört und wann nicht, andererseits darf ihr nicht gestattet sein, auf diese Weise das Vertragsschließungsrecht der Länder gegenstandslos zu machen. Es scheint daher angemessen, bei der Untersuchung der Rechtmäßigkeit einer Verweigerung der Zustimmung weniger an der Vereinbarkeit mit der Außenpolitik anzuknüpfen, als vielmehr die Grenzen politischen Ermessens auszuloten. Im Ganzen läßt sich bereits absehen, daß eine exakte juristische Bestimmung der Entscheidungsgrenzen wie im Verwaltungsrecht hier aus der Natur der Sache heraus nicht erreichbar ist[445].

Geht man aber von dem eingangs formulierten Rechtssatz aus, so enthält er zwei verschiedene Entscheidungen der Bundesregierung. Im ersten Halbsatz ist die „Vereinbarkeit mit den außenpolitischen Zielen" angesprochen. Hier besteht ein Freiraum für eine politische Beurteilung durch die Bundesregierung bei der Auslegung des unbestimmten Rechtsbegriffs. Der zweite Halbsatz ist eine Kann-Bestimmung und birgt zusätzlich das politische Ermessen der Bundesregierung. Liegen nämlich die Voraussetzungen des ersten Halbsatzes vor, so ist es der Bundesregierung noch unbenommen, *doch* zuzustimmen, aber zum Beispiel ihre Zustimmung an bestimmte Auflagen und Bedingungen zu knüpfen, vielleicht auch Bundesrechte in den Vertrag einzubauen oder selbst dem Vertrag beizutreten[446]. Was sie also macht, wenn sie eine Entschei-

[445] Vgl. auch *Wolff*, Verwaltungsrecht I, S. 167, wo schon die verwaltungsrechtlichen Probleme, denen die politische Komponente ja fehlt, hier große Schwierigkeiten bereiten.

[446] Umstritten ist, ob die Zustimmung auch erforderlich ist, wenn der Bund neben dem Land selbst Vertragspartner ist. Die Frage ist zu bejahen. Art. 32 III GG läßt keine Ausnahme zu.

dung über die Vereinbarkeit mit ihrer Außenpolitik getroffen hat, steht immer noch in ihrem Ermessen. Über dieses „politische Ermessen" soll im folgenden Abschnitt noch gesprochen werden. Es ist allerdings darauf hinzuweisen, daß eine strikte Trennung zwischen der Behandlung des unbestimmten Rechtsbegriffs der Vereinbarkeit mit der Außenpolitik und der Ausübung politischen Ermessens bei der Entscheidung über die Zustimmung nicht durchzuhalten ist. Will man daher die Tragweite des politischen Ermessens der Bundesregierung möglichst umfassend betrachten, wird man den zitierten Rechtssatz noch in einer zweiten Lesart anbieten müssen:

„*Die Bundesregierung kann Länderverträgen ihre Zustimmung auch verweigern, wenn keine rechtlichen Hinderungsgründe bestehen.*"

Hier ist allein auf das politische Ermessen abgestellt. Welche Lesung anwendbar ist, muß dem Einzelfall überlassen bleiben.

cc) Das politische Ermessen und die Zweckmäßigkeitsprüfung

Trotz der verwaltungsrechtlich-dogmatischen Differenzierung zwischen Ermessensentscheidung und unbestimmtem Rechtsbegriff[447] ist es im Bereich politischer Regierungsentscheidungen, will man sie nicht im rechtsfreien Raum geschehen lassen, sondern ihre Rechtmäßigkeit transparenter machen, praktisch nicht vollziehbar, diese Trennung durchzuhalten. Andererseits bieten diese Beurteilungsmaßstäbe die einzigen brauchbaren Ansatzpunkte einer rechtlichen Überprüfung solcher Entscheidungen. Die Entscheidung über die Zustimmung der Bundesregierung gem. Art. 32 III GG ist durch ihr politisches Gewicht eine Ermessensentscheidung, auf die rein verwaltungsrechtliche Grundsätze ohnehin nur mit Vorsicht übertragbar sind. Jedenfalls kann aber auch hier gelten, daß die Ermessensentscheidung mit dem Zweck der Zustimmung Hand in Hand gehen muß[448].

Zunächst seien einige Bemerkungen über den Begriff des „politischen Ermessens" vorangestellt. Der Begriff des „politischen Ermessens" ist doppelt vage. Einmal ist das Ermessen bereits für sich etwas Indifferentes[449], was schon darin gut zum Ausdruck kommt, daß der Richter nur die Rechtsmäßigkeit einer Ermessensentscheidung überprüft, nicht aber ihre Zweckmäßigkeit. Die Grenzen des Ermessens werden erst

---

[447] Dazu *Wolff*, Verwaltungsrecht I, S. 162 ff., 172 ff.

[448] *Wolff*, Verwaltungsrecht I, S. 173.

[449] Das ergibt sich schon daraus, daß die Zahl der rechtlich möglichen Entscheidungen praktisch nicht begrenzt ist. *Wolff* spricht von einer „Beschränkung durch die Verbote und Gebote einer negativen Gesetzmäßigkeit" (S. 172).

dann deutlich, wenn es offensichtlich überschritten ist. Die Grauzone des Grenzbereichs ist aber nicht klar eingrenzbar. In dem besonderen Fall des „politischen“ Ermessens aber wird dieses Ermessen noch mit einem Attribut versehen, über dessen geringen Aussagewert bereits gesprochen wurde[450]. Überspitzt formuliert ist das politische Ermessen also eine Art begrenzter Narrenfreiheit. Es handelt sich nämlich um eine Entscheidungsfreiheit, die sich so lange über alle Gebote der Zweckmäßigkeit hinwegsetzen kann, wie sie sich nur im Rahmen des Nichtkriminellen hält. Daher muß, will man nicht eine völlige Unkontrollierbarkeit politischer Entscheidungen in Kauf nehmen, der Zweck der Verfassungsvorschrift dem politischen Ermessen als Regulativ beigegeben werden[451]. Die Zustimmung ist als Verfassungsakt charakterisiert worden[452]. Vergleicht man die Bundesregierung einmal — nur aus der Parallelität der Entscheidungsbefugnis heraus — mit der Widerspruchsbehörde beim Verwaltungsakt, so ergibt sich folgendes Bild: Die Bundesregierung prüft zunächst die Rechtmäßigkeit des vorliegenden Ländervertrages, und wenn diese gegeben ist, nimmt sie eine — politisch orientierte — Zweckmäßigkeitsprüfung vor. Hierbei greift sie auf ihr politisches Ermessen zurück. Sie stellt Überlegungen an, ob der Ländervertrag außenpolitisch zweckmäßig wäre oder nicht, ob er günstige oder ungünstige Folgen nach sich ziehen wird. Mit anderen Worten ist also das politische Ermessen nichts anderes als die Brille, durch die die Bundesregierung die Welt und die Situation der Bundesrepublik sehen will. Solange sie in der Lage ist, für ihre Sicht gute Gründe vorzubringen, wird es ihr auch nicht schwerfallen, einen Vertrag als zweckmäßig oder unzweckmäßig hinzustellen. Dabei ist es ihr verfassungsmäßiges Recht, nicht zuletzt kraft der Richtlinienkompetenz des Bundeskanzlers, einen Ländervertrag an ihrer Sicht zu messen. Letztlich ist also mit einer differenzierten Prüfung des politischen Ermessens der Bundesregierung nichts zu gewinnen, denn die „Einschätzungsprärogative“[453] gibt der Bundesregierung einen solchen politischen Entscheidungs- und Begründungsfreiraum, daß rechtliche Kriterien in der Praxis ihre Dienste versagen werden, solange es um die Nachprüfung einer schlichten politischen Ermessensentscheidung geht. Gerade die Beurteilung der Zustimmung der Bundesregierung zu Verträgen der Bundesländer mit auswärtigen Staaten zeigt, daß dort, wo rechtliche

---

[450] Vgl. oben I., 1., b), bb).

[451] Vgl. *Wolff*, Verwaltungsrecht I, S. 173.

[452] Oben II., 4., a), ee).

[453] Vgl. dazu *Wolff*, Verwaltungsrecht I, S. 167. Der Ausdruck ist hier zwar zweckentfremdet, scheint aber nicht völlig unpassend. Gerade unter dem Aspekt einer Zweckmäßigkeitsentscheidung der Bundesregierung, die von einer Beurteilung der künftigen Lage ausgehen muß, ergeben sich durchaus Parallelen.

Beurteilung aufhört und politische anfängt, tatsächlich weitgehend rechtsfreier Raum herrscht. Es scheint wenig realistisch, wollte man sich in dieser Hinsicht Hoffnungen machen. Die gute Seite liegt darin, daß insoweit auch eine politische Entscheidung herbeigeführt werden muß, nämlich im Bundeskabinett, während aus den genannten praktischen Gründen die Gerichte von einer politischen Entscheidung meist entbunden sein werden. Nur wenn eine Entscheidung der Bundesregierung offensichtlich mißbräuchlich von dem „politischen Entscheidungsprivileg" Gebrauch macht, wird eine rechtliche Beurteilung Aussicht auf Erfolg haben. Über diese Fälle wird im nächsten Abschnitt noch zu sprechen sein[454].

dd) Das Willkürverbot

Es ist festgestellt worden, daß die Möglichkeiten einer rechtlichen Beurteilung des „politischen Ermessens" begrenzt sind. Inwieweit sich auch ein Gericht hier Zurückhaltung aufzuerlegen hat, wird im nächsten Abschnitt noch zu untersuchen sein[455]. Es ist aber nicht völlig unmöglich, auch im Bereich des politischen Ermessens einen fehlerhaften Ermessensgebrauch oder eine pflichtwidrige Ermessensausübung zu konstatieren. Grenzziehungen verlaufen hier aber aus der Natur der Sache heraus nicht so — verhältnismäßig — scharf wie im übrigen öffentlichen Recht[456]. Es ist daher angebracht, auf einen Begriff auszuweichen, der entsprechend der Formel von „Treu und Glauben" im Bürgerlichen Recht, eine Notbremsenfunktion entfaltet: Das Willkürverbot. Ein Hauptmerkmal der Willkür soll sein, daß eine Entscheidung aufgrund sachfremder Erwägungen zustande kommt. Stimmt die Bundesregierung einem Ländervertrag mit einem auswärtigen Staat also etwa deswegen nicht zu, weil die ersuchende Landesregierung von einer anderen politischen Partei gestellt wird, der nach Möglichkeit Hindernisse in den Weg gelegt werden sollen, so ist hier offensichtlich eine sachfremde Erwägung (nämlich die Parteipolitik) dem Verfassungsakt der Verweigerung der Zustimmung zugrunde gelegt worden. Dann ist die Ent-

---

[454] Es ist nicht beabsichtigt, hier eine zweckpessimistische Polemik zu betreiben. Jedoch nützt es wenig, die Augen davor zu verschließen, daß politische Entscheidungen rechtlich nur im Extremfall nachweislich zu beanstanden sind. Als aktuelles Beispiel sei an die Rechtsprechung des Bundesverfassungsgerichts zur Präambel des Grundgesetzes erinnert, zuletzt zum Wiedervereinigungsgebot im Grundvertragsurteil vom 31. 7. 1973, NJW 73 S. 1539, Leitsatz Ziff. d. Letztlich kann man dazu wohl sagen, daß es keine politische Entscheidung der Bundesregierung geben kann, die hier eindeutig rechtswidrig wäre, den offenen Verzicht ausgenommen.

[455] Es geht dabei vor allem um das Problem des sog. *judicial self-restraint;* vgl. *Schuppert,* S. 159 ff.

[456] Es wird daher darauf verzichtet, hier weiter zu differenzieren; vgl. dazu *Wolff,* Verwaltungsrecht I, § 31 II d, S. 173 ff.

scheidung willkürlich und auch rechtswidrig. Hier wird nochmals ganz deutlich, wie wichtig die Annahme einer Begründungspflicht bei der Verweigerung der Zustimmung ist[457]. Gerade bei der Verweigerung der Zustimmung aus politischen Gründen muß klar sein, daß der Verdacht der Willkür durch die Begründung der Bundesregierung zerstreut wird. Nur eine Transparenz der Regierungsentscheidung — solange nicht aus Sicherheitsgründen eine Geheimhaltung notwendig ist — kann dazu verhelfen, das Willkürverbot auch wirksam werden zu lassen. Diese Transparenz ist auch Voraussetzung für jede richterliche Überprüfung. Erst wenn die Bundesregierung gezwungen ist, ihre Zustimmungsverweigerung stichhaltig zu begründen, kann das Land eine Klage substantiiert und schlüssig vortragen. Zugleich wirkt die Begründungspflicht einer Willkürentscheidung zumindest formal entgegen, denn dadurch wird die Bundesregierung genötigt, sich neben ihrer — hier unterstellten — willkürlichen Motivation des Nein noch eine haltbare Scheinbegründung einfallen zu lassen. Das Willkürverbot kann also, besonders im Zusammenspiel mit einer Begründungspflicht bei der Verweigerung der Zustimmung, als Kriterium der Rechtswidrigkeit einer Zustimmungsentscheidung fungieren. Damit ist allerdings noch nichts darüber gesagt, was mit einer solchen rechtswidrigen Entscheidung geschieht, wenn sie einmal ergangen ist. An dieser Stelle genügt aber die Feststellung, daß es im Einzelfall jedenfalls möglich sein kann, eine klare Entscheidung über die Rechtswidrigkeit der Zustimmungsverweigerung zu fällen.

ee) Die Bedeutung allgemeiner Rechtsregeln in diesem Zusammenhang

An den Abschluß der Erörterung der Verweigerung der Zustimmung soll noch die Frage nach der Bedeutung allgemeiner Rechtsregeln in diesem Zusammenhang gestellt werden. Unter diesen allgemeinen Rechtsregeln werden vor allem die Ausformungen verstanden, die der bürgerlich-rechtliche Satz von Treu und Glauben im Laufe der Weiterentwicklung gefunden hat. Daß diese Rechtsregeln auch im Verhältnis von Bund und Ländern durchaus von einiger Bedeutung sein können, hat bereits das Bundesverfassungsgericht ausgesprochen[458]. Dabei ist Geltungsgrund dieser Rechtssätze das Bund-Länder-Verhältnis als Treueverhältnis[459]. Einige Beispiele sollen der Verdeutlichung dienen. Man denke etwa daran, ein Bundesland habe mit Billigung der Bundes-

---

[457] Vgl. oben II., 4., b), aa).

[458] BVerfGE 12, 205 (254 ff.): „Auch das procedere und der Stil der Verhandlungen, die zwischen dem Bund und seinen Gliedern . . . erforderlich werden, stehen unter dem Gebot bundesfreundlichen Verhaltens."

[459] *Bayer*, S. 59 ff.

regierung Vertragsverhandlungen aufgenommen und bis zum Stadium der Abschlußreife[460] geführt, bei dem offiziellen Ersuchen um Zustimmung werde ihm diese aber mit der Begründung verweigert, die Bundesregierung sehe die politische Lage nunmehr anders. Kann das Land sich auf *„venire contra factum proprium“* berufen? Ein zweiter Fall wäre, wenn der Bund niemals von einer konkurrierenden Gesetzgebungskompetenz Gebrauch gemacht hat, dies aber gerade dann ankündigt, wenn ein Bundesland hier einen Vertrag abschließen möchte. Gibt es dann eine *„exceptio doli“*? Es ist auch an den Fall zu denken, daß das Land dem Bund den Vertragstext mit der Bitte um Zustimmung übersendet, die Bundesregierung aber schweigt, oder sie macht ihre Zustimmung von Bedingungen abhängig, die den Vertrag inhaltlich völlig verändern oder — den Vertrag selbst nicht betreffend — andere Gegenleistungen betreffen, etwa eine Stimmenthaltung in einer bestimmten Frage im Bundesrat.

Die Beispiele ließen sich beliebig fortsetzen. Ihre rechtliche Beurteilung stößt auf dieselben Probleme wie bei der Untersuchung des politischen Ermessens. Sicher ist, daß die Bundesregierung nicht rechtswidrig handelt, wenn sie eine Zustimmung verweigert, weil sie aus aktuellem politischen Anlaß ihre Einstellung zu einem auswärtigen Staat ändert und daher keine vertraglichen Länderkontakte mehr wünscht[461]. Auch die Inanspruchnahme ihr verfassungsmäßig zustehender Kompetenzen wird in der Regel keine Rechtsverletzung durch die die Bundesregierung darstellen[462]. Dagegen ist es die Pflicht der Bundesregierung, das um Zustimmung ersuchende Land zu bescheiden[463]. Wenn auch das Bundesland kein subjektives Recht auf *Zustimmung* hat, so hat es doch ein solches subjektives Recht auf eine *Antwort auf sein Zustimmungsersuchen.* Dieses Recht ist unmittelbarer Ausfluß seines nur durch die Zustimmungserfordernis begrenzten Vertragsschließungsrechts des Art. 32 III GG. Gibt der Bund über längere Zeit dem Land auf sein Zustimmungsersuchen keine Antwort, so ist das eine Verletzung der ihm obliegenden Bundespflichten. Letzten Endes gelten auch im Bereich der allgemeinen Rechtsregeln die zum Willkürverbot gemachten Ausführungen. Solange sachgemäße Motive die Entscheidung der Bundesregierung leiten, ist eine analoge Heranziehung der allgemeinen Rechtsregeln wegen des politischen Charakters der Entschei-

---

460 Zum Begriff vgl. oben II., 2., a), bb).

461 Man denke etwa an Länderkontakte zu arabischen Ölerzeugerstaaten zur Zeit der „Energiekrise“ 1973/74. Es liegen hier freilich dann zugleich auch „politische“ Verträge vor.

462 Vgl. dazu *Bayer,* S. 60 ff., der zwischen Rechtsausübung und Ermessensausübung unterscheidet.

463 Vgl. dazu oben II., 4., b), bb).

dung nicht möglich. Erst sachfremde Erwägungen ermöglichen ihre Anwendung in begrenztem Rahmen. Nur grobe Rechtsmißbräuche fallen hier ins Gewicht. Dabei ist gerade die wichtige Frage einer politischen Beeinflussung einer Landesregierung einer Beurteilung weitestgehend entzogen.

e) Richterliche Kontrolle

In diesem letzten Abschnitt soll von der Justiziabilität der Zustimmung die Rede sein. Dabei bedarf es einer Eingrenzung des Fragenkreises, um Überschneidungen mit der allgemeinen richterlichen Kontrolle des Art. 32 III GG zu vermeiden. Es ist unnötig darauf hinzuweisen, daß selbstverständlich Art. 32 III GG keinen rechtsfreien Raum schafft. Wenn auch bisher Entscheidungen des Bundesverfassungsgerichts fehlen, die die Probleme dieser Vorschrift hinreichend behandeln[464], so bestehen doch in Bezug auf die Justiziabilität der Vertragsschließungsfragen und der daraus resultierenden Rechtsprobleme keine besonderen Schwierigkeiten. Dies soll hier auch nicht weiter verfolgt werden. Es geht nun vielmehr um die Frage, in welchem Maße die Zustimmung der Bundesregierung als politische Ermessensentscheidung einer verfassungsrechtlichen gerichtlichen Kontrolle zugänglich ist.

aa) Grundsätzliche Erwägungen

Im Abschnitt über die Rechtsnatur der Zustimmung sind verschiedene Aspekte zur Sprache gekommen, unter denen der Rechtscharakter der Zustimmung gesehen werden kann. Greift man den bisher in der Literatur am häufigsten verwendeten Begriff heraus, nämlich die Zustimmung als „Akt der Staatsleitung", „Akt der präventiven Bundesaufsicht" oder „nihil obstat"[465], so mögen zunächst grundsätzliche Bedenken aufkommen, wie weit hier überhaupt Raum für eine richterliche Überprüfung besteht. Es drängen sich Parallelen zum anglo-amerikanischen *„act of state"* auf, dem „rechtsfreien" oder „justizfreien" Hoheitsakt oder Regierungsakt, der richterlicher Kontrolle entzogen bleibt[466]. Dafür lassen sich gute Argumente finden[467]. Nicht zuletzt ist es

---

[464] Im Kommentar von *Leibholz/Rinck* zum GG ist zu Art. 32 nur das Kehler Hafenurteil zitiert (BVerfGE 2, 347).

[465] Vgl. oben II., 4., a), aa).

[466] Vgl. MDH, Art. 62 RN 4 und Art. 19 RN 23 ff. mit vielen Hinweisen; auch *Obermayer*, S. 89 ff., der aber den gerichtsfreien Hoheitsakt im Verfassungsrecht nicht in die Betrachtung einbezieht.

[467] Zu nennen wäre vor allem, daß die Außenpolitik dann durch das Bundesverfassungsgericht gemacht würde, also durch eine Instanz, die hierzu in der Verfassung nicht berufen ist. Die meisten Autoren übergehen das Problem aber kommentarlos; vgl. *Bernhardt*, Verträge, S. 173; *Grewe*, VVDStRL 12, S. 177 f.; unklar *Hallmayer*, S. 57, der immerhin willkürliches Verfahren des Bundes für unzulässig erachtet, aber keine Konsequenz daraus zieht.

immer wieder die politische Seite des Verfassungsrechts, die dem Bundesverfassungsgericht erhebliche Schwierigkeiten bereitet. Es ist in der Tat auch äußerst schwer zu sagen, wie weit eine gerichtliche Kontrolle politischer Entscheidungen in einem demokratischen Rechtsstaat mit lückenlosem Rechtsschutz für den einzelnen tunlich und nötig ist. Diese Problematik kann und soll in dieser Arbeit nicht weiter verfolgt werden. Es mag der Hinweis genügen, daß trotz aller berechtigten und auch begrüßenswerten Bestrebungen, Politik und Recht möglichst auseinanderzuhalten, diese Trennung jedenfalls dann nicht mehr vollzogen werden kann, wenn die Politik mit dem Recht in Konflikt kommt. Diese Gefahr ist im Verfassungsrecht aber stets latent[468].

Das Grundgesetz enthält keine politischen Festlegungen[469], sondern es ist ausgerichtet auf Organisation und Perfektionierung eines freiheitlichen Rechtsstaates mit wohlabgewogener Kompetenzverteilung und Gliederung der Kontrollfunktionen. Die Wahrung dieser Normen als Voraussetzung für das Kräftegleichgewicht der am Verfassungsleben Beteiligten ist Aufgabe der Judikative. Es kann also theoretisch einen „rechtfreien Raum" in der Verfassung nicht geben. Für die Zustimmung der Bundesregierung zu Länderverträgen mit auswärtigen Staaten folgt die Möglichkeit der richterlichen Kontrolle schon aus ihrer Rechtsnatur als Verfassungsakt. Sie ist damit weit mehr als nur ein „placet" der Bundesregierung, sondern stellt eine rechtlich verbindliche Regelung im Bund-Länder-Verhältnis dar. Die Problematik der Feststellbarkeit einer fehlerhaften Ausübung des politischen Ermessens, auf die bereits hingewiesen wurde[470], vermag an einer grundsätzlichen Justiziabilität der Entscheidung über die Zustimmung nichts zu ändern. Die Bezeichnung der Zustimmung als Verfassungsakt macht auch deutlich, daß es sich eben gerade nicht um einen justizfreien Hoheitsakt handelt, sondern um einen dem Verwaltungsakt verwandten Rechtsakt der Regierung, der unmittelbar auf Verfassungsrecht beruht und im geschriebenen und ungeschriebenen Verfassungsrecht seine Grenzen findet. Die Untersuchung hat ergeben, daß es im Einzelfall durchaus feststellbar ist, wann eine Zustimmung erforderlich, zulässig oder unzulässig ist. Im Zusammenhang mit ihrer Verweigerung wurde auf die Vereinbarkeit mit den außenpolitischen Zielen des Bundes, das politische Ermessen und zuletzt auf das Willkürverbot hingewiesen. Alle diese Kriterien zeigen, daß von einem justizfreien Hoheitsakt, der we-

---

[468] Im Gegensatz zu *Schuppert*, S. 117 ff. (155) wird das Verfassungsrecht nicht als rein „politisches Recht" gesehen, sondern eine Trennung von Politik und Recht auch in diesem Bereich angestrebt.

[469] Auf die Bedeutung der Präambel soll hier nicht eingegangen werden; vgl. BVerfG NJW 73, S. 1539.

[470] Oben II., 4., d), cc).

gen seines politischen Charakters richterlicher Nachprüfbarkeit entzogen wäre, nicht die Rede sein kann. Es handelt sich vielmehr um einen Verfassungsakt, und die politischen Möglichkeiten, die sich bei der Handhabung der Zustimmung als Instrument einer „indirekten Außenpolitik" des Bundes ergeben[471], gebieten sogar in hohem Maße, eine richterliche Kontrolle zuzulassen. In der folgenden Erörterung dieser Justiziabilität wird über den Rechtsweg, das Verfahren und seine Beteiligten sowie über die Folgen einer gerichtlichen Entscheidung zu sprechen sein.

bb) Rechtsweg und Verfahrensart

Es steht außer Zweifel, daß ein Rechtsstreit über die Zustimmung der Bundesregierung zu einem Ländervertrag mit einem auswärtigen Staat eine öffentlich-rechtliche Streitigkeit ist. Der Verwaltungsrechtsweg läßt sich ohne Mühe ausschließen, denn gem. § 40 I VwGO sind öffentlich-rechtliche Streitigkeiten verfassungsrechtlicher Art den Verwaltungsgerichten entzogen. Eine solche liegt aber dem Streitgegenstand nach vor[472]. Eine Rechtswegverweisung spezieller Art fehlt ebenfalls. Es kann also nur aus der Verfassung selbst die Frage nach dem richtigen Rechtsweg beantwortet werden.

Gem. Art. 93 I Nr. 1 GG entscheidet das Bundesverfassungsgericht *„über die Auslegung dieses Grundgesetzes aus Anlaß von Streitigkeiten über den Umfang der Rechte und Pflichten eines obersten Bundesorgans oder anderer Beteiligter, die durch dieses Grundgesetz oder in der Geschäftsordnung eines obersten Bundesorgans mit eigenen Rechten ausgestattet sind"*. Damit ist das bekannte Organstreitverfahren angesprochen. Das Bundesverfassungsgericht entscheidet ferner gem. Art. 93 I Nr. 3 GG bei *„Meinungsverschiedenheiten über Rechte und Pflichten des Bundes und der Länder, insbesondere bei der Ausführung von Bundesrecht durch die Länder und bei der Ausübung der Bundesaufsicht"*. Hierbei handelt es sich um den sog. Bund-Länder-Streit. Neben diesen beiden speziellen Bestimmungen für eine Verfahrensart kommt noch die Auffangnorm des Art. 93 I Nr. 4 GG in Betracht, nämlich eine *„andere öffentlich-rechtliche Streitigkeit zwischen dem Bunde und den Ländern, zwischen verschiedenen Ländern oder innerhalb eines Landes, soweit nicht ein anderer Rechtsweg gegeben ist"*. Diese drei Möglichkeiten sind im Falle einer gerichtlichen Überprüfung der Zustimmung gegeben.

---

[471] Vgl. dazu oben I., 1., b), bb).

[472] Zur Verfassungsstreitigkeit im materiellen Sinn und zum Problem des Streitgegenstandes in der Verfassungsgerichtsbarkeit vgl. MDH Art. 93 RN 4 und 8 ff.

Gemeinsam ist ihnen, daß in jedem Fall das Bundesverfassungsgericht zur Entscheidung berufen ist. Damit sind Rechtsweg und Zuständigkeit gleichermaßen bestimmt, denn der Rechtsweg wird gem. Art. 93 GG zum Bundesverfassungsgericht eröffnet, wobei aber Rechtsweg und Zuständigkeit zusammenfallen[473], denn in den Fällen des Art. 93 GG gibt es keinen Instanzenzug, sondern nur ein einziges zuständiges Gericht. Es kann also davon ausgegangen werden, daß zu einer Entscheidung über die Zustimmung der Bundesregierung zu Länderverträgen mit fremden Staaten jedenfalls das Bundesverfassungsgericht berufen ist. Als Verfahrensart kommen das Organstreitverfahren (Art. 93 I Nr. 1 GG), der Bund-Länder-Streit (Art. 93 I Nr. 3 GG) oder das Verfahren gem. Art. 93 I Nr. 4 GG in Frage. Die Entscheidung über die Verfahrensart soll in den folgenden Abschnitten getroffen werden. Probleme tauchen dabei deshalb auf, weil es erstens um eine genaue Festlegung des Streitgegenstandes geht, und zweitens eine Festlegung der Verfahrensart wesentlich von den am Verfahren Beteiligten abhängt.

cc) Das Organstreitverfahren gem. Art. 93 I Nr. 1 GG

Streitgegenstand ist die Zustimmung der Bundesregierung zu einem Ländervertrag mit einem auswärtigen Staat[474]. Es geht dabei um zwei Fragen, nämlich erstens, wann die Bundesregierung eine Zustimmung, die sie gern erteilen möchte, verweigern muß, und zweitens, wann die Verweigerung der Zustimmung durch die Bundesregierung rechtswidrig ist. Im ersteren Fall geht es vorwiegend um materielles Verfassungsrecht[475], im letzteren um eine Überprüfung der Zustimmungsentscheidung im Bereich des Ermessens und seiner pflichtgemäßen Ausübung.

Kann man auch beide Komplexe noch unter den in Art. 93 I Nr. 1 GG gewählten Begriff des „Umfanges von Rechten und Pflichten eines obersten Bundesorgans" subsumieren, so ergeben sich beim Organstreitverfahren Probleme hinsichtlich der Verfahrensbeteiligten. Das Bundesverfassungsgericht entscheidet nicht aus eigener Initiative. Es wird nur auf Antrag tätig[476]. Damit rücken die Begriffe „Antragsteller" und „Antragsgegner" ins Bild. Nur wer Antragsteller und Antragsgegener sein kann, darf sich an einem Verfahren vor dem Bundesverfassungsgericht beteiligen. Beim Organstreitverfahren ist die Beteiligung auf oberste Bundesorgane beschränkt. Unzweifelhaft trifft diese Charakterisierung

---

473 MDH Art. 93 RN 5.

474 Dies sei als Arbeitshypothese einmal formuliert.

475 Vgl. oben II., 4., d).

476 § 23 I S. 1 BVerfGG.

auf die Bundesregierung zu. Sie kann sowohl Antragsteller als auch Antragsgegner sein. Insoweit bestehen also keine Bedenken. Anders verhält es sich mit einer Landesregierung. Aufschluß gibt hier § 63 BVerfGG, wo die möglichen Beteiligten des Organstreits abschließend aufgezählt sind. Aus dieser Vorschrift ergibt sich eindeutig, daß es sich immer um oberste Organe des *Bundes* handelt, nicht aber solche der *Länder* Beteiligte sein können. Das Organstreitverfahren beschränkt sich auf Streitigkeiten zwischen Organen auf Bundesebene[477]. Damit scheidet es als Verfahrensart für eine Überprüfung der Zustimmung aber noch nicht grundsätzlich aus. Es kommt vielmehr darauf an, wer die Beteiligten an einem solchen Rechtsstreit sein können. Dabei sind bestimmte Fallgruppen zu unterscheiden.

Fallgruppe I

Bundesregierung und Bundesland streiten um Erteilung oder Versagung der Zustimmung. Es kann davon ausgegangen werden, daß das Land, vertreten durch die Landesregierung, Antragsteller, und die Bundesregierung Antragsgegner sein wird. Hier kommt ein Organstreitverfahren nicht in Betracht, weil die Landesregierung gem. Art. 93 I Nr. 1 GG i. V. m. § 63 BVerfGG nicht Antragsteller sein kann.

Fallgruppe II

Bundesregierung und Bundestag (bzw. Bundesrat) steiten um die Zustimmung. Das kann der Fall sein, wenn sich die Bundesregierung und das ersuchende Land über die Erteilung der Zustimmung einig sind, der Bundestag aber wegen Art. 59 II GG[478] der Auffassung ist, die Bundesregierung dürfe nicht zustimmen. Hier bestehen gegen das Organstreitverfahren keine Bedenken, denn es sind auf beiden Seiten Bundesorgane beteiligt, die über den Umfang ihrer Rechte und Pflichten streiten. Das Land kann allerdings im Organstreitverfahren der Bundesregierung auch nicht beitreten[479].

Fallgruppe III

Ein Kabinettsmitglied streitet mit dem Bundeskanzler um die Erteilung oder Versagung der Zustimmung, weil der Bundeskanzler diese Frage unzulässigerweise als Richtlinienfrage behandelt habe. Auch hier ist das Organstreitverfahren gem. Art. 93 I

[477] MDH Art. 93 RN 10.
[478] Vgl. dazu oben II., 4., c), aa).
[479] MDH Art. 93 RN 13; Arg. aus § 65 I BVerfGG.

Nr. 1 GG i. V. m. § 63 BVerfGG und den Vorschriften der GOBR möglich[480].

Diese drei Fallgruppen, auf die die Untersuchung beschränkt werden soll, haben gezeigt, daß das Organstreitverfahren im Zusammenhang mit der Zustimmung der Bundesregierung gem. Art. 32 III GG nicht ohne weiteres auszuscheiden ist. Vielmehr richtet sich die Verfahrensart nach Antragsteller und Antragsgegner, weniger nach dem Streitgegenstand[481]. Das Organstreitverfahren ist demnach die richtige Verfahrensart, wenn oberste Bundesorgane, also Bundesregierung, Bundestag, Bundesrat, ein oder mehrere Bundesminister oder der Bundeskanzler an dem Rechtsstreit um die Erteilung oder Versagung der Zustimmung beteiligt sind. Dabei kann zu den Fallgruppen II und III noch bemerkt werden, daß es dabei wohl in erster Linie um die Klärung materiellen Verfassungsrechts gehen wird, während das „politische Ermessen" eine weniger große Rolle spielen dürfte. Dies ergibt sich daraus, daß bei einem Verfahren zwischen Bundesregierung und Bundestag bzw. Bundesrat in erster Linie in Streit stehen wird, ob die Bundesregierung ihre Zustimmung zu dem Vertrag des Bundeslandes erteilen darf, auch wenn — wie behauptet — der Vertrag eigentlich die politischen Beziehungen des *Bundes* regelt, also Art. 59 II GG verletzt ist[482]. Bei einem Streit um die Richtlinienkompetenz des Bundeskanzlers handelt es sich ebenfalls um die Auslegung materiellen Verfassungsrechts, denn die Richtlinienkompetenz ist Ausfluß der Verfassung und allein durch sie begrenzt. Ermessensfragen werden also im Organstreitverfahren im allgemeinen nicht geklärt werden müssen. Das Organstreitverfahren kommt auch nur in Frage, wenn das Bundesland mit der Entscheidung der Bundesregierung einverstanden ist, aber andere Bundesorgane Einspruch erheben. Es wird dabei vorrangig um die erteilte Zustimmung gehen, die aus verfassungsrechtlichen Gründen für rechtswidrig erklärt werden soll. In diesem Rahmen ist das Organstreitverfahren das richtige Verfahren zur richterlichen Überprüfung der Zustimmungsentscheidung der Bundesregierung.

dd) Das Bund-Länder-Streit-Verfahren gem. Art. 93 I Nr. 3 GG

In dieser Verfahrensart können die Fallgruppen II und III von Anfang an ausgeschieden werden, denn es geht um eine Streitigkeit zwischen der Bundesregierung und einer Landesregierung. Die Bund-

---

[480] Insoweit ist die Aufzählung der Verfahrensbeteiligten in Art. 63 BVerfGG unvollständig und nur beispielhaft; vgl. MDH Art. 93 RN 12.

[481] Das ist bedingt durch die Tatsache, daß durch die Zustimmung die Rechte auch oberster Bundesorgane verletzt werden können.

[482] Vgl. dazu oben I., 1., b), bb) und II., 4., c), aa).

Länder-Streitigkeit kommt nur für Fallgruppe I in Betracht. Hinsichtlich der Beteiligten ergeben sich keine Probleme. Gem. § 68 BVerfGG sind Antragsteller und Antragsgegner immer für den Bund die Bundesregierung und für ein Land die Landesregierung. Fraglich kann aber sein, ob ein Streit um die Erteilung oder Versagung der Zustimmung gem. Art. 32 III GG eine „Meinungsverschiedenheit über Rechte und Pflichten des Bundes und der Länder im Sinne des Art. 93 I Nr. 3 GG ist. Das Bundesverfassungsgericht hat im sog. Neugliederungsurteil dazu ausgeführt: „Art. 93 I Nr. 3 GG beruft das Bundesverfassungsgericht nur zur Entscheidung von verfassungsrechtlichen Streitigkeiten zwischen Bund und Ländern; solche Streitigkeiten liegen nur vor, wenn der Antragsteller gegen den Antragsgegner Ansprüche erhebt, die sich aus einem beide Teile umschließenden materiellen Verfassungsrechtsverhältnis ergeben"[483]. Unbestritten ist, daß sich die Meinungsverschiedenheit zwischen der Bundes- und der Landesregierung schon zu einem konkreten Streitfall verdichtet haben muß[484]. Schwieriger ist indes die Frage zu beantworten, welche Anforderungen an das materielle Rechtsverhältnis gestellt werden müssen. Schon aus dem Wortlaut der Vorschrift ergibt sich, daß sich Rechte und Pflichten des Bundes und des Landes gegenüberstehen müssen. Allgemein gesehen handelt es sich dabei um gegenseitige Rechtsansprüche[485]. Das Rechtsverhältnis kann aber auch der generellen rechtlichen Verflechtung von Bund und Ländern nach dem Grundgesetz entspringen, und es kann auch ungeschriebenes Verfassungsrecht — etwa die Bundestreue — in den Bund-Länder-Streit hineinspielen[486]. Die einfachste Lösung für eine Einbeziehung der Zustimmungsentscheidung in das Bund-Länder-Streit-Verfahren würde sich anbieten, wenn die Länder ein subjektives Recht auf Zustimmung hätten. Das ist aber nicht der Fall. Selbst wenn alle Voraussetzungen des Art. 32 III GG vorliegen und keine rechtlichen Gründe gegen den Vertragsschluß sprechen, hat das Land nur ein Recht auf pflichtgemäße Ausübung des politischen Ermessens durch die Bundesregierung, nicht aber ein Recht auf Erteilung der Zustimmung. Es wurde aber schon gesagt, daß das Land infolge der notwendigen Koppelung von Vertragsschluß und Zustimmung als Ausfluß seines Vertragsschließungsrechts auch ein Recht auf Bescheidung durch die Bundesregierung hat[487]. Das in Streit stehende Rechtsverhältnis sieht

---

[483] BVerfGE 13, 54. Vgl. auch MDH Art. 93 RN 50 f.

[484] MDH Art. 93 RN 50; *Maunz/Sigloch* § 68 RN 6.

[485] Vgl. die Aufzählung der Möglichkeiten bei *Maunz/ Sigloch,* § 13 RN 43 u. MDH Art. 93 RN 57 f.

[486] aA BVerfGE 13, S. 75; die Bundestreue kann aber das Rechtsverhältnis sehr beeinflussen, vgl. *Maunz/Sigloch,* § 13 RN 43 a. E.

[487] Vgl. oben II., 4., b), bb); e), aa).

also bei der Zustimmung so aus: Die Länder haben aus Art. 32 III GG kraft materiellen Verfassungsrechts eine Vertragsschließungskompetenz, die aber der Bundeskontrolle unterliegt, weil ihre Ausübung der Zustimmung der Bundesregierung bedarf. Dabei hat das Land einmal einen Rechtsanspruch darauf, daß der Bund sich überhaupt äußert, zweitens aber auch ein Recht auf pflichtgemäßen Ermessensgebauch. Diese Länderrechte sind materielles Verfassungsrecht. Ihnen steht die Pflicht des Bundes gegenüber, über das Ersuchen eines Landes um Zustimmung zu einem Vertrag mit einem auswärtigen Staat zu entscheiden und sich bei dieser Entscheidung von keinen sachfremden Erwägungen leiten zu lassen. Daneben tritt als Auswirkung des Bund-Länder-Verhältnisses die grundsätzliche Pflicht des Bundes, auch länderfreundliches Verhalten zu üben und ein Verfassungsrecht der Länder zu achten. Damit sind die für das Bund-Länder-Streit-Verfahren notwendigen Voraussetzungen gegeben. Das Bundesland kann also das Bundesverfassungsgericht zu einer Entscheidung gem. Art. 93 I Nr. 3 GG anrufen, wenn die Bundesregierung

a) auf das Ersuchen um Zustimmung hin gar keine Reaktion zeigt oder ihre Entscheidung unangemessen lange hinausschiebt,

b) die Zustimmung verweigert, ohne hierfür eine Begründung zu geben[488],

c) die Zustimmung verweigert und die Ablehnungsgründe den Verdacht einer unzutreffenden materiell-rechtlichen Beurteilung[489] oder pflichtwidrigen Ermessensgebrauch erwecken.

Mit diesen Konstellationen dürften die wesentlichen Fälle erfaßt sein. Gegen eine Anwendbarkeit des Art. 93 I Nr. 3 GG bei schlichter Untätigkeit ergeben sich keine Bedenken[490]. Das Bundesland kann also die Zustimmungsentscheidung der Bundesregierung im Wege des Bund-Länder-Streites herbeiführen oder überprüfen lassen. Für das Verfahren gelten die §§ 68 ff. des Bundesverfassungsgerichtsgesetzes, wobei hier auf weitere Einzelheiten nicht eingegangen werden soll, da es nur um die Klärung der richterlichen Überprüfbarkeit der Zustimmungsentscheidung ging, und diese Frage beantwortet werden konnte. Es soll nur noch angemerkt werden, daß im Bund-Länder-Streit-Verfahren zwar ein Beitritt eines Bundeslandes auf die Seite des *Bundes* nicht möglich ist[491], auf Seiten des klagenden *Landes* jedoch gegen den Bei-

---

[488] Dieser Fall steht a) gleich, weil damit noch keine wirksame Verweigerung vorliegt.

[489] Hierher gehört auch die Richtlinienfrage.

[490] Vgl. *Maunz/Sigloch*, § 69 RN 1.

[491] *Maunz/Sigloch*, § 69 RN 7.

tritt anderer Bundesländer keine Bedenken bestehen. Das kann dann praktisch werden, wenn mehrere Bundesländer gemeinsam einen Vertrag mit einem auswärtigen Staat abschließen wollen. Die richtige Verfahrensart bei der Entscheidung über die Zustimmungserteilung ist demnach der Bund-Länder-Streit gem. Art. 93 I Nr. 3 GG, i. V. m. den §§ 13 Nr. 7, 68 ff. BVerfGG. Die Auffangbestimmung des Art. 93 I Nr. 4 GG wird von der spezielleren Verfahrensart verdrängt[492], so daß hier kein Raum mehr für eine Prüfung dieser Vorschrift bleibt.

ee) Umfang der richterlichen Kontrolle und die Wirkung der Entscheidung

Ist das Verfahren über die Zustimmung der Bundesregierung in Gang gekommen[493], dann stellt sich noch die Frage, worauf sich die richterliche Kontrolle erstreckt und welche Wirkung die Gerichtsentscheidung entfaltet. Zum ersten Problem genügt zunächst der Hinweis, daß — einmal vorausgesetzt, die Entscheidung der Bundesregierung sei ergangen — hier eine umfassende Nachprüfung der materiellen Verfassungsrechtslage stattfindet. Diese materiell-rechtliche Prüfung bezieht sich auf die Wahrung der Kompetenzen, die einzelnen Merkmale des Art. 32 III GG, aber auch auf eine Verletzung des Art. 59 II GG, anderen Verfassungsrechts oder auch Landesverfassungsrechts. Darüber hinaus erstreckt sich die Nachprüfung aber auch auf die pflichtgemäße Ermessenausübung durch die Bundesregierung. Hier besteht die Gefahr, daß das Gericht das politische Ermessen der Bundesregierung unangemessen einengt, wenn es anstelle einer *rechtlichen* Prüfung des Ermessens der Bundesregierung eine *politische* Prüfung anstellt[494]. Die Kontrolle hat sich daher darauf zu beschränken nachzuprüfen, ob die Bundesregierung von dem ihr zustehenden Recht der politischen Entscheidung in unzulässiger Weise Gebrauch gemacht hat, weil sie in Wirklichkeit keine politische Sachentscheidung, sondern eine sachfremde Politentscheidung getroffen hat[495]. Hierin liegt die Aufgabe

---

[492] Vgl. *Maunz/Sigloch*, § 13 RN 42, § 71 RN 1.

[493] Es soll hier nicht auf einen bestimmten der zitierten Fälle oder Fallgruppen Bezug genommen werden, sondern eine allgemeine Darstellung erfolgen.

[494] Diese politische Prüfung ist nicht zu verwechseln mit politischem *Denken* des Verfassungsgerichts, wie es *Schuppert*, S. 167 ff., fordert, indem er zurecht annimmt, daß „der Richter die der zu kontrollierenden Maßnahme zugrundeliegende Zukunftseinschätzung (nicht) überprüfen kann, ohne selbst die Funktion der Kontrollierten zu übernehmen."

[495] Es soll hier auf die amerikanischen Begriffsgegensätze von *„policy"* und *„politics"* verwiesen werden. Wenn die Bundesregierung aus (partei-) politischen Gründen eine Zustimmung verweigert, ist das ohne Zweifel „politisch", aber keine politische Sachenentscheidung mehr.

eines *judicial self-restraint*[496]. Das Bundesverfassungsgericht darf durch eine politische Entscheidung nicht zum politischen Entscheidungsorgan selbst werden, indem es dessen Funktion übernimmt, sondern es hat darauf zu achten, daß das politische Organ seine politischen Entscheidungen auf dem Boden der Verfassung und nach rechtsstaatlichen Gesichtspunkten trifft. Eine eingehende Erörterung dieses Problems gehört nicht an diese Stelle und ist in der neueren Literatur auch bereits gegeben worden[497]. Bei der Entscheidung über die Zustimmung hat das Verfassungsgericht sich in Fragen des politischen Ermessens der Bundesregierung jedenfalls soweit Zurückhaltung aufzuerlegen, als es um die Zweckmäßigkeit der Entscheidung der Bundesregierung geht. Das hat das Bundesverfassungsgericht in anderer Sache bereits anerkannt[498]. Dieser politische Spielraum der Bundesregierung endet aber an den Grenzen des Rechtsmißbrauchs. Sind diese überschritten, ist auch eine „politische" Entscheidung durch das Bundesverfassungsgericht korrigierbar[499]. Im Falle der Zustimmung entscheidet das Bundesverfassungsgericht also auch darüber, ob die Zustimmung aus sachfremden Gesichtspunkten verweigert worden ist. Die Entscheidung ergeht als Feststellung der Rechtswidrigkeit der Zustimmungsverweigerung. Dieses Feststellungsurteil gem. §§ 69, 67 BVerfGG kann aber eine Zustimmung der Bundesregierung nicht ersetzen. Ihre Wirkung ist damit nicht durch das Urteil erreicht, sondern das Urteil bewirkt nur, daß die Zustimmungsverweigerung — weil verfassungswidrig — nichtig ist. Das Bundesverfassungsgericht kann dabei neben der Feststellung der Rechtswidrigkeit der Verweigerung der Zustimmung gleichzeitig im Zusammenhang mit diesen Fragen stehende andere Rechtsfragen in diesem Urteil inzidenter prüfen und im Urteilstenor auch klarstellen[500]. Eine weitere als die Feststellungswirkung kann aber der Gerichtsentscheidung nicht beigemessen werden. Das Recht der Zustimmungserteilung wie ihrer Verweigerung aus anderem als dem in Streit stehenden Grund liegt nach wie vor bei der Bundesregierung. Es kann aber abschließend festgestellt werden, daß auch die Zustimmung als Er-

---

[496] Vgl. auch *Schuppert*, S. 159 ff.

[497] Zum Überblick vgl. die 10 Grundsätze bei *Schuppert*, S. 221—224.

[498] Vgl. BVerfG NJW 73, 1539 ff. Leitsatz b) lautet: „Der Grundsatz des judicial self-restraint zielt darauf ab, den von der Verfassung für die anderen Verfassungsorgane garantierten Raum freier politischer Gestaltung offenzuhalten." Im Text wird zum Wiedervereinigungsgebot ausgeführt: „Es muß jedoch den zu politischem Handeln berufenen Organen der BRD überlassen bleiben zu entscheiden, welche Wege sie . . . als politisch richtig und *zweckmäßig* ansehen."

[499] BVerfG NJW 73, 1539 (1540): „Das Bundesverfassungsgericht kann (der politischen Ermessensentscheidung) erst entgegentreten, wenn (das Entscheidungsorgan) die Grenzen dieses Ermessens eindeutig überschreitet . . . "

[500] *Maunz/Sigloch*, Art. 69 RN 10.

messensentscheidung richterlicher Kontrolle unterworfen ist, und in diesem Rahmen eine Feststellung ihrer rechtswidrigen Erteilung[501] oder Verweigerung möglich ist.

---

[501] z. B. im Organstreitverfahren, vgl. oben Fallgruppen II und III.

III. Zusammenfassung

I

Die Länder der Bundesrepublik Deutschland können als beschränkt handlungsfähige Völkerrechtssubjekte am völkerrechtlichen Verkehr teilnehmen.

II

Sedes materiae für das Vertragsschließungsrecht der Bundesländer mit auswärtigen Staaten ist Art. 32 III GG. Verträge im Sinne dieser Vorschrift sind auch Verwaltungsabkommen und politische Verträge, wobei aber Art. 59 II GG als Auslegungsmaßstab herangezogen werden muß.

III

Vertragspartner der Bundesländer sind die von der Bundesrepublik Deutschland völkerrechtlich anerkannten auswärtigen Staaten. Unter diesen Begriff fallen auch auswärtige öffentlich-rechtliche Körperschaften, soweit sie ihrerseits zum Vertragsschluß ermächtigt sind. Verträge mit der DDR sind über Art. 32 III GG zum gegenwärtigen Zeitpunkt noch nicht möglich.

IV

Das Problem der Vertragsabschlußkompetenz des *Bundes* ist dogmatisch nicht gelöst. Nur eine Neufassung des Art. 32 III GG durch eine Verfassungsänderung kann hier eine Klärung herbeiführen. Gegenwärtig sprechen für eine eher zentralistische Auffassung mehr praktische, für eine eher föderalistische Auffassung mehr rechtliche Gesichtspunkte.

V

Zum Vertragsschluß bedienen sich die Bundesländer entweder der Institutionen des Bundes oder eigener ad-hoc-Vertreter, denen bei Erfüllung ihrer Aufgaben auch diplomatischer Status zuzuerkennen ist.

VI

Das Problem der Transformationskompetenz des *Bundes* ist entsprechend dem der Abschlußkompetenz ebenfalls keiner befriedigenden dogmatischen Lösung zugeführt worden. Weder sind die extremen Ansichten entweder aus rechtlichen oder aus praktischen Gründen akzeptabel, noch bieten die vermittelnden Ansichten durch ihre unübersichtlichen und unscharfen Ausnahmeregelungen einen Ausweg. Anzustreben ist eine Entscheidung der Legislative, wobei entsprechend dem fortschreitenden kulturellen und wirtschaftlichen Zusammenwachsen Europas und angesichts der Rechtspraxis Supranationaler Organisationen einer Stärkung der Zentralgewalt der Vorzug zu geben ist.

VII

Die Zustimmung der Bundesregierung zu Verträgen der Bundesländer mit auswärtigen Staaten gem. Art. 32 III GG ist eine Entscheidung der Exekutive. Sie ist zusätzliches Formerfordernis für die Wahrnehmung des Vertragsschließungsrechts durch die Länder und hat in erster Linie den Zweck der Kontrolle. Sie ist daher für alle gem. Art. 32 III GG geschlossenen Verträge erforderlich, auch für Verwaltungsabkommen.

VIII

Die Zustimmung ist innerstaatliche Wirksamkeitsvoraussetzung der Länderverträge. Fehlt sie, ist der Vertrag innerstaatlich schwebend unwirksam. Die Bundesregierung kann die innerstaatliche Wirksamkeit durch nachträgliche Genehmigung herbeiführen. Eine Rücknahme der Zustimmung ist ausgeschlossen. Die Zustimmung wird dem ersuchenden Bundesland gegenüber erteilt.

IX

Auf die völkerrechtliche Wirksamkeit der Länderverträge hat die Zustimmung keinen Einfluß. Sie kann aber für den fremden Staat den Rechtsschein der Kompetenzwahrung setzen und damit Haftungsfolgen auch für den Bund auslösen.

X

Materiell-rechtliche Kompetenzen der Bundesländer — innerstaatliche wie völkerrechtliche — können durch die Zustimmung weder bestätigt noch erweitert oder gar eingeschränkt werden.

XI

„Bundesregierung“ im Sinne des Art. 32 III GG ist die Bundesregierung als Kollegialorgan.

XII

Die Entscheidung über die Zustimmung ergeht als Kabinettsbeschluß nach dem Verfahren der GOBR. Bei dieser Mehrheitsentscheidung ist der Bundeskanzler *primus inter pares* mit einem qualifizierten Stimmrecht bei Stimmengleichheit.

XIII

Die Zustimmung ist grundsätzlich keine Richtlinienfrage. Nur wenn im konkreten Fall echte Richtlinien der Politik berührt sind, kann der Bundeskanzler die Zustimmungsentscheidung an sich ziehen.

XIV

Die Zustimmung ist ihrer Bedeutung nach ein Akt der präventiven Bundesaufsicht. Als solcher ist sie staatsleitender Akt und Willenserklärung der Bundesregierung.

XV

Die Zustimmung ist keine Ermächtigung und kein Akt der Auswärtigen Gewalt.

XVI

Der Rechtscharakter der Zustimmung soll als Verfassungsakt bezeichnet werden. Der Verfassungsakt ist rechtlich dem Verwaltungsakt verwandt, basiert aber auf unmittelbarem Verfassungsrecht und ist Akt der Bundesexekutive gegenüber einem Bundesland, der einen konkreten Einzelfall regelt.

XVII

Die Bundesländer können durch ausdrückliches Bundesgesetz gem. Art. 71 GG zum Vertragsschluß auch über Materien ausschließlicher Bundeskompetenz ermächtigt werden.

XVIII

Die Zustimmung erfolgt durch eine offizielle Note der Bundesregierung, die vom Bundeskanzler oder seinem Vertreter zu unterzeichnen ist. Im Falle einer Ablehnung ist diese mit einer Begründung zu versehen. Ist die Zustimmung an Bedingungen geknüpft, ist dem Land der Wortlaut des Kabinettsbeschlusses mitzuteilen.

XIX

Zustimmungsfähig sind nur solche Verträge, die alle materiell-rechtlichen Voraussetzungen erfüllen. Das gilt auch für die Wahrung der Landesverfassung.

XX

Jeder Rechtsmangel des Vertrages macht die Zustimmung unzulässig.

XXI

Die Zustimmung ist politische Ermessensentscheidung. Kriterium der Entscheidung ist die Vereinbarkeit des Ländervertrages mit den außenpolitischen Zielen der Bundesregierung. Das politische Ermessen der Bundesregierung ist rechtlich nur dann zu beurteilen, wenn eklatante Rechtsverstöße zu erkennen sind.

XXII

Die Bundesregierung darf sich bei der Entscheidung über die Zustimmung nicht von sachfremden Erwägungen leiten lassen. Sie ist verpflichtet, das ersuchende Land zu bescheiden.

XXIII

Die Zustimmungsentscheidung der Bundesregierung unterliegt der richterlichen Kontrolle durch das Bundesverfassungsgericht.

XXIV

Das Bundesverfassungsgericht entscheidet über die Zustimmung im Bund-Länder-Streitverfahren, wenn das Land die Entscheidung der Bundesregierung angreift. Andere Organe des Bundes können die Entscheidung im Organstreitverfahren herbeiführen.

XXV

Das Bundesverfassungsgericht hat aufgrund des *judicial self-restraint* nur die Rechtmäßigkeit der Entscheidung der Bundesregierung zu prüfen, nicht jedoch die politische Zweckmäßigkeit. Das Feststellungsurteil ersetzt die Zustimmung nicht.

Anhang

Nachstehend werden die von den Bundesländern seit Inkrafttreten des Grundgesetzes mit auswärtigen Staaten abgeschlossenen Verträge und Abkommen aufgeführt. Die Aufstellung beruht bis zum Jahre 1964 auf einer Zusammenstellung, die dem Verfasser von Herrn Professor Dr. *Fritz Münch* vom Max-Planck-Institut für ausländisches öffentliches Recht und Völkerrecht in Heidelberg freundlicherweise zur Verfügung gestellt wurde. Dafür sei an dieser Stelle herzlich gedankt.

Für die Angaben über die folgenden Jahre wird auf die Auskünfte der Staatskanzleien der Bundesländer Bezug genommen. Obwohl diese Informationen stets in großzügiger Weise erteilt worden sind, soll aber hier dennoch kein Anspruch auf Vollständigkeit erhoben werden, sondern nur ein Überblick über die Vertragstätigkeit der Bundesländer gegeben sein. Es ist daher auch darauf verzichtet worden, die genauen Titel der Verträge und Abkommen im Wortlaut wiederzugeben. Angaben von Fundstellen waren nur bei veröffentlichten Verträgen möglich. Soweit dem Verfasser bekannt, ist jeweils angemerkt, ob, wann und auf welche Weise eine Zustimmung der Bundesregierung erteilt wurde. Wegen der zuweilen fehlenden Zustimmung zu Verwaltungsabkommen sei auf die Ausführungen im Text verwiesen[1].

Die einzelnen Bundesländer werden nach dem Alphabet aufgeführt. Berlin ist wegen der problematischen Rechtslage ausgeklammert. Verträge des Saarlandes wurden erst ab der Eingliederung in das Bundesgebiet berücksichtigt. Konkordate sind nicht aufgenommen.

Baden-Württemberg

1. Vertrag zwischen dem Badischen Ministerium der Finanzen und der französischen Brücken- und Straßenverwaltung über den Bau einer Behelfsstraßenbrücke über den Rhein zwischen Straßburg und Kehl vom 2. 4. 1951.

   (nicht veröffentlicht)

   Informationen über eine Zustimmung[2] liegen nicht vor.

---

[1] Vgl. dazu II., 2., a), aa).

[2] Unter „Zustimmung" ist im folgenden immer die Zustimmung der Bundesregierung gem. Art. 32 III GG zu verstehen.

2. Vertrag zwischen dem Land Baden-Württemberg und dem Kanton Thurgau betreffend die gemeinschaftliche Wasserjagd auf dem Untersee und Rhein vom 5. 6. 1954.

   (Gesetzesblatt Baden-Württemberg 1954, S. 99)

   Als Verwaltungsabkommen nach bad.-württ. Auffassung ohne förmliche Zustimmung, jedoch im Benehmen mit dem Bundesministerium für Ernährung, Landwirtschaft und Forsten abgeschlossen.

3. Übereinkunft zwischen dem Land Baden-Württemberg und der Schweizerischen Eidgenossenschaft über die Fischerei in den Stauhaltungen des Rheins beim Kraftwerk Rheinau vom 1. 11. 1957.

   (Gesetzblatt Baden-Württemberg 1959, S. 39)

   Zustimmung lag vor.

4. Übereinkommen zwischen den Ländern Baden-Württemberg, Bayern, Österreich und der Schweiz über den Schutz des Bodensees gegen Verunreinigungen vom 27. 10. 1960.

   (Gesetzblatt Baden-Württemberg 1962, S. 1)

   Zustimmung lag vor, war aber mit einem umfangreichen Auflagenkatalog versehen, vgl. dazu im Text FN 290.

5. Vereinbarung zwischen dem Département du Bas-Rhin und dem Land Baden-Württemberg über den Betrieb und die Unterhaltung der drei in beiderseitigem Einverständnis und auf gemeinsame Kosten 1961 errichteten Rheinübergänge für den Straßenverkehr:

   — der Schiffsbrücke Marckolsheim — Sasbach,

   — der Hochseilfähre Gerstheim — Ottenheim,

   — der Hochseilfähre Drusenheim — Greffern,

   vom 30. 9. 1966.

   (nicht veröffentlicht)

   Als Verwaltungsabkommen nach bad.-württ. Auffassung ohne Zustimmung abgeschlossen.

6. Vertrag zwischen dem Kanton Basel-Stadt und dem Land Baden-Württemberg über die Benutzung von Krankenhäusern des Kantons Basel-Stadt durch Patienten aus Baden-Württemberg vom 30. 3./11. 7. 1972.

   (nicht veröffentlicht)

   Zustimmung lag vor.

Bayern

1. Vertrag zwischen der Regierung des Freistaates Bayern und der Regierung der Republik Österreich über die Österreichisch-Bayerische Kraftwerke AG vom 16. 10. 1950,

   nebst:

   Schiedsgerichtsvertrag aufgrund des § 27 des Vertrages
   und
   Schiedsgerichtsvertrag aufgrund § 26 des Vertrages.

   (*Hartig*, Internationale Wasserwirtschaft und internationales Recht, 1955, S. 58)
   Zustimmung lag vor.

2. Übereinkommen zwischen Bayern und Österreich über Ableitungen aus dem Rissbach-, Dürrach- und Walchenseegebiet vom 16. 10. 1950.

   (*Hartig*, ebd., S. 64)

   Als Verwaltungsabkommen nach bayr. Auffassung ohne Zustimmung abgeschlossen.

3. Übereinkommen zwischen den Regierungen des Landes Bayern und der Republik Österreich über den Alpweideviehverkehr, vom 15. 3. 1951 (1951); 8. 4. 1952 (1952); 18. 3. 1953 (1953); unter Beteiligung der Bundesregierung vom 23. 3. 1954 (1954); 19. 4. 1955 (1955); verlängert am 14. 5. und 1. 6. 1956 (1956); 1. 4. 1957 (1957); 26. 3. 1958 (1958); 2. 4. 1959 (1959); 25. 5. 1960 (1960); 4. 7. 1961 (1961); 14. 8. 1962 (1962); 12. 9. 1963 (1963 und aufgrund des Art. 7 seither mit dreimonatiger Kündigungsfrist zum Ende eines Kalenderjahres in Kraft).

   (nicht veröffentlicht)

   Die Zustimmung wurde zu den einzelnen Abkommen jeweils erneut erteilt.

4. Abkommen der Regierungen der Bundesrepublik Deutschland, des Freistaates Bayern und der Republik Österreich über die Donaukraftwerk-Jochenstein-Aktiengesellschaft vom 13. 12. 1952.

   (*Hartig*, ebd., S. 65)

   Eine Zustimmung wurde angesichts der Beteiligung des Bundes nicht für notwendig erachtet.

5. Abkommen zwischen dem Freistaat Bayern und der Republik Österreich über die Anwendung der Salinenkonvention vom 25. 3. 1957.

   (Bayerisches Gesetzblatt 1958, S. 167)

   Die Zustimmung erfolgte erst am 22. 11. 1958 durch Schreiben des Bundeskanzlers.

6. Abkommen zwischen der Regierung des Freistaates Bayern und der Bundesregierung der Republik Österreich über die Regelung der Wasserkraftnutzung der Saalach vom 20. 7. 1959.

   (Bayerisches Gesetzblatt 1959, S. 209)

   Zustimmung am 15. 6. 1959 durch Schreiben des Auswärtigen Amtes; parallel hierzu eine Verbalnote an die Österreichische Botschaft.

7. Übereinkommen zwischen den Ländern Baden-Württemberg, Bayern, Österreich und der Schweiz über den Schutz des Bodensees gegen Verunreinigungen vom 27. 10. 1960.

   (Bayerisches Gesetzblatt 1961, S. 237)

   Zustimmung erfolgte am 9. 12. 1960; zum Katalog der Bedingungen vgl. im Text FN 290.

Freie Hansestadt Bremen

Es wurden keine Verträge oder Abkommen mit auswärtigen Staaten abgeschlossen.

Freie und Hansestadt Hamburg

— Abkommen zwischen dem Senat der Freien und Hansestadt Hamburg und der Regierung der Republik Liberia über die Errichtung einer medizinischen Forschungsstation in Liberia vom 2. 12. 1971.

(nicht veröffentlicht)

Zustimmung durch Kabinettsbeschluß vom 23. 9. 1971.

Hessen

Es wurden keine Verträge oder Abkommen mit auswärtigen Staaten abgeschlossen.

Niedersachsen

Es wurden keine Verträge oder Abkommen mit auswärtigen Staaten abgeschlossen.

Nordrhein-Westfalen

— Abkommen zwischen den Regierungen des Landes Nordrhein-Westfalen, des Landes Rheinland-Pfalz und des Königreichs Belgien über die Zusammenarbeit zur Errichtung und Ausgestaltung eines Naturparks in den Gebieten Nordeifel/Schneifel/Hohes Venn-Eifel vom 3. 2. 1971.

(Ministerialblatt Nordrhein-Westfalen 1971, S. 1280)

Die Zustimmung ist nach Auffassung der Landesregierung in Art. 4 des Abkommens zwischen der Bundesregierung Deutschland und dem Königreich Belgien über die Zusammenarbeit auf dem Gebiet der Raumordnung enthalten, wurde aber vom Auswärtigen Amt ausdrücklich bestätigt.

Rheinland-Pfalz

1. Staatsvertrag zwischen dem Land Rheinland-Pfalz und dem Großherzogtum Luxemburg über die Errichtung einer Wasserkraftanlage an der Sauer bei Rosport-Ralingen vom 25. 4. 1950.

   (Gesetzblatt Rheinland-Pfalz 1950, S. 239)

   Zustimmung durch Schreiben des Bundeskanzlers vom 29. 4. 1950 (Bestätigung einer am 24. 4. 1950 erfolgten telefonischen Einverständniserklärung).

2. Vereinbarung zwischen dem Land Rheinland-Pfalz und dem Großherzogtum Luxemburg über den Aufbau der Grenzbrücken an der Our und Sauer vom 14. 1. 1956.

   (nicht veröffentlicht)

   Nach Auffassung der Landesregierung als Verwaltungsabkommen ohne Zustimmung abgeschlossen, jedoch im Benehmen mit der Bundesregierung.

3. Staatsvertrag zwischen dem Land Rheinland-Pfalz und dem Großherzogtum Luxemburg über die Errichtung von Wasserkraftanlagen an der Our vom 10. 7. 1958.

   (Gesetzblatt Rheinland-Pfalz 1959, S. 13)

   Informationen über das genaue Datum der Zustimmung liegen nicht vor, der Antrag wurde am 22. 7. 1958 gestellt.

4. Abkommen zwischen dem Land Rheinland-Pfalz und dem Saarland einerseits und dem Großherzogtum Luxemburg andererseits über den Wiederaufbau und Unterhalt der Grenzbrücken vom 11. 7. 1959.

   (nicht veröffentlicht)

   Als Verwaltungsabkommen nach Auffassung der Landesregierung ohne Zustimmung abgeschlossen.

5. Staatsvertrag zwischen dem Land Rheinland-Pfalz und dem Großherzogtum Luxemburg über die Errichtung eines gemeinsamen Naturparks vom 17. 4. 1964.

   (Gesetzblatt Rheinland-Pfalz 1965, S. 15)

   Informationen über das genaue Datum der Zustimmung liegen nicht vor, ihre Erteilung ergibt sich aber aus einem Schreiben der Staatskanzlei an das Landesjustizministerium vom 3. 6. 1964.

6. Abkommen zwischen den Regierungen des Landes Nordrhein-Westfalen, des Landes Rheinland-Pfalz und des Königreichs Belgien über die Zusammenarbeit zur Errichtung und Ausgestaltung eines Naturparks in den Gebieten Nordeifel/Schneifel/Hohes Venn-Eifel vom 3. 2. 1971.

   (nicht veröffentlicht)

   Als Verwaltungsabkommen ohne Zustimmung abgeschlossen, vgl. aber dazu die Behandlung in Nordrhein-Westfalen.

7. Staatsvertrag zwischen dem Land Rheinland-Pfalz und dem Großherzogtum Luxemburg über die Zusammenarbeit der Gemeinden bei der Erfüllung öffentlicher Aufgaben der Wasserwirtschaft vom 17. 10. 1974.

   (bei Abschluß der Arbeit noch nicht in Kraft.)

   Zustimmung durch Schreiben des Auswärtigen Amts vom 16. 5. 1974.

Saarland

1. Vertrag zur Durchführung von Art. 34 der Anlage 4 des Saarvertrages zwischen dem französischen Finanzministerium und dem Minister für Finanzen und Forsten des Saarlandes vom 12. 6. 1957.

   (Amtsblatt des Saarlandes 1958, S. 149)

   Auf eine förmliche Zustimmung wurde wohl im Hinblick auf den Saarvertrag verzichtet, die Verhandlungen erfolgten jedoch in ständigem Kontakt zur Bundesregierung.

2. Abkommen zwischen dem Land Rheinland-Pfalz und dem Saarland einerseits und dem Großherzogtum Luxemburg andererseits über den Wiederaufbau und Unterhalt der Grenzbrücken vom 11. 7. 1959.

   (nicht veröffentlicht)

   Zustimmung wurde am 2. 7. 1959 erteilt, mitgeteilt durch Schreiben des Auswärtigen Amts an die Staatskanzlei des Saarlandes über die Bonner Vertretung vom 8. 7. 1959.

3. Vertrag über die Trägerschaft des Institut d'Etudes Françaises an der Universität des Saarlandes zwischen den Regierungen des Saarlandes und der Französischen Republik vom 17. 1. 1966.

   (*Letzelter/Grabler*, Saarländisches Universitätsrecht, Loseblattausgabe, 1966 ff., Nr. 406)

   Zustimmung erfolgte durch Kabinettsbeschluß vom 15. 4. 1965; telefonische Mitteilung am 27. 4. 1965, schriftliche Mitteilung des Auswärtigen Amts am 25. 10. 1965.

Schleswig-Holstein

Es wurden keine Verträge oder Abkommen mit auswärtigen Staaten abgeschlossen.

Literaturverzeichnis

Das Literaturverzeichnis enthält die wichtigsten benutzten und zitierten Werke. Kommentare und Lehrbücher wurden nur aufgenommen, soweit Zitate daraus im Text angegeben sind. Die Zitierweise der Monographien und Aufsätze ist in Klammern (zit.:) angegeben. Im übrigen wird auf das Abkürzungsverzeichnis Bezug genommen.

Achterberg, Norbert: Zulässigkeit und Schranken stillschweigender Zuständigkeiten im gegenwärtigen deutschen Verfassungsrecht, AÖR 86 (1961), S. 63—94.

Altmann, Rüdiger: Zum Rechtscharakter der Geschäftsordnung des Bundestages, DÖV 56, S. 751—753.

Angerer, Hermann: Die Lehre von der Auswärtigen Gewalt in der Bundesrepublik Deutschland, Diss. München 1958.

Anschütz, Gerhard: Die Verfassung des Deutschen Reichs vom 11. August 1919, 14. Auflage, Berlin 1933, unveränderter Nachdruck 1960.
(zit.: *Anschütz*, Kommentar)

Arato, Stefan: Die Völkerrechtliche Haftung, Schriften des Instituts für Internationales Recht an der Elisabeths-Universität in Pécs (Ungarn), Heft 25, 1937.

Bayer, Hermann W.: Die Bundestreue, Tübinger rechtswissenschaftliche Abhandlungen Bd. 4, Tübingen 1961.

Beck, Reinhard: Auslandsbeziehungen der Länder, Eine Stellungnahme zum Aufsatz *Kölble*, DÖV 66, S. 20—25.

Becker, Hans Joachim: Zum Konkordatsurteil des Bundesverfassungsgerichts (BVerfGE 6, 309), NJW 57, S. 694 ff.

Beer, Manfred: Staatsverträge und Verwaltungsabkommen im heutigen deutschen Staatsrecht, Diss. München 1960.

Belau, Bruno: Zur Auslegung und Anwendung des Art. 113 GG, DVBl. 51, S. 429—434.

Berber, Friedrich: Zu den föderalistischen Aspekten der „Auswärtigen Gewalt", Festschrift zum 75. Geburtstag von Hans Nawiasky, S. 245 ff., München 1956.
(zit.: *Berber*, Auswärtige Gewalt)

Bernau, Manfred R.: Die verfassungsrechtliche Bedeutung von Geschäftsordnungen oberster Staatsorgane, Diss. Göttingen 1955.

Bernhardt, Rudolf: Der Abschluß völkerrechtlicher Verträge im Bundesstaat, Eine Untersuchung im deutschen und ausländischen Bundesstaatsrecht, BaöRVR Heft 32, Köln 1957.
(zit.: *Bernhardt*, Verträge)

Böckenförde, Ernst-W.: Die Organisationsgewalt im Bereich der Regierung, Eine Untersuchung zum Staatsrecht der Bundesrepublik Deutschland, SöR Bd. 18, Berlin 1964.
(zit.: *Böckenförde*, Organisationsgewalt)

Boehmer, Gerhard: Der völkerrechtliche Vertrag im deutschen Recht, BaöRVR Heft 43, Köln-Berlin 1965.

Böning, Wolfgang: Abschlußkompetenz und Transformationskompetenz, DÖV 57, S. 817 ff.

— Die Problematik der Transformationskompetenz, DÖV 58, S. 447 ff.

Bonner Kommentar: Kommentar zum Grundgesetz, Hamburg 1950 ff., (Loseblattausgabe), Stand 1973.
(zit.: *BK*)

Buchsbaum, Richard: Ungeschriebene Gesetzgebungszuständigkeiten des Bundes?, Lehre und Verfassungspraxis, BayVBl. 59, S. 136 ff.

Bullinger, Martin: Der Anwendungsbereich der Bundesaufsicht, Zum Konkordatsurteil des Bundesverfassungsgerichts, AÖR 83 (1958), S. 279 ff.

Daube, Wolfgang: Form und Wirkung der Zustimmung des Parlaments zur Ratifizierung völkerrechtlicher Verträge nach dem Grundgesetz, Diss. Köln 1956.

Doehring, Karl und Georg *Ress*: Verfassungsrechtliche und völkerrechtliche Problematik von Verträgen zwischen der Bundesrepublik Deutschland und der Deutschen Demokratischen Republik, in „Staats- und völkerrechtliche Aspekte der Deutschland- und Ostpolitik", Völkerrecht und Außenpolitik Heft 9, 1971.

— Bindungen der Bundesrepublik aus dem Deutschlandvertrag, NJW 71, S. 449 ff.

— Die allgemeinen Regeln des völkerrechtlichen Fremdenrechts und das deutsche Verfassungsrecht, BaöRVR Heft 39, Köln 1963.
(zit.: *Doehring*, Fremdenrecht)

Enneccerus/Nipperdey: Allgemeiner Teil des Bürgerlichen Rechts, 15. Auflage, 1959.

Evans, Alona E.: Some Aspects of the Problem of Self-Executing Treaties, Proceedings of the American Society of International Law 1951, S. 66—74.

Fleischmann, Max: Die völkerrechtliche Stellung des Reichs und der Länder, HdbDStR 1, S. 209—224.

Forsthoff, Ernst: Rechtsgutachten über die Verfassungsmäßigkeit des Kehler Hafenabkommens vom 22. September 1951, nicht gedruckt.
zit.: *Forsthoff*, Gutachten)

Friauf, Karl H.: Zur Problematik des verfassungsrechtlichen Vertrages, AÖR 88 (1963), S. 257 ff.

Frowein, Jochen: Zum Verhältnis zwischen EWG-Recht und nationalem Recht aus der Sicht des Gerichtshofes der Europäischen Gemeinschaften, AWB 64, S. 233 ff.

Fuss, Ernst-W.: Die Bundestreue — ein unentbehrlicher Rechtsbegriff?, DÖV 64, S. 37—42.

Geck, Wilhelm-K.: Die völkerrechtlichen Wirkungen verfassungswidriger Verträge, Zugleich ein Beitrag zum Vertragsschluß im Verfassungsrecht der Staaten, BaöRVR Heft 38, Köln-Berlin 1963.

Geiger, Willi: Das Bund-Länder-Verhältnis in der Rechtsprechung des Bundesverfassungsgerichts, BayVBl. 57, S. 301—307, 337—343.

Giese, Ewald: Staatsverträge und Verwaltungsabkommen der deutschen Bundesländer sowie zwischen Bund und Ländern, Diss. Bonn 1961.

Gieseke, Paul: Neue Verträge der Bundesrepublik Deutschland und der deutschen Länder über internationale Gewässer, DÖV 61, S. 658—662.

Grewe, Wilhelm und Eberhard *Menzel*: Die auswärtige Gewalt der Bundesrepublik Deutschland, VVDStRL Heft 12, Berlin 1954.
(zit.: *Grewe*, VVDStRL 12)

Gross, Carl S.: Völkerrecht und Außenpolitik nach dem Bonner Grundgesetz, Diss. Mainz 1954.
(zit.: *Gross*, Außenpolitik)

Härle, Elfried: Staatsverträge und ausführende Verwaltungsabkommen der Bundesrepublik Deutschland zur Regelung des direkten Grenzdurchgangsverkehrs über benachbartes Staatsgebiet, Ein Beitrag zur Abgrenzung von Bundes- und Länderkompetenzen im völkerrechtlichen Vertragsrecht, Festschrift für Rudolf Laun zum 80. Geburtstag, Göttingen 1962, S. 114—137.

Hallmayer, Kurt: Die völkerrechtliche Stellung der deutschen Länder nach dem Grundgesetz, Diss. Tübingen 1954.

Harupa, Ekkehard: Das Verhältnis zwischen Bund und Ländern im Bereich der auswärtigen Gewalt, Diss. Marburg 1960.

Heckel, Johannes: Verträge des Reichs und der Länder mit auswärtigen Staaten nach der Reichsverfassung, AÖR 7 (1924), S. 209—224.

Heckt, Wilhelm: Die Transformation von Verträgen des Bundes über Gegenstände der ausschließlichen Ländergesetzgebung, DÖV 58, S. 445 ff.

Herzog, Roman: Bundes- und Landesstaatsgewalt im demokratischen Bundesstaat, DÖV 62, S. 81—87.

Hesse, Konrad: Der unitarische Bundesstaat, Karlsruhe 1962.

Heydte, Friedrich, A. v. d.: Zur Problematik der Begriffe Souveränität und Auswärtige Gewalt, DÖV 53, S. 585 ff.

Hollerbach, Alexander: Verträge zwischen Staat und Kirche in der Bundesrepublik Deutschland, Frankfurt/M. 1965.

Honnacker, Heinz und Gottfried *Grimm*: Geschäftsordnung der Bundesregierung, Kommentar, München 1969.

Huechting, Heinrich: Abschluß und Vollzug völkerrechtlicher Verträge des Bundes im Bereich der ausschließlichen Zuständigkeit der Länder im Grundgesetz, Diss. Göttingen 1965.

K. F.: Der Kehler Hafentvertrag, Glosse, AÖR 77, (1951), S. 373 ff.
(zit.: *K. F.*, Glosse)

Kaiser, Joseph H.: Die Erfüllung der völkerrechtlichen Verträge des Bundes durch die Länder, ZaöRVR Bd. 18 (1957), S. 526 ff.

Katzenstein, Dietrich: Rechtliche Erscheinungsformen der Machtverschiebung zwischen Bund und Ländern seit 1949, DÖV 58, S. 593 ff.

Kaufmann, Erich: Normenkontrollverfahren und völkerrechtliche Verträge, Gedächtnisschrift für Walter Jellinek, München 1955, S. 445 ff. (zit.: *Kaufmann*, Normenkontrollverfahren)

Kewenig, Wilhelm: Verfassungsrechtliche Probleme eines Vertrages zwischen der Bundesrepublik Deutschland und der Deutschen Demokratischen Republik (Die zwanzig Punkte von Kassel), in „Staats- und völkerrechtliche Aspekte der Deutschland- und Ostpolitik", Völkerrechte und Außenpolitik, Heft 9, 1971.

Klein, Friedrich: Das Verhältnis von Gesetzgebungszuständigkeit und Verwaltungszuständigkeit nach dem Grundgesetz, AÖR 88 (1963), S. 377—410. (zit.: *Klein*, Gesetzgebungszuständigkeit)

— Die mittelbare Haftung im Völkerrecht, Frankfurt/M. 1941. (zit.: *Klein*, Haftung)

Klein, Karl H.: Die Übertragung von Hoheitsrechten, Berlin 1952.

Knubben, Rolfs: Die Subjekte des Völkerrechts, HdbVR II, 1, S. 230 ff. (zit.: *Knubben*, Handbuch)

Kölble, Josef: Auslandsbeziehungen der Länder?, Zur Auslegung des Art. 32 Abs. 1 und 3 Grundgesetz, DÖV 65, S. 145—154, DÖV 66, S. 25 ff.

Koppenfels, Georg v.: Mehr Rechtsschutz in der EWG, ZRP 72, S. 64 f.

Korselt, Theodor: Die völkerrechtliche Handlungsfähigkeit der deutschen Einzelstaaten in Vergangenheit und Gegenwart, Leipzig 1917.

Kramer, Ulrich: Die Verteilung der Zuständigkeiten zwischen Bund und Ländern zum Abschluß und zur Durchführung von Kulturabkommen, Diss. Kiel 1967.

Kraske, Erich: Der Kampf um das Bricker Amendment, Festschrift Carl Bilfinger zum 75. Geburtstag, Köln-Berlin 1954, S. 149—167.

Kraus, Herbert: Kulturabkommen der deutschen Länder mit auswärtigen Staaten, AVR Bd. 3 (1952), S. 414—427. (zit.: *Kraus*, Kulturabkommen)

— Verwaltungsfunktionen der Legislative auf dem Gebiet der auswärtigen Angelegenheiten, (Staatsverträge, Krieg und Frieden), HdbDStR 2, S. 341—358. (zit.: *Kraus*, Verwaltungsfunktionen)

Küchenhoff, Erich: Ungeschriebene Bundeszuständigkeiten und Verfassungsauslegung, DVBl. 51, S. 585—588, 617—621.

— Ausdrückliches, stillschweigendes und ungeschriebenes Recht in der bundesstaatlichen Kompetenzverteilung, Zugleich ein Beitrag zur Lehre von der Rechtsgewinnung und zum Verfassungsrecht der USA., AÖR Bd. 82 (1957), S. 413—479.

Laband, Paul: Das Staatsrecht des Deutschen Reiches, Tübingen 1911.

Lange, Heinrich: BGB — Allgemeiner Teil, 10. Auflage, München 1968.

Lassar, Gerhard: Die Verteilung der staatlichen Aufgaben und Zuständigkeiten zwischen Reich und Ländern, HdbDStR 1, S. 301—311.

Lörcher, Gino: Der Abschluß völkerrechtlicher Verträge nach dem Recht der drei Europäischen Gemeinschaften, Bonn 1965.

Mallmann, Walter: Völkerrecht und Bundesstaat, in Strupp-Schlochauer, Wörterbuch des Völkerrechts, Bd. III, S. 640—650.

Mangoldt, Hans v.: Vom heutigen Standort der Bundesaufsicht, Sinn und Möglichkeiten einer Bundesaufsicht unter dem Grundgesetz, Diss. Berlin 1965.
(zit.: *v. Mangoldt,* Bundesaufsicht)

Mangoldt, Hermann v. und Friedrich *Klein:* Das Bonner Grundgesetz, Kommentar, 2. Auflage, Frankfurt-Berlin, 1957/1964.

Maunz, Theodor, Günther *Dürig* und Roman *Herzog:* Grundgesetz, Kommentar (Loseblattausgabe), 3. Auflage 1971, Stand 1974.
(zit.: *MDH*)

Maunz/Sigloch/Schmidt/Bleibtreu/Klein: Bundesverfassungsgerichtsgesetz, Kommentar, Loseblattausgabe, 3. Lieferung München 1972.

Maunz, Theodor und Heribert *Wöckel:* Die Richtlinien der Politik im Verfassungsrecht, BayVBl. 56, S. 257 ff.

Maunz, Theodor: Deutsches Staatsrecht, Ein Studienbuch, 17. Auflage, München 1969.
(zit.: *Maunz,* Staatsrecht)

Meier, Ernst: Über den Abschluß von Staatsverträgen, Halle 1874.

Meier, Gert: Die europäische Rechtsprechung zu den allgemeinen Problemen der politischen und rechtlichen Integration, NJW 73, S. 922 ff.

Menzel, Eberhard und Wilhelm *Grewe:* Die auswärtige Gewalt der Bundesrepublik, VVDStRL Heft 12, 1954, S. 179—220.

— Die auswärtige Gewalt der Bundesrepublik in der Deutung des Bundesverfassungsgerichts, AÖR Bd. 79 (1953), S. 326 ff.
(zit.: *Menzel,* Auswärtige Gewalt)

Meyer-Lindenberg, Hermann: Zum Begriff der Verträge, die sich auf Gegenstände der Bundesgesetzgebung beziehen (Art. 59 II 1 GG), Festschrift für Hermann Jahreiss zum 70. Geburtstag, 1964, S. 269 ff.

Mosler, Hermann: Die Erweiterung des Kreises der Völkerrechtssubjekte, ZaöRVR Bd. 22 (1962), S. 1—48.
(zit.: *Mosler,* Völkerrechtssubjekte)

— Die völkerrechtliche Wirkung bundesstaatlicher Verfassungen, Festschrift für Richard Thoma zum 75. Geburtstag, Tübingen 1950, S. 129 ff.
zit.: *Mosler,* Verfassungen)

— Die auswärtige Gewalt im Verfassungssystem der Bundesrepublik Deutschland, Völkerrechtliche und staatsrechtliche Abhandlungen, Carl Bilfinger zum 75. Geburtstag, Köln-Berlin 1954, S. 243 ff.
(zit.: *Mosler,* Auswärtige Gewalt)

— Kulturabkommen des Bundesstaates, Zur Frage der Beschränkung der Bundesgewalt in auswärtigen Angelegenheiten, ZaöRVR Bd. 16, (1955), S. 1—34.
(zit.: *Mosler,* Kulturabkommen)

— Rechtsfähigkeit, in Strupp-Schlochauer, Wörterbuch des Völkerrechts Bd. III, S. 665 ff.

Münch, Fritz: Föderalismus, Völkerrecht und Gemeinschaften, DÖV 62, S. 649 ff.

Nawiasky, Hans: Der Bundesstaat als Rechtsbegriff, Tübingen 1920.

Obermayer, Klaus: Verwaltungsakt und innerstaatlicher Rechtsakt, München 1956.

Ophüls, Carl F.: Das Problem der unmittelbaren innerstaatlichen Anwendbarkeit (self-executing) von Bestimmungen völkerrechtlicher Verträge und seine Anwendung auf die Gemeinschaftsverträge, Bericht von der wissenschaftlichen Gesellschaft für Europarecht, Hamburg; 2. Internationale Tagung über das Recht der Europäischen Gemeinschaften, Zwolle, 1963, S. 203 ff.
(zit.: *Ophüls,* Verträge)

— Deutsches Zustimmungsgesetz zum EWG-Vertrag teilweise verfassungswidrig? AWD 1964, S. 65 ff.

Partsch, Josef: Die Anwendung des Völkerrechts im innerstaatlichen Recht, Überprüfung der Transformationslehre, Berichte der Deutschen Gesellschaft für Völkerrecht, Heft 6, 1964, S. 13—155.

Pfeffer von Salomon, Rainer: Kann über die auswärtige Gewalt die Kompetenzverteilung in der Bundesrepublik verschoben werden?, Diss. Mainz 1956.

Rasch, Ernst: Die Festlegung und Veränderung staatlicher Zuständigkeiten, DÖV 57, S. 337—339.

Rausch, Heinz (Herausgeber): Zur Theorie und Geschichte der Repräsentation und der Repräsentativverfassung, Wege der Forschung CLXXXIV, 1968.

Rauschning, Dietrich: Das Schicksal völkerrechtlicher Verträge bei der Änderung des Status ihrer Partner, Veröffentlichungen des Instituts für Internationales Recht an der Universität Kiel, Heft 47, 1963.

Reichel, Gerhard H.: Die auswärtige Gewalt nach dem Grundgesetz für die Bundesrepublik Deutschland vom 23. Mai 1949, SöR Bd. 43 (1967), Berlin 1967.
(zit.: *Reichel,* Auswärtige Gewalt)

Rill, Heinz P.: Gliedstaatsverträge, Wien 1972.
(zit.: *Rill,* Gliedstaatsvverträge)

Rudolf, Walter: Völkerrecht und deutsches Recht, Rechtswissenschaftliche Abteilung der Rechts- und Wirtschaftswissenschaftlichen Fakultät der Universität Tübingen, Bd. 19, 1967.
(zit.: *Rudolf,* Völkerrecht)

— Internationale Beziehungen der deutschen Länder, AVR Bd. 13, 1966, S. 53—74.
(zit.: *Rudolf,* Internationale Beziehungen)

— Die Ermächtigung der Länder zur Gesetzgebung im Bereich der ausschließlichen Gesetzgebung des Bundes, AÖR 88 (1963), S. 159—185.
(zit.: *Rudolf,* Gesetzgebungsermächtigung)

Schenck, Dedo v.: Die Mitwirkung des Bundes beim Abschluß von Länderkonkordaten, Entgegnung zu Weber, DÖV 66, S. 299 ff.

Scheuner, Ulrich: Der Bereich der Regierung, Festschrift für Rudolf Smend, Göttingen 1952, S. 253—301.
(zit.: *Scheuner*, Regierung)

— Struktur und Aufgabe des modernen Bundesstaates in der Gegenwart, DÖV 62, S. 641—648.

Schmidt, Walter: Bund und Länder im demokratischen Bundesstaat, AÖR Bd. 87 (1962), S. 153 ff.

Schmitt, Carl: Der Begriff des Politischen, ASS Bd. 58, Tübingen 1927, S. 1—33.

Schneider, Hans und Wilfried *Schaumann*: Verträge zwischen Gliedstaaten im Bundesstaat, VVDStRL Heft 19, Berlin 1961.

Schneider, Hans: Die Bedeutung der Geschäftsordnungen oberster Staatsorgane für das Verfassungsleben, in „Rechtsprobleme in Staat und Kirche", Rudolf Smend zum 70. Geburtstag, Göttingen 1952, S. 303 ff.

Schuppert, Folke: Die verfassungsrechtliche Kontrolle der Auswärtigen Gewalt, Studien und Materialien zur Verfassungsgerichtsbarkeit 2, Baden-Baden 1973.

Seidl-Hohenveldern, Ignaz: Das Recht der Internationalen Organisationen einschließlich der Supranationalen Gemeinschaften, Köln 1967.
(zit.: *Seidl-Hohenveldern*, Internationale Organisationen)

Soergel/Siebert: Kommentar zum Bürgerlichen Gesetzbuch, 10. Auflage, 1967.

Stralenheim, Henning v.: Die Zuständigkeiten des Bundes und der Länder zum Abschluß von Kulturabkommen mit auswärtigen Staaten, BayVBl., 55, S. 6 ff.

Thoma, Richard: Rechtsfähigkeit, HdbDStR 2, S. 661 ff.

Tinsch, Heinrich: Das Recht der deutschen Einzelstaaten bezüglich des Abschlusses völkerrechtlicher Verträge, Erlangen 1882.

Triepel, Heinrich: Völkerrecht und Landesrecht, Leipzig 1899.

— Die Kompetenzen des Bundesstaates und die geschriebene Verfassung, Staatsrechtliche Abhandlungen, Festgabe für Paul Laband zum 50. Jahrestag der Doktorpromotion, Bd. II, Tübingen 1908, S. 247—335.
(zit.: *Triepel*, Kompetenzen)

Verdross, Alfred: Theorie der mittelbaren Staatshaftung, ZÖR Bd. 21 (1941), S. 283—309.
(zit.: *Verdross*, Haftung)

Weber, Werner: Zur Mitwirkung des Bundes beim Abschluß von Länderkonkordaten, DÖV 65, S. 44 ff.

Wengler, Wilhelm: Der Begriff des Politischen im internationalen Recht, Recht und Staat, Heft 189/190, Tübingen 1956.

Wolgast, Ernst: Die auswärtige Gewalt des Deutschen Reiches, AÖR Bd. 44 (1923), S. 1 ff.

Wolff, Hans J.: Verwaltungsrecht I, Ein Studienbuch, 7. Auflage, Stuttgart-München 1968.
(zit.: *Wolff*, Verwaltungsrecht)

Wolff, Udo: Die Beteiligung von Bundesstaaten an völkerrechtlichen Kollektivverträgen, Diss. Kiel 1955.

Zippelius, Reinhold: Allgemeine Staatslehre, München 1969.

Kolibri 360 GmbH
Ferdinand-Jühlke-Straße 7
99095 Erfurt, Deutschland
produktsicherheit@kolibri360.de

Druck:
CPI Druckdienstleistungen GmbH
im Auftrag der
Kolibri 360 GmbH
Ferdinand-Jühlke-Str. 7
99095 Erfurt